城市精准扶贫的武昌经验

顾　问　黄承伟　刘　洁　余　松

主　编　刘　杰　向　悦

副主编　万仁德　丁远强　柯　越　张金秀

编　委（按姓氏笔画排列）
丁远强　万仁德　向　悦　刘　杰　刘东汉
吴承斌　张金秀　周继民　柯　越　梅　皓
董　超　裴　俊　戴小颖

专家团队（按姓氏笔画排列）
万仁德　刘　杰　吕　方　邹　英　陈　琦
郑广怀　徐晓军　顾永红　程　玲

WUHAN UNIVERSITY PRESS
武汉大学出版社

图书在版编目(CIP)数据

城市精准扶贫的武昌经验/刘杰,向悦主编.—武汉:武汉大学出版社,2019.5

ISBN 978-7-307-20835-3

Ⅰ.城… Ⅱ.①刘… ②向… Ⅲ.扶贫—研究—武昌区 Ⅳ.F127.631

中国版本图书馆 CIP 数据核字(2019)第 058838 号

责任编辑:胡 荣　　责任校对:汪欣怡　　版式设计:马 佳

出版发行:**武汉大学出版社**　(430072 武昌 珞珈山)
(电子邮箱:cbs22@ whu.edu.cn 网址:www.wdp. com.cn)

印刷:武汉鑫佳捷印务有限公司

开本:720×1000 1/16　印张:13.5　字数:242 千字　插页:1

版次:2019 年 5 月第 1 版　2019 年 5 月第 1 次印刷

ISBN 978-7-307-20835-3　定价:45.00 元

序　言

贫穷，是文明社会的顽疾。消除贫困，自古以来就是人类梦寐以求的理想，也是一道世界性难题。自中华人民共和国成立，党和国家高度重视扶贫开发工作，全国人民矢志不渝、接力奋斗，走出了中国特色的扶贫开发道路，创造了人类减贫史上的中国奇迹，为加速世界减贫进程贡献中国力量。世界银行统计，1981—2013 年，我国有 8.5 亿人摆脱贫困，对全球减贫贡献率超过 70%，成为率先实现联合国千年发展目标的发展中国家。

党的十八大以来，我国扶贫开发进入新时代脱贫攻坚阶段。习近平总书记把脱贫攻坚摆在治国理政突出位置，从全面建成小康社会底线目标、“五位一体”总体布局和“四个全面”战略布局的高度进行决策部署。党的十八届五中全会明确脱贫攻坚的目标：“到 2020 年我国现行标准下农村贫困人口实现脱贫，贫困县全部摘帽，解决区域性整体贫困。”中共中央、国务院颁布《关于打赢脱贫攻坚战的决定》，要求举全党全国全社会之力，坚决打赢脱贫攻坚战。党的十九大把脱贫攻坚作为决胜全面建成小康社会必须打好的三大攻坚战之一，作出新部署。因此，打赢脱贫攻坚战，对于我国如期实现全面建成小康社会、实现党第一个百年奋斗目标意义重大、影响深远。

经过全党全国全社会的不懈努力，脱贫攻坚取得了决定性进展和历史性成就。一方面，创造了我国减贫史上最好成绩。截至 2018 年末，全国农村贫困人口从 2012 年末的 9899 万人减少至 1660 万人，累计减少 8239 万人；年均减贫 1373 万人，比前几轮年均减贫规模翻了一番。贫困发生率从 2012 年的 10.2%下降至 1.7%，累计下降 8.5 个百分点。贫困县减少 153 个，解决区域性整体贫困迈出坚实步伐。另一方面，脱贫攻坚改善了贫困地区的基础条件，基础设施和公共服务明显提升。集中实施产业扶贫、就业扶贫、电商扶贫、光伏扶贫、旅游扶贫，有力促进了新业态、新产业的发展，贫困地区一大批特色优势产业得到培育壮大，发展动力明显增强。通过易地扶贫搬迁、生态扶贫、退耕还林，生态环境明显改善。明显提升了农村治理能力，农村基层治理能力和管理水平明显提升，农村基层党组织凝聚力和战斗力明显增强。围绕精准扶贫精准脱贫，建立了脱贫攻坚责任体系、政策体系、投入体系、动员体系、监督体系、考核体系，为脱贫攻坚提供了有力制度保障。

新时代脱贫攻坚战的主战场主要是中西部的农村贫困地区。但是，脱贫攻坚战并不仅仅局限于农村地区，精准扶贫精准脱贫同样是解决我国城镇贫困的基本方略。城市贫困问题的存在必然影响我国全面建成小康社会的成色和人民群众的认可度。党的十九大报告明确指出，中国特色社会主义进入了新时代。这是“决胜全面建成小康社会、进而全面建设社会主义现代化强国的时代，是全国各族人民团结奋斗、不断创造美好生活、逐步实现全体人民共同富裕的时代”。这为我国发展提供了新的历史方位，为未来发展指明了方向。在新时代实现现代化走向共同富裕的进程中，城乡一体化、城乡融合发展决定了城乡统筹扶贫工作成为新时代决胜全面小康、实现共享发展的关键所在。也就是，城市贫困问题的解决既是全面建成小康社会的重要基础，也是我国实现共同富裕的基本前提。

武汉市武昌区委区政府从牢固“四个意识”、坚定“四个自信”、做到“两个维护”的高度，充分认识解决好城市贫困问题对于全面建成小康社会、走向共同富裕的重要意义，充分认识习近平总书记关于扶贫工作的重要论述为城市贫困治理提供了根本遵循，充分认识精准扶贫、精准脱贫基本方略对于城市贫困治理的科学指导作用，于2016年启动了城市精准扶贫工作。

经过三年的探索和实践，武汉市武昌区的精准扶贫实践，形成了具有鲜明特色的城市精准扶贫“武昌经验”：

其一，武昌精准扶贫实践建立了精确瞄准城市相对贫困群体的方式方法。随着我国经济社会的不断发展以及城市社会救助工作的不断深入开展，城市贫困治理已经取得了较大成效，特别是城市低保制度建立以来，生存型贫困问题已经得到极大缓解。但是相对于城市居民的平均生活水平依然有较大差距，发展型贫困日益显著。武昌区城市精准扶贫瞄准低保对象和低收入群体，同时聚焦城市特殊人群，将包括支出型贫困家庭、临时性困难家庭、困难老年人、残疾人和困境儿童、城市困难职工、困难流动人口、失业人员（尤其是长期失业者）、困难失独父母、刑满释放人员、吸毒人群等纳入城市精准扶贫的对象范畴，体现以人民为中心的发展思想。

其二，武昌精准扶贫实践是精准扶贫精准脱贫方略在城市贫困治理领域的创造性探索和运用。城市贫困问题是我国国家治理中需要解决好的突出问题，但是城市贫困问题与农村贫困问题相比有着不同的特征，城市贫困问题不能简单地采取农村脱贫攻坚的方式解决。武昌区在推进城市精准扶贫的过程中深入学习和准确把握精准扶贫精髓要义，将精准扶贫精准脱贫方略的根本要求、实现路径、主要目标和城市贫困的独有特征、武昌区的实际区情结合起来，创造性地探索出一系列行之有效的城市精准扶贫模式和经验。

其三，武昌精准扶贫实践致力于城市贫困群体内生动力的培育。习近平总书记反复强调，贫困群众既是脱贫攻坚的对象，更是脱贫致富的主体。要加强扶贫同扶志、扶智相结合，激发贫困群众积极性和主动性，激励和引导他们靠自己的努力改变命运，使脱贫具有可持续的内生动力。如何发挥贫困群众主体作用、增强贫困人口内生发展能力成为脱贫攻坚的重要目标和内容。只有不断提升贫困人口内生发展能力，才能建立健全稳定脱贫长效机制、稳定提高脱贫质量。城市贫困群体比农村地区贫困群体更具异质性，致贫原因更趋复杂，如何调动和激发城市贫困群体的内生动力是城市发展难题。武昌区在推进城市精准扶贫的过程中，坚持就业创业导向，坚持扶贫与扶志相结合，探索出一条激发和培育贫困群体内生动力的有效路径。

其四，武昌精准扶贫的实践初步建立了城市贫困治理体系。城市贫困问题具有典型的复杂性特征，其有效解决需要建立综合、多维的治理体系。从武昌区的城市精准扶贫实践来看，立足于包容性社会政策理念，从促进就业创业，开展教育扶贫、健康扶贫等提供更好的公共服务和更好的社会保障体系等多个方面进行改革，发挥社工优势和作用，给予贫困群体包括心理舒缓在内的更多关爱，解决特殊困难群体生存发展中的困难问题，探索各类干预政策与举措，建立督导、督查体系，逐步形成了武昌区城市精准扶贫的治理体系，这为其他地区开展城市精准扶贫工作提供经验借鉴。

《城市精准扶贫的武昌经验》一书，包括主题报告和专题报告两个部分，比较系统地总结了武昌区城市精准扶贫的做法和经验。这些做法和经验，是武昌区委区政府带领全区广大干部群众深入学习贯彻习近平总书记关于扶贫工作重要论述的结果，是把精准扶贫精准脱贫方略与武昌区城市贫困实际相结合的结果，是大胆改革创新体制机制、勇于实践探索有效路径模式的结果。我相信，这些做法与经验的许多方面，对于全国其他地区的城市贫困治理有着一定的示范和借鉴意义。当然，在这些做法和经验的学习和借鉴中，需要与本地实情紧密结合，需要实事求是地进行探索创新。我期待，越来越多的城市精准扶贫实践，将在我国解决不充分不平衡发展问题过程发挥更加重要的作用。

国务院扶贫办全国扶贫宣传教育中心主任、研究员　**黄承伟**

2019 年 2 月

目　　录

第一篇　主题报告

武昌区城市精准扶贫实践总结及推广战略研究 …… 3
一、贫困治理的理论脉络 …… 3
（一）贫困概念的演变 …… 3
（二）贫困测量的标准和方法 …… 7
（三）国际反贫困经验及理论脉络 …… 9
二、武昌区城市精准扶贫的宏观背景 …… 15
（一）精准扶贫的宏观背景 …… 15
（二）城市精准扶贫的必要性 …… 17
（三）城市贫困及其治理现状 …… 20
（四）武昌区城市贫困现状 …… 23
三、武昌区精准扶贫的实践体系 …… 25
（一）武昌精准扶贫工作机制 …… 26
（二）武昌精准扶贫识别机制 …… 27
（三）武昌精准扶贫实施机制 …… 30
（四）武昌精准扶贫动态调整机制 …… 34
四、武昌精准扶贫的实践特点 …… 37
（一）构建包容性的政策体系 …… 37
（二）构筑“精准共治”机制 …… 43
（三）着重内源性扶贫 …… 45
（四）瞄准相对贫困和特殊群体 …… 47
（五）专业社工助力精准扶贫 …… 51
五、城市精准扶贫“武昌实践”的理论贡献及实践价值 …… 53
（一）习近平新时代中国特色社会主义思想的根本反映 …… 53
（二）城市精准扶贫的“可复制”样本 …… 54

（三）城市基层精准共治的经典范例 …………………………… 55
六、城市精准扶贫“武昌实践”面临的挑战与困境 ……………… 57
（一）主体间缺乏沟通 ………………………………………… 57
（二）警惕“大数据”困境 …………………………………… 58
（三）破解城乡二元体制限制 ………………………………… 59
（四）防止落入“贫困陷阱” ………………………………… 60
七、城市精准扶贫“武昌实践”的启示与思考 ……………………… 61
（一）强化基层党建引领，助力城市精准扶贫 ………………… 61
（二）关注相对贫困人群，构建“大扶贫”视角 ……………… 62
（三）多主体协同，合力助推城市扶贫 ……………………… 65
（四）立足长远，构建城市精准扶贫长效机制 ………………… 66
（五）正视不足，完善“武昌实践”的政策体系 ……………… 69
八、城市精准扶贫武昌实践推广战略的思考 ………………………… 71
（一）推广武昌实践的理论架构 ……………………………… 71
（二）推广武昌实践的基本原则 ……………………………… 73
（三）推广武昌实践的三大战略 ……………………………… 74

第二篇　专题报告

专题一：城市贫困治理的国际经验 ……………………………………… 79
一、以巴西和印度为代表的发展中国家的城市贫困治理 ……………… 79
（一）巴西的城市贫困治理 …………………………………… 79
（二）印度的城市贫困治理 …………………………………… 80
二、以英国和美国为代表的发达国家的城市贫困治理 ……………… 81
（一）英国的城市贫困治理 …………………………………… 81
（二）美国的城市贫困治理 …………………………………… 82
三、各国城市贫困治理对中国的启示 ……………………………… 83
（一）实施多种形式并存的反贫困实践 ……………………… 83
（二）合理推动城市化进程，促进城乡区域联动发展 ………… 83
（三）完善社会保障体系，扩大低保覆盖面 ………………… 84
（四）大力发展城市经济，增加就业机会 …………………… 85

专题二：武昌区城市就业创业精准扶贫帮扶机制研究 ………………… 86
一、城市就业精准扶贫帮扶的作用与意义 …………………………… 86

（一）就业创业精准扶贫的概念 …………………………………………… 86
（二）城市就业创业帮扶在精准扶贫的意义 ………………………………… 87
（三）兄弟城市就业创业帮扶的探索与困境 ………………………………… 89
二、武昌区就业创业精准扶贫机制及其实践效果 ……………………………… 90
（一）武昌区就业创业精准扶贫机制建设 …………………………………… 91
（二）武昌区就业帮扶的实践成效 ………………………………………… 96
三、武昌区就业创业精准扶贫的基本经验 …………………………………… 99
（一）加强组织领导，把握帮扶方向 ……………………………………… 100
（二）建设帮扶机制，完善帮扶体系 ……………………………………… 101
（三）凝聚社会力量，拓宽帮扶渠道 ……………………………………… 101
（四）关注特殊群体，实施精准帮扶 ……………………………………… 102
四、进一步完善武昌区就业创业精准扶贫机制的建议………………………… 102
（一）武昌区就业创业精准扶贫面临的挑战 ………………………………… 102
（二）进一步完善武昌区就业创业精准扶贫模式的几点思考 ……… 104

专题三：武昌区困难群众助学扶智帮扶机制研究……………………………… 108
一、武昌区助学扶智帮扶的社会背景………………………………………… 108
二、武昌区助学扶智的主要做法……………………………………………… 110
（一）武昌区助学扶智的政策体系 ………………………………………… 110
（二）武昌区助学扶智的主要措施 ………………………………………… 113
（三）武昌区助学扶智的典型案例 ………………………………………… 117
三、武昌区助学扶智的经验与启示…………………………………………… 120
（一）整合各类政策，完善资助体系 ……………………………………… 120
（二）坚持政府主导，保障资助能力 ……………………………………… 121
（三）加大投入力度，提升资助效果 ……………………………………… 122
（四）强化精准识别，做到科学资助 ……………………………………… 123
（五）强化监督管理，确保阳光资助 ……………………………………… 124
四、武昌区助学扶智的困境与建议…………………………………………… 125
（一）武昌区助学扶智的困境 ……………………………………………… 126
（二）武昌区助学扶智的建议 ……………………………………………… 127

专题四：武昌区困难群众兜底保障机制研究………………………………… 130
一、武昌区社会保障中的低保政策…………………………………………… 131

（一）作为兜底的低保政策 …………………………………… 131
（二）武昌区低保兜底的政策特色 ………………………… 134
（三）武昌区低保兜底的初步成效 ………………………… 137
（四）武昌区低保政策实施过程中的问题 ………………… 139
二、武昌区社会保障中的医疗救助与帮扶机制……………… 141
（一）武昌区的医疗救助 …………………………………… 141
（二）武昌区的医疗帮扶 …………………………………… 145
（三）武昌区医疗救助和帮扶的优秀经验 ………………… 147
（四）武昌区医疗救助与帮扶存在的困惑 ………………… 151
三、武昌区兜底保障中的启示与建议………………………… 153
（一）武昌区兜底保障的启示 ……………………………… 153
（二）武昌区兜底保障的问题及建议 ……………………… 156

专题五：武昌区特殊困难群体帮扶机制研究…………………… 161
一、武昌区特殊困难群体帮扶机制的建构…………………… 162
（一）完善特殊困难群体帮扶政策体系 …………………… 162
（二）增强特殊困难群体帮扶社会合力 …………………… 164
（三）健全特殊困难群体就业创业体系 …………………… 165
（四）建立特殊困难群体社会教育系统 …………………… 167
二、武昌区特殊困难群体帮扶工作的实践成效……………… 168
（一）特殊困难群体的基本生活得到有效保障 …………… 169
（二）特殊困难群体的康复需求得到“精准”满足 ……… 170
（三）特殊困难群体劳动就业率显著提升 ………………… 171
（四）特殊困难群体的合法权利及诉求得到维护 ………… 172
（五）特殊困难群体帮扶机制的实践经验得以丰富和完善 ……… 172
三、武昌区特殊困难群体帮扶工作的实践经验……………… 173
（一）加强统一思想指导，提高全民助困认识 …………… 173
（二）坚持贯彻党建引导，加强领导组织建设 …………… 174
（三）调动个体生存活力，拓展社会造血功能 …………… 174
（四）凝聚多元社会力量，推动全民扶贫发展 …………… 175
（五）注重城市精神扶贫，开展各项扶智活动 …………… 175
四、武昌区特殊困难群体帮扶工作的现实困境和完善路径…… 176
（一）武昌区特殊困难群体帮扶工作面临的困境 ………… 176

（二）武昌区特殊困难群体帮扶机制的完善路径 …………………… 180

专题六：武昌区城市扶贫扶志机制研究 …………………… 185
一、武昌区扶贫扶志的主要做法 …………………… 185
（一）加强理论学习与督导，提升党员干部的扶贫信念 …………………… 185
（二）实施就业创业策略，开展“造血式”扶贫 …………………… 187
（三）激发内生动力，增强脱贫信念与意志 …………………… 191
（四）注重能力提升，阻断贫困的代际传递 …………………… 193
（五）典型模范的建立与宣传 …………………… 195
二、武昌区扶贫扶志的经验总结 …………………… 195
（一）党员干部要加强对精神扶贫的认知 …………………… 195
（二）提供多方向、多层级的就业渠道 …………………… 196
（三）组织开展全方位教育宣传 …………………… 197
（四）扶“志”与扶“智”双管齐下 …………………… 198
（五）脱贫致富典范树先锋，助力精神扶贫 …………………… 198
三、武昌区扶贫扶志的启示 …………………… 199
（一）创新政府各部门的协调机制 …………………… 199
（二）撬动“贫困文化”根基，营造积极向上的社区氛围 …………………… 200
（三）多渠道多样式培养，提升贫困群众的综合素养 …………………… 201
（四）精神贫困“渐退”机制的完善与发展 …………………… 201

后记 …………………… 203

第一篇

主题报告

武昌区城市精准扶贫实践总结及推广战略研究

一、贫困治理的理论脉络

（一）贫困概念的演变

贫困是一种复杂的社会现象。自18世纪贫困研究兴起以来，国际上产生了从政治、经济、文化、制度、环境、心理等对贫困进行界定和解释的多重视角，有关贫困表象的话语也从人类生存的经济和物质情况等单一维度逐步扩展到能力、权利、文化、社会排斥等多维度的贫困状态。贫困不再仅仅被视为单一的经济现象或文化现象，而表现为社会物质生活和精神文化生活匮乏的综合现象。

1. 经济贫困

18世纪西方工业革命以后，资本主义迅速发展带来巨大财富的同时，也产生和加剧了贫困现象。英国的经济学家本杰明·西伯姆·朗特里（Seebohm Rowntree）在1899年对英国约克郡的贫困问题进行了一次大型调查研究，他对这个地方的几乎每个工人阶级家庭都进行了家计调查，提出贫困线作为贫困测量的标准，开启贫困研究的先河。贫困主要被视为物质资源的短缺或收入/消费不足，是一种经济视角的贫困。他提出了贫困的经典概念，即“如果一个家庭的总收入不足以维持家庭人口最基本的生存活动要求，那么，这个家庭就基本上陷入了贫困之中”①。这里的基本生存活动要求主要包括食品、住房、衣着和其他必需的项目，也就是定义的“绝对贫困”，这就成为后来很多国家制定贫困线的出发点。由朗特里提出的与生存的需要或工作效率的需要相联系的贫困思想在20世纪70年代之前占据了主流地位。但是，在这期间，也有经济学家对此提出了置疑，认为这种生物学意义上的贫困存在很多问题，例如身

---

① Rowntree B. Poverty, *A Story of Town Life*, London, Macmillan, 1901.

体条件、气候条件和工作习惯的不同会引起最低支出水平的差别；把最低营养标准转换为最低食物标准取决于商品的组合；对非食物类项目来说，确定最低的需要量也十分困难，等等。①

基于这些置疑，经济学家们提出了“相对贫困”的概念。加尔布雷斯（Galbraith，1958）认为一个人是否贫困不仅仅取决于他拥有多少收入，还取决于社会中其他人的收入水平。② 汤森德（Townsend，1971）提出了相对贫困理论，对贫困进行了新的阐释。汤森德认为，贫困即穷人们因为缺乏资源而被剥夺了享有常规社会生活水平和参与正常社会生活的权利。③ 与绝对贫困不同，相对贫困是相对于正常的生活水平而非最低生活水平而言的，它还包括以他人或其他社会群体为参照物感受相对剥夺的社会心态。④

2. 文化贫困

奥斯卡·刘易斯提出贫困是一种自我维系的文化系统。他的贫困文化理论为贫困研究提供了新的范式，它将价值、规范、文化等深层次问题的讨论引入对贫困现象的阐释当中，他用观念因素或心理机制去解释个体为什么会陷入贫困和如何摆脱贫困。同时，因对贫困问题的卓越研究而闻名于世，并且于1988年获得诺贝尔经济学奖的阿马蒂亚·森作出的贡献也不容忽视。1981年，阿马蒂亚·森发表了《贫困与饥荒》一书，在这本书中，不同于传统的福利经济学（功利主义）和基于收入的方法，阿马蒂亚·森首次使用权利方法来看待贫困与饥荒的产生，他最早阐述了贫困的“权利（entitlement）”假说⑤，贫困概念的内涵和外延是反贫困战略的核心，并且也引导着反贫困战略

① ［印］阿马蒂亚·森：《贫困与饥荒——论权利与剥夺》，王宇、王文玉译，商务印书馆2001年版，第20~21页。

② Boulding K E and Galbraith J K，“The Affluent Society”，*Review of Economics & Statistics* 41，1959，p. 81.

③ Townsend J T，“A note on the Identifiability of Parallel and Serial Processes”，*Perception & Psychophysics* 10，1971，pp. 161-163.

④ 郭熙保、罗知：《论贫困概念的演进》，载《江西社会科学》2005年第11期。

⑤ 森认为无论何种贫困状态其本质都是一样的，饥饿与饥荒产生的根源在于权利的剥夺。贫困不仅仅是收入低下的外在表现，更是由于权利的缺乏或者其他条件的不足造成的。阿马蒂亚·森将贫困概念从收入贫困扩展到权利贫困、可行能力贫困和人类贫困，将贫困的原因分析从经济领域扩展到政治、法律、文化、制度等领域，将传统的经济发展观扩展到人与社会的自由发展观，认为只有让人们享有更大限度的行动自由，拥有更多的机会，作出更多的选择，才能从本质上消除贫困。

的基本行动框架。从历史的角度来看，贫困的概念经历了逐步从一种简单的"相对较少的收入"和"生活必需品的缺乏"的经济贫困向多维度和多元化的"权利和机会的被剥夺"① 的人类贫困再到"发展的自由缺乏"的转变，其演变过程并不是一种更替过程，而是将贫困的概念不断扩展的过程。他认为饥荒更可能是由于权利分配不均造成的。在 1999 年出版的《以自由看待发展》的著作中，阿马蒂亚·森进一步提出了能力贫困的概念，指出要用一个人所具有的能力，即一个人所拥有的、享受自己有理由珍视的那种生活的实质自由，来判断其个人的处境。贫困意味着贫困人口缺少获取或享有正常生活的能力，贫困的真正含义是贫困人口获取收入的能力受到剥夺以及机会的丧失。

森对贫困的研究贡献被联合国开发计划署（UNDP）和世界银行（WB）两个在国际缓贫领域起着"领头军"作用的机构采纳，标志着多元视角和多维度看待贫困问题不仅仅是理论上的分析和研究，也成为反贫困实践的理论根源。世界银行在《1990 年世界发展报告》中指出贫困是"缺少达到最低生活水准的能力"，这里所谓的"最低生活水准"不仅要考虑家庭的收入和人均的支出，还要考虑那些属于社会福利的内容，如医疗卫生、预期寿命、识字能力以及公共货物或共同财产资源的获得情况。联合国开发计划署在《1996 年人类发展报告》中提出了能力贫困的概念，并用能力贫困度量指标度量能力被剥夺的程度。能力贫困是指缺乏在教育、医疗和营养三个基本的人类发展方面的能力；1997 年联合国开发计划署将能力贫困概念扩展到人类贫困，对 1966 年提出的能力贫困指标进行修正，人类贫困是指"人们在寿命、健康、居住、知识、参与、个人安全和环境等方面的基本条件得不到满足，而限制了人的选择"。在此基础上，联合国开发计划署开发了人类贫困指数②，来监测全球贫困状况的变化。

3. 多维贫困

而进入 21 世纪，伴随人类对贫困认知的深化，贫困从单一的经济维度发展到包含文化、权利、能力等多维度的贫困。罗伯特·坎勃（Chamber,

---

① ［印］阿马蒂亚·森：《贫困与饥荒——论权利与剥夺》，王宇、王文玉译，商务印书馆 2001 年版，第 24 页。

② 联合国开发计划署（UNDP）自 1997 年开始测算不同于世界银行贫困标准的人类贫困指数（HPI），它分别由预期寿命在 40 岁以下人口比重、成人文盲比重、拥有医疗服务的人口比重、拥有安全饮用水的人口比重、5 岁以下营养不良的人口比重这五个指标综合而成的。

1955）对贫困人口的无助和孤立方面进行了开创性研究①，激发了经济学家们对于脆弱性和风险防范等方面的兴趣，也因此为贫困概念增加了新的内涵。他们认为贫困不仅仅是收入和支出水平低下，也是人的发展能力低下，包括教育、健康和营养等，而且贫困还包括脆弱性、无话语权和无权无势等。20世纪90年代以来，越来越多的经济学家将社会排斥引入贫困概念，他们认为一个人如果被排斥在主流经济、政治以及公民、文化的活动之外，那么即便拥有足够的收入、足够的能力，他也依然可能很穷。社会排斥理论起源于20世纪70年代，在90年代被拓展，其含义是指某些社会群体部分地或全部被社会排挤，享受不到人应该享有的权利（Strobel，1996）。可以说，贫困概念的演变发展，经历了从单一经济维度到文化视角到多维贫困的转变。开始表现为物质资源的匮乏，收入或消费不足以维持基本的生存；逐渐表现为认知、思想、思维方式等现代伦理或知识的不足或偏差。贫困概念的扩展，实际上也就是意味着反贫困行动的范围和目标在不断增加。解决贫困问题、摆脱贫困的途径也并不局限于单一经济维度的收入增加或物质给予，还包括对贫困者文化观念的重塑转变以及行为的改造。

4. 绝对贫困与相对贫困

绝对贫困主要是依据营养标准法，即以满足人体基本活动所需的最低营养水平作为划分的标准。相对贫困的计量又称消费标准法，它是将一般社会成员从事正常社会活动所需要的最低消费量作为划分标准。该消费量不仅包括达到最低营养标准所需要的食物消费，还包括了其他必需品的消费和一部分参与社会基本活动的支出。②国际上使用的马丁法也是将绝对贫困标准由两部分组成，一是食物贫困线，二是非食物贫困线。食物贫困线是指人体生存需要的一组“基本食物定量”的价值量；非食物贫困线是指人们为满足基本生存所必须的衣着、住房、医疗等费用支出，两者合起来构成贫困线。③ 另外，国际通用的恩格尔系数是将居民的食品支出在总的生活消费支出中的比重作为判定贫富状况的标准，当这一比重超过一定数值时，居民的生活状况即可视为处于绝对贫

① Chamber R.，“Poverty and Livelihood：Whose Reality Counts?”，*Economic Review* 11，1995，pp. 357-382.

② 李培林主编：《中国新时期阶级阶层报告》，辽宁人民出版社1995年版，第406~407页。

③ 陆小华：《西部对策——抑制返贫与中西部发展》，新华出版社2000年版，第7~8页。

困。这里总的消费支出实际上也是包括食品消费和非食品消费两大部分。①

相对贫困理论最早是汤森（1971）提出的，他运用“区域相对剥夺”的概念解释了区域相对贫困的诱因。汤森认为“贫困不仅仅是基本生活必需品的缺乏，而是个人、家庭、社会组织缺乏获得饮食、住房、娱乐和参与社会活动等方面的资源，使其不足以达到按照社会习俗或所在社会鼓励提倡的平均生活水平，从而被排斥在正常的生活方式和社会活动之外的一种生存状态。由于穷人缺少这些资源，他们所应该拥有的条件和机会就被相对剥夺了，故而处于贫困状态。② 相对贫困群体在扩大的同时朝向多元化发展，主要体现在区域、性别、人文这几个维度。但是现实中的相对贫困的体现情况并不是割裂或单独存在的，往往是呈多维度交互状态集中地体现在相对贫困群体的生活中。当前国内对于相对贫困概念的研究大部分是与绝对贫困相对应而展开叙述的。也有部分研究认为，相对贫困是一个社会道德范畴，属于社会公平问题。③

（二）贫困测量的标准和方法

1990 年，世界银行采用 370 美元作为国际通用贫困标准衡量各国的贫困状况，同时为了有效地反映印度、孟加拉国、印尼、埃及、肯尼亚等国的贫困变化，将 275 美元（约合 1 天 0.75 美元）作为国际通用赤贫标准，用于比较各国的极端贫困状况。按 1985 年购买力平价计算的每年 370 美元的高贫困线很快被简化成“1 美元 1 天”贫困标准，并被各界广泛接受。

1994 年，世界银行对贫困标准重新进行了研究，按 1993 年的购买力平价测算，10 个最贫困国家的平均贫困线约为 1.08 美元 1 天。1 美元的标准可以被称为是绝对贫困标准，而欧盟国家采取的收入 50%的标准则是相对贫困标准，绝对贫困标准所表示的贫困人口的贫困状况和贫困程度是相似的，并且随着经济增长和福利制度的完善，绝对贫困人口有可能出现越来越少的情况，并最终在总人口中所占的比重较低。而收入标准的相对贫困标准则表示贫困人口将长期存在。这两条国际贫困标准都可以用来比较不同国家之间的贫困程度。

除了国际贫困标准外，全球还有很多国家制定了国家贫困线，即各个国家根据自己国家的经济、社会发展水平所制定的国家贫困线，国家贫困线主要是

---

① 黄忠晶：《“绝对贫困与相对贫困”辨析》，载《天府新论》2004 年第 2 期。

② Townsend P., *The Concept of Poverty*, London, Heinemmann, 1971.

③ 朱登兴、安树伟：《中国农村贫困问题与城镇贫困问题比较研究》，载《当代财经》2001 年第 9 期。

各国对自己国家的缓贫进展的监测以及配置减贫资源的重要依据。从全球各个国家贫困标准来看，经济发达的国家通常倾向于采取相对贫困线，更多的时候采取平均收入的中位数作为本国的贫困线，相对贫困线的优势在于贫困标准能够根据一国收入水平的变化及时作出动态反应。也有一些经济发达国家根据消费和支出需求确定了国家贫困线，确定贫困线时通常会考虑到家庭结构、就业状况、区域生活成本设立多条贫困线，而很少采用一条全国统一的贫困线。一些经济欠发达国家通常采用马丁法①确定贫困线，这些贫困线的设计通常会考虑到热量需求和恩格尔系数情况，贫困线相对来说都比较低。

近几年，从国内研究现状来看，基于多维视角研究贫困测量的文献也逐渐增多，但大部分学者主要借助于国外成熟的贫困测量方法，对我国城乡、中西部省份或局部地区进行贫困的多维度测度。诸如，王小林和 Sabina Alkire（2009）采用 Alkire & Foster 提出的多维度贫困测量方法，利用中国健康与营养调查（CHNS）中的2006年数据，对8项指标进行等权重赋值，对我国城市和农村多维度贫困情况做了深入分析。② 邹薇和方迎风（2011）利用 CHNS 数据，从“能力”方法的视角，选取收入、教育和生活质量三个维度上的8项指标，考察了国内家户多维贫困的动态变化。③ 叶初生和王红霞（2010）从贫困维度的确立、贫困主体的确定和多维贫困的度量三个层面上，梳理了贫困在多维测量过程中遇到的问题和难点。④ 尚卫平和姚智谋（2005）结合联合国发展计划署（UNDP）发布的各国在出生时的预期寿命、成人识字率和人均实际国内生产总值3项指标数据，分析比较了六大洲1998—2000年的多维贫困程度。⑤ 郭建宇和吴国宝（2012）利用山西省贫困县的住户数据，以 MPI 多维贫困指数为基准，研究了多维贫困户与收入贫困户之间的覆盖率和漏人率。⑥ 方迎风（2012）基于2006年 CHNS 调查中的11个指标，研究了中国目

① 马丁法是基于恩格尔定律来测算绝对贫困线的最常用方法之一，由此得到的贫困线由食物贫困线和非食物贫困线两部分组成。

② 王小林、Sabina Alkire：《中国多维贫困测量：估计和政策含义》，载《中国农村经济》2009年第12期。

③ 邹薇、方迎风：《关于中国贫困的动态多维度研究》，载《中国人口科学》2011年第6期。

④ 张全红、周强：《多维贫困测量及述评》，载《经济与管理》2014年第28期。

⑤ 尚卫平、姚智谋：《多维贫困测度方法研究》，载《财经研究》2005年第12期。

⑥ 郭建宇、吴国宝：《基于不同指标及权重选择的多维贫困测量——以山西省贫困县为例》，载《中国农村经济》2012年第2期。

前的多维贫困状况。① 因此，从多维角度把握贫困的实质，也逐渐被国内学术界普遍接受。②

（三）国际反贫困经验及理论脉络

1. 发达国家反贫困经验

减贫是世界各国面临的共同难题。在这个过程中，世界各国尤其是发达国家的反贫困行动积累了许多成功的政策和经验，包括以下几个方面：

建立社会保障制度。社会保障制度是反贫困最基础的措施，它对于减轻贫困发生率，改善贫困人口的处境，增加贫困人口的脱贫机会，从而对于缓解乃至解决贫困问题，具有十分重要的作用。其具体做法包括：一是加强立法，通过法律手段保证社会保障制度的落实；二是费用由个人、企业和政府按比例缴存；三是把社会保障制度的重点放在医疗、失业、养老三个方面；四是将社会保障费用的现收现付制变为基金制，努力使公积金保值增值。③

关注就业。西方主要发达国家根据自身国情，打造各具特色的贫困群体就业模式。一是美国、英国的福利保障就业模式。这种模式是通过政府的福利政策和福利供给而牵动就业资金配套、就业能力培育、就业机会提供以及其他的就业帮扶措施的新型就业模式，通过诸多措施的联动进而提升贫困群体的可持续就业能力。二是法国的法律保障就业模式。该模式突出强调有关就业立法在促进贫困群体就业中的首要地位，相关就业立法对就业制度、就业结构、就业政策和就业促进部门的相关规定十分详尽，这种就业模式在欧洲债务危机困扰下和西方一贯重视立法的传统背景下无疑是一种全新的探索。三是德国的特色培训就业模式。这种模式通过制定综合、全面的就业政策，设计有针对性的培训项目，进而有机协调政府调控和市场自由调节的灵活就业模式。④

调整公共支出结构。贫困是一个复杂的社会经济现象，人们往往从经济、社会、文化等不同的角度去认识和解释贫困。因此，消除贫困不仅是指经济收

---

① 方迎风：《中国贫困的多维测度 CTS》，载《当代经济科学》2012 年第 34 卷第 4 期。

② 张全红、周强：《多维贫困测量及述评》，载《经济与管理》2014 年第 28 卷第 1 期。

③ 魏立平：《国外发达国家反贫困的经验与启示》，载《甘肃理论学刊》2016 年第 5 期。

④ 陈雪峰：《西方发达国家反贫困的经验与启示——基于困难群体就业的视角》，载《北华大学学报（社会科学版）》2012 年第 12 期。

入的增长，更重要的是涉及贫困人口享受教育、健康保障、医疗等公共服务的状况。国家的公共支出作为经济政策的重要工具，应当把公共资金的较多部分用于交通、教育、医疗、社保等社会部门的投入，这对于缓解贫困起着非常重要的作用。因此，发达国家在反贫困过程中，都十分重视调整和改进公共支出结构，尽量减少政府开支和其他不必要的开支，把更多的资金用于促进贫困地区的发展。①

2. 发展中国家反贫困经验

发展中国家一般指社会经济发展水平介于“发达”和“一般不发达”之间，人均国民生产总值和社会财富处于中等水平的国家。这类国家主要分布在亚洲、拉丁美洲、东欧等地区，包括中国、印度、巴西、孟加拉、泰国、印度尼西亚、委内瑞拉、墨西哥等国家。尽管中国在反贫困方面取得了显著成就，但是其他发展中国家的反贫困经验也值得借鉴。

纵观发展中国家反贫困实践，共同举措主要有：一是实施特别计划，主要以国家计划这种强有力形式推动解决本国贫困问题。如印度乡村综合开发计划（IRDP）和就业计划；泰国乡村发展计划、小农发展规划（EFDP）和乡村就业工程；菲律宾的“KKK”计划及其更新形式；印度尼西亚农业综合开发计划、社区自主自动能力建设、移民计划等，上述计划均由国家制定实施，从而有效消除或缓解贫困。二是区域开发政策，主要通过政策倾斜加大贫困地区经济开发力度，使之尽快脱贫致富。如巴西在发展极战略指导下的扩大农业边疆系列化政策；印度在基本需求战略指导下的农业发展和农村开发系列化政策等等，这些政策的制定，其目的都在于加快贫困地区经济发展，从而有力推进反贫困进程。三是传递系统建设，即包括政府组织、非政府组织和传统权力结构三方面传递系统建设。如孟加拉的格莱米乡村银行、马来西亚艾克迪尔私人信托机构、印度阿默达巴德市个体妇女联合会合作银行、泰国南龙地区以社区为基础的乡村综合发展项目，巴基斯坦的雪村和罗村的农村支持计划等，这些都是发展中国家非政府组织建设的成功典范。四是开展职业培训活动，通常包括传递系统工作人员组织管理能力培训和生产经营人员职业培训，如泰国小农发展规划（SFDP）及卡伯特（CBIRD）计划。五是宏观倾斜政策，大多数发展中国家在财政、金融、税收、行政、产业发展、投资、法规法令等宏观调控方

① 魏立平：《国外发达国家反贫困的经验与启示》，载《甘肃理论学刊》2016 年第 5 期。

面，对部分地区、部分群体或个体脱贫及国家消除或缓解贫困提供多种优惠政策。下面重点介绍几个典型脱贫措施。

拉丁美洲的有条件现金转移计划。通过对贫困群体提供带有附加条件的现金补贴来促进其收入水平提高的有条件现金转移支付已经成为拉丁美洲地区的重要扶贫方式，并逐渐在全球范围内推广。有条件现金转移支付（Conditional Cash Transfers，CCT）是基于贫困的多元维度制定，能够促进增长对发展的影响，保护个人及其资产免遭长期贫困和突发灾害的威胁。拉丁美洲是世界上最早推行CCT计划的地区，也是目前实施该计划最多的地区。有条件现金转移支付是指将必须采取某种行为（如改善健康、接受教育或改善营养水平等）来提高家庭成员的人力资本作为受益者获得现金补贴的前提条件。人力资本的投资包括健康和教育两个方面。其基本假设是一个家庭是否愿意投资于健康、教育和营养等服务不仅仅取决于这些服务供给状况，同时也取决于这个家庭对这些服务需求程度的判断，取决于这个家庭的收入水平。① 有条件现金转移支付项目有两个基本的目标：通过转移支付快速减缓暂时贫困以及通过人力资本投资来缓解长期贫困②。

南亚次大陆的小额信贷计划。在当今世界，小额信贷已被视为一种非常重要的扶贫行动措施，其在缓贫方面的贡献也已经被全球所共识，联合国还将2005年定为国际小额信贷年。小额信贷是通过向贫困农民和低收入群体提供额度较小的持续信贷服务、帮助低收入人群摆脱生产生活困境的信贷活动，其基本特征是额度较小、服务于贫困人口，无担保、无抵押。它是将信贷活动与扶贫到户项目有机地结合成一体、不同于传统商业银行贷款的一种贷款技术创新。小额信贷产生于第三世界国家，在亚洲、拉丁美洲、非洲比较早地发展起来。最初的形式是发放和回收短期流动资金的单一小额贷款，随后通过小组联保、分期还款制度、连续贷款承诺和动态激励机制等制度创新管理信贷风险，成功地将资金渗透到需要帮助的穷人。小额信贷在过去30多年里不断完善和发展，日益成熟。如今，小额信贷服务已经从世界某些区域扩展到了几乎整个

① Hoddinott et al.，"Conditional Cash Transfer Programs and Nutrition in Latin America: Assessment of Impacts and Strategies for Improvement", *FAO Report* 6, 2009.

② Janvry Alain and Sadoulet Elisabeth,"Making Conditional Cash Transfer Programs More: Designing for Maximum Effect of the Conditionality", *World Bank Economic Review* 20, 2006, p. 2.

发展中国家和一些发达国家。

非洲反贫困劳工保护体系。非洲是世界上贫困化最严重的发展中地区，也是世界上贫困人口最集中的大陆之一。非洲大陆的劳工保护体系主要包括对人身人格权利、经济权利、社会权利和文化权利等方面的保护。在劳工人身人格权利保护方面，有对女职工和未成年工的特殊劳动保护。对劳工经济权利的保护主要体现在保护劳动者获得最低工资保障的权利、保护劳动者加班加点取得高于正常工作时间工资报酬的权利、保护劳动者依法享有带薪假期的权利。在对劳工的社会权利保护方面主要包括劳动者有享受社会保险和福利的权利，雇主与雇员发生劳动争议，当事人有依法申请调解、仲裁、提起诉讼的权利。

其他可资借鉴的国际扶贫经验。社会救助制度是社会保障制度的组成部分之一，主要是为了保障生活贫困的人口和有特殊需要的社会群体的利益与需要而建立的。在这些人和社会群体中，有一部分人本来是有社会保险覆盖的，由于种种原因（工资收入过低、工伤事故、失业等）不能达到享受社会保险的法定条件，生活暂时或长期处于贫困状态，从而成为政府社会救助的对象。很多发展中国家都建立起了相对完善的制度化的社会救助体系。南非的社会救助是一个完全由政府担责任的体系。墨联邦政府和州政府在农村社会救助方面采取了牛奶计划、食品补助计划、老年计划以及人民医疗保险计划四项措施。巴西的社会救助主要项目包括：向 70 岁以上失去劳动能力的老年人、残疾人和人均收入不足 30 美元的贫困家庭制度每月 120 元的最低生活保障金；失业人员的社会救济；资助贫困儿童保育和接受教育；对贫困居民进行技能培训，扶持他们的发展生产；对贫困家庭提供住房和医疗补贴；防止对青少年暴力行为等。古巴的社会救助计划的对象主要是老年人、残疾人、基本需求没有保障的人、生活条件或健康需要保护的人、没有社会的帮助就不能渡过难关的人，以及不具备劳动能力且没有亲属照顾的人。社会救助通过社会保护计划和行动计划来实施，旨在改善被救助者的生活质量，使其融入社会。社会保障计划和社会救助计划是一个整体。

在一些发展中国家，非正规就业已经成为劳动力的主要就业形式。以印度为例，印度有着非常庞大的“非正规部门”。从非正规经济部门从业人员特征来看，贫困人口所占比重最大，以巴西为例，在非正规部门中的就业者中贫困人口占到了 75%，因此在很多国家都采取了相应的措施来保护非正式部门就业的权益。

社会组织参与扶贫也是很多发展中国家比较重要的扶贫方式，从总体上来看，社会组织参与扶贫的主要形式包括非政府组织参与扶贫、社会企业参与扶贫和企业的社会责任，尤其是在印度，社会组织参与扶贫已经成为扶贫的重要力量。中国政府在新的扶贫开发纲要中也明确提出要积极推动社会参与扶贫的发展，在鼓励非政府机构、社会企业和企业社会责任等参与扶贫方面，中国可以参考其他发展中国国家的经验，在减贫筹资、政府购买服务等方面有很多可以学习的地方。

3. 国际反贫困研究的主要理论学派和视角

发展经济学对贫困问题的研究主要是从宏观层面着手，分析一个国家的总体欠发达和贫困，并认为资本不足（包括物资和人力）以及发展中国家对发达国家的依附是发展中国家贫困的根源，而解决贫困问题的关键在于促进国家宏观经济的增长。对于发展中国家贫困原因，大致可分为以下 4 种反贫困的理论和模式。

（1）经济增长理论

美国著名经济学家西蒙·库兹涅茨（Simon Kuznets）、美国学者托马斯·韦斯科夫（Thomas Weiskopf）、著名的美国黑人经济作家威廉·阿瑟·刘易斯（William Arthur Lewis）等学者认为，经济增长是促使减缓发展中国家贫困最有效的途径，即通过促进经济增长来解决贫困问题。例如，刘易斯通过对劳动力无限供应下的经济发展进行分析，认为随着经济的发展，收入分配不平等的变动轨迹是“先恶化，后改进”①。在这种理论影响下，20 世纪 60 年代以来，许多发展中国家和国际组织（如世界银行）均强调采用经济增长为导向的国家发展战略。它们希望国民经济高速增长会对国民收入产生“扩散效应”或“涓滴效应”，民众会从经济繁荣中获益，进而解决贫困问题。事实上，这一战略的实施，虽然使一些发展中国家经济实现了一段时期的快速增长，但并没有如预期那样解决贫困问题，因为经济增长并不能自动地使穷人均等受惠，它只是解决这一问题的前提条件。发展中国家在保持经济稳步增长的同时，应制定有利于穷人的政策和配套措施，将国家财富真正投资给穷人，才能确保其公平分享经济和社会发展的成果。非洲国家在反贫困实践中，深受经济增长理论

① 参见王雪梅、谢实编著：《西方经济学简史》，云南人民出版社 2005 年版，第 252~258 页。

的影响，在 20 世纪 60~90 年代，普遍实行了以经济增长为核心的发展战略，其结果是大多数非洲国家出现了“有增长无发展”的状况。

（2）综合反贫困理论

缪尔达尔基于贫困的综合成因，主张通过权力关系、土地关系、教育和人口制度等方面的改革，实现收入平等，增强穷人的消费能力。该理论对于发展中国家反贫困实践具有重要的指导意义。据此，亚洲发展中国家，如印度、中国、印度尼西亚等国吸收了综合反贫困理论的内核，制定了满足人类基本需要的反贫困战略，即对穷人尤其是农村贫困人口提供基本商品和服务、基本食物、水与卫生设施、健康服务、初级教育和非正规教育，以及住房等。为此，这些国家在政治、经济等领域进行了一系列改革，使人民的生活水平有了较大幅度的提高。

（3）发展极理论

基于经济规律和不发达工区资源稀缺状况，法国经济学家弗朗索瓦·佩鲁于 1955 年提出了“发展极”理论。这一理论应用到反贫困上，就是通过政策支持，使生产要素向落后地区的发展极（如中心城市）集中，通过“发展极”的经济发展及其产生的辐射效应，带动周围地区的经济增长，进而缓解贫困。“发展极”理论为发展中国家实现工业化、城市化，推动经济发展提供了政策依据。但是，佩鲁的“增长极”理论只是从正面论述了“发展极”对自身和其他地区经济发展的带动作用，却忽视了“增长极”对其他地区发展的不利影响。例如，发展中国家实施的偏向城市的工作优先发展战略，必然以剥夺农业和农村为代价，易造成贫富差距扩大的恶果。拉丁美洲是实施“发展极”发展战略最集中的地区。

（4）人力资本投资理论

人力资本理论以舒尔茨为代表。他在其论著《改造传统农业》中指出，解决农民问题的关键是增加人力资本投资。这种投资的收益率高于其他投资，一个受过教育的农民会通过接受新知识、新社会、新技术，靠自己的能力在市场上竞争，实现脱贫致富。① 舒尔茨创立的人力资本理论不仅极大地丰富了西方经济学理论的内涵，而且对近 40 年来世界工业化国家经济发展，尤其是对发展中国家反贫困战略实践产生了深远的影响，投资贫困者的人力资本不仅能消除当前的贫困，而且有助于铲除贫困的根源。该理论的一系列观点正在为世

① 参见叶普万：《贫困经济学研究》，中国社会科学出版社 2004 年版，第 56 页。

界范围内蓬勃兴起的“知识经济”所印证。①

二、武昌区城市精准扶贫的宏观背景

（一）精准扶贫的宏观背景

一直以来，贫困问题都是各国关注的重要议题之一，不管是发达国家还是发展中国家都存在贫困问题，消除贫困是全球急需解决的重大民生问题。作为人口大国，中国的贫困人口较多，消除贫困的压力很大。自改革开放以来，我国大力推进扶贫开发，扶贫事业取得显著成就。《中国农村扶贫开发纲要（2001—2010年）》确定的目标任务于2010年底基本实现，联合国计划开发署（UNDP）表示中国在1990—2015年间，完成了全球1/3的扶贫任务，为千年发展目标的成功实施作出了不可替代的贡献。② 但是，据世界银行最新统计，2015年全世界仍有8亿多人生活在贫困之中，中国贫困人口占了近1/10，我国的贫困问题依然严峻。

打赢脱贫攻坚战成为我国走向小康社会、实现两个一百年的重要任务。国家提出的打赢脱贫攻坚战的总体目标是：到2020年，稳定实现农村贫困人口不愁吃、不愁穿，义务教育、基本医疗和住房安全有保障。实现贫困地区农民人均可支配收入增长幅度高于全国平均水平，基本公共服务主要领域指标接近全国平均水平。确保我国现行标准下农村贫困人口实现脱贫，贫困县全部摘帽，解决区域性整体贫困。20世纪后期中国政府扶贫工作的目标解决“温饱”问题，即针对“绝对贫困”。进入21世纪以来，政府扶贫工作的目标被描述为“两不愁三保障”③。这个目标下的贫困在操作层面上的具体体现为以农民年人均纯收入2300元④为贫困线，并据此通过多种方式识别出全国7000多万农村贫困人口。为了打赢脱贫攻坚战，我国提出了精准扶贫理念，改变了开发式扶贫方式，使扶贫更加聚焦于贫困个体。

2013年11月3日，习近平总书记在湘西土家族苗族自治州调研扶贫攻坚

① 安春英：《非洲贫困与反贫困战略思想述评》，载《西亚非洲》2007年第8期。

② 张秀艳、潘云：《贫困理论与反贫困政策研究进展》，载《经济问题》2017年第3期。

③ “两不愁三保障”指的是不愁吃、不愁穿，保障其义务教育、基本医疗和住房。

④ 2011年中国政府提高了贫困标准，从2010年的农民年人均纯收入1274元提高到2300元，提高了约80%。

时，提出“精准扶贫”理念，强调扶贫工作要“实事求是、因地制宜、分类指导、精准扶贫”，并指出“抓扶贫开发，既要整体联动、有共性的要求和措施，又要突出重点、加强对特困村和特困户的帮扶”。2013 年 12 月，中共中央办公厅、国务院办公厅印发《关于创新机制扎实推进农村扶贫开发工作的意见》（中办发〔2013〕25 号）部署当前和今后一个时期，扶贫开发工作思路，明确要求建立精准扶贫工作机制。国务院扶贫办《关于印发〈建立精准扶贫工作机制实施方案〉的通知》（国开发办发〔2014〕30 号）和《关于印发〈扶贫开发建档立卡工作方案〉的通知》（国开办发〔2014〕24 号）两个文件的出台，标志着我国建立精准扶贫工作机制在全国正式启动。

习近平强调，中国扶贫攻坚工作须“实施精准扶贫方略，找到‘贫根’，对症下药，靶向治疗。我们坚持中国制度的优越性，构建省市县乡村五级一起抓扶贫，层层落实责任制的治理格局。我们注重抓六个精准，即扶贫对象精准、项目安排精准、资金使用精准、措施到户精准、因村派人精准、脱贫成效精准，确保各项政策好处落实到扶贫对象身上。我们坚持分类施策，因人因地施策，因贫困原因施策，因贫困类型施策，通过扶持生产和就业发展一批，通过易地搬迁安置一批，通过生态保护脱贫一批，通过教育扶贫脱贫一批，通过低保政策兜底一批”①。基本确定了精准扶贫的方向。更明确地说，精准扶贫的目标任务在于通过对贫困户和贫困村精准识别、精准帮扶、精准管理和精准考核，引导各类扶贫资源优化配置，实现扶贫到村到户。精准扶贫机制包括精准识别、精准帮扶、精准管理、精准考核等核心内容。② 大部分学者认为精准扶贫需要明确四个问题，即“扶持谁”“谁来扶”“怎么扶”“怎么退”，解决这四个问题成为精准扶贫的关键。围绕这四个问题，政府采取了一系列的措施，建立了一系列的制度，如建档立卡制度、干部驻村帮扶工作制度、精准考核机制等。

在成效层面，精准扶贫的实施取得了显著成绩，2013 年至 2016 年，我国现行标准下（2010 年不变价为 2300 元）的农村贫困人口由 9899 万人减少至 4335 万人，农村贫困发生率由 10.2%下降至 4.5%，已有 28 个贫困县率先脱贫摘帽。截至 2017 年底，全国剩余的贫困人口在 3000 万左右，堪称“迄今人

---

① 中共中央文献研究室编著：《习近平关于社会主义经济建设论述摘编》，第 212 页。

② 黄承伟、覃志敏：《我国农村贫困治理体系演进与精准扶贫》，载《开发研究》2015 年第 2 期。

类历史上最快速度的大规模减贫”。

在实践层面，各个地区在开展精准扶贫工作中，探索出了成功的精准扶贫模式。广东以“靶向疗法、定村定户、定责定人、驻村帮扶、一村一策、一户一法、一定三年、限期脱贫”为工作思路的“规划到户、责任到人”的扶贫模式，通过精确的顶层设计，明确了重点扶贫对象和具体目标任务，为农村发展和精准扶贫提供了可借鉴的案例和模式。① 秦巴山区甘肃省陇南市依托“互联网+”，在加强农村基层组织建设、合理规划精准扶贫项目、积极培育贫困地区优势产业、拓宽农村教育培训的路径等方面，首创了“互联网+电商”精准扶贫模式。② 通过对安徽省六安市旅游扶贫案例分析，杨炜等提出政府主导型、市场主导型、邻里互助型和景区帮扶型四种旅游精准扶贫模式。③ 这些成功经验具有很强的复制性和可借鉴性，但是，这些模式基本是针对农村所开展的扶贫工作，然而，随着社会和经济的发展，城市扶贫也必将纳入到扶贫开发中来，遗憾的是，目前城市扶贫工作差强人意，仍然是一个极大的缺口。本研究关注城市精准扶贫工作如何开展？是否有可行的城市精准扶贫开发的模式？与农村相比，城市精准扶贫工作有哪些不同？又有何特色？

（二）城市精准扶贫的必要性

由于城市和农村在生产方式上的差异，城乡居民的生活方式也有所不同，农村居民生产生活更多依靠自然，以土地为主要的谋生手段，城市居民生产生活更多依靠社会分工形成的交换谋生，尤其是城乡差别较大的国家或地区。一般意义上讲，城乡差别主要源于工业化与城市化所带来的生产方式与生活方式的差别。城市化是全球浪潮下的产物，绝大多数国家都经历过或者正在经历城市化的过程。中国特色的城乡分割甚至二元对立的社会形态，使得城乡差别体现在诸多方面，最明显的是公共服务和基础设施。20 世纪 80 年代以前中国贫困的总体特征是普遍性的大众贫困，农村相对而言更为落后、凋敝和贫困。1984 年政府开始大规模扶贫时，工作重点全部放在农村，至今未变。伴随经济体制改革以及人口大规模流动，城市贫困成为事实。但是，城市贫困问题一

① 李向阳：《广东“双到”扶贫模式的示范意义》，载《开放导报》2015 年第 4 期。

② 张玉强、李祥：《集中连片特困地区的精准扶贫模式》，载《重庆社会科学》2016 年第 8 期。

③ 杨祎、梁宜人、黄润：《六安市旅游精准扶贫模式研究》，载《皖西学院学报》2016 年第 32 卷第 2 期。

直未纳入政府扶贫议程。①

首先，城市贫困问题日益严峻。随着社会和经济转型，城市贫困问题显现出来。从总量上看，2010 年的《中国统计年鉴》显示，截至 2009 年底，我国的城镇人口数为 62186 万人，城市贫困人口比例在 7.5%～8.7%。采用 8%的比例进行计算，目前中国城镇贫困人口大约为 5000 万人，而当前的农村贫困人口为 7200 万人。

目前，城市贫困主要面临三大问题：一是城市居民贫富差距拉大。改革开放以前，我国处于高度集中的计划经济时期，通过资源的统一调配为城市居民提供低水平、均等化的社会福利，城市居民的贫富差距较小。但是，随着市场经济改革，改变了统一调配的均等化的分配规则，单位制逐渐解体，市场经济性的就业模式逐渐占据主导地位，以及产业结构升级，造成了城市居民贫富差距扩大，并且有逐渐恶化的倾向。二是城市出现了新的贫困群体。贫困人口在城市中一直都存在，传统的贫困人口大多是“三无人员”，即无生活来源、无劳动能力、无法定义务抚养人，而新时期的城市贫困人口来源广、结构复杂且数量庞大，除了传统的“三无人员”，下岗失业人员、外来人口等成为城市新增的贫困人口。目前，城市贫困人口主要包括四类社会成员：下岗失业人员；长期从事临时性的劳务工作，没有固定职业和收入的人员；企业在职人员和在校学生；丧失或部分丧失劳动能力的人员。② 这与传统的“三无人员”有着本质的区别，带有明显的社会特征。三是城市贫困人口呈现增长趋势。中国城市贫困人口的绝对数在 20 世纪 80 年代中期以前有减少的趋势，在 80 年代中期以后又呈现出上升的趋势，特别是 90 年代以来，城市贫困人口突破千万大关，并在整体上表现出比较明显的增长趋势。③ 简而言之，贫困不再只是局限于农村的现象，城市贫困作为现象和问题走到前台，成为实现共同富裕的巨大阻力，因而，开展城市扶贫工作成为了现实需要。

其次，从贫困理论上看，城市扶贫是从绝对贫困走向相对贫困、从单一贫困到多维贫困的进步。城市贫困是相对贫困、能力贫困和权利贫困的体现，城市扶贫旨在解决相对贫困、能力贫困和权利贫困。贫困理论经历了由最初绝对

---

① 王卓：《论暂时贫困、长期贫困与代际传递》，载《社会科学研究》2017 年第 2 期。

② 庞文、唐艳玲、丁云龙：《城市反贫困与贫困群体的能力建设》，载《西北人口》2011 年第 14 期。

③ 洪大用：《试论改革以来的中国城市扶贫》，载《中国人民大学学报》2003 年第 1 期。

收入贫困理论到多维贫困理论的过程，从贫困的概念上看，贫困概念从绝对贫困到相对贫困，到阿马蒂亚·森提出的能力贫困，再到权利贫困，贫困的概念由单一走向多元化。绝对贫困是所获的收入难以维持基本生活需要，从而陷入贫困状态，绝对贫困多用收入来测量，测量方法较为单一；而相对贫困概念是引入相对剥夺概念，相对贫困是在人们能够维持基本生活水平的前提下，与某一参照物相比，处于贫困状态，相对贫困不能消除，只会不断缩小。在层次上，相对贫困概念是绝对贫困的下一阶段，相对贫困是在绝对贫困基本消除的基础上，相对贫困才登上舞台。就农村贫困与城市贫困相比，农村贫困多处于绝对贫困状态，而城市贫困则多处于相对贫困状态，在城市中，绝对贫困人口相对较少，但普遍存在的是相对贫困人口。随着改革开放和城市化的推进，收入差距拉大，社会分层越来越明显，处在不同阶层的人收入、生活水平、幸福感存在显著的差距，相对剥夺感逐渐提升，随之相对贫困的人口也显著提高，因此，在层次上，城市贫困多为相对贫困。而在实践层面上，我国扶贫工作在经历了救济式扶贫、开发式扶贫到精准扶贫的阶段后，大面积的绝对贫困人口逐渐消灭，相对贫困将成为今后扶贫工作的重点。

阿马蒂亚·森发展了能力贫困论，他认为，“贫困必须视为基本可行能力的被剥夺，这是识别贫穷的通行标志”①。森把人的全面发展纳入贫困理论中，不限于单一的收入贫困或者是收入差距，将可行能力的剥夺也看作贫困。这种能力的剥夺不仅是由于收入低下，社会歧视、公共基础设施的缺乏以及家庭内部资源收益分配不均、政府公共财政支出不到位都会引起对人们的可行能力的剥夺。在城市贫困中，贫困者陷入贫困多为能力不足、资源分配不均等，在扶贫工作中，注重能力建设是解决城市贫困的关键。权利贫困的核心概念是“社会排斥”。20 世纪 90 年代末，当家庭脆弱性融入到社会排斥中，权利贫困概念由此产生。它涵盖了个体在政治、经济、社会、文化等方面权利的缺失而引起的贫困。城市贫困者陷入贫困一部分由于权利的缺失，赋权成为改善城市贫困状况的新视角。简而言之，贫困理论经历了一个从静态到动态、从主观到客观、从一维到多维的过程，从侧重农村贫困到关注城市贫困是扶贫工作的进步，更是贫困理论的实践和深化。

再次，从以往的扶贫工作中看，城市贫困往往是被忽视的领域。长期以来，我国扶贫工作是以贫困地区的区域发展为主要手段，农村更是扶贫工作的

---

① ［印］阿马蒂亚·森：《以自由看待发展》，任赜、于真译，中国人民大学出版社 2000 年版，第 88 页。

主战场。从 20 世纪 80 年代中期开始，中国扶贫的主要对象是国家或省确定的贫困县。1988 年，中央确定的国定贫困县为 328 个，各个省和自治区确定的省定贫困县为 370 个。1994 年，国家制定《国家八七扶贫攻坚计划》时将国定贫困县的规模扩大到 592 个。2001 年，中国颁布了《中国农村扶贫开发纲要（2001—2010）》，在保留 592 个扶贫开发重点县的同时，开始将扶持的重点转向 15 万个贫困村。2011 年，新的《中国农村扶贫开发纲要（2011—2020）》颁布，在保留 592 个扶贫工作重点县和 12. 8 万个贫困村的基础上，国家又确定了 14 个连片特困地区。① 可见，扶贫主要是以农村地区为主，通过区域发展带动贫困人口的脱贫。

最后，从精准扶贫的阶段上看，城市精准扶贫是精准扶贫工作的深度推进。我国实施精准扶贫旨在 2020 年实现全面小康社会，实现两个一百年的伟大目标。精准扶贫在于对贫困人口进行精准识别、精准管理、精准考核和精准帮扶，实现贫困群体的脱贫。然而，脱贫攻坚战的主战场是农村，精准扶贫的实施对象也是农村贫困人口，但是贫困人口的分布不只在农村，城市也有贫困现象，尤其是改革开放以后，城市收入差距拉大，导致“富者更富、穷者更穷”，城市贫困人口同样阻碍了我国共同走向小康社会，实现两个一百年的重大任务。然而，一方面，就城市扶贫工作而言，以低保为主、社会保险为辅的保障制度是现行的城市扶贫方式，城市扶贫工作明显滞后于经济、社会的发展状况；另一方面，精准扶贫的内涵在于“精准”二字，相比于区域性开发式扶贫，精准扶贫更适合于小范围、高质量的扶贫方式，这样的特点更适合城市扶贫，因为城市贫困具有小范围、碎片化的特征。城市扶贫将开启了精准扶贫工作的新领域，共同推进脱贫事业的发展，实现两个一百年的伟大目标。

（三）城市贫困及其治理现状

目前学界将城市贫困分为三类：一是收入贫困，即收入水平极其低下，不

① 国务院扶贫开发领导小组办公室：《中国农村扶贫开发概要》，中国财政经济出版社 2003 年版；国务院扶贫开发领导小组办公室：《中国农村扶贫开发纲要（2001—2010）》，载 http：//www. gov. cn/zhengce/content/2016-09/23/content_5111138. htm；《中国农村扶贫开发纲要（2011—2020）》，载 http：//www. gov. cn/gongbao/content/2011/content_2020905. htm。

能维持基本生活水平；二是人类贫困即缺乏人的基本能力，如不识字、营养不良；三是知识贫困，即获取、吸收和交流知识的能力匮乏或途径的缺失，而中国的城市贫民最为缺乏的是社会权利，主要表现在就业机会和权利的缺失、改变贫困的社会环境和法律机会的缺失、参与制定规则制度的权利的缺失。① 洪朝辉认为经济贫困是社会权利贫困的折射和表现，经济贫困的深层原因不仅仅是各种经济要素的不足，更重要的是社会权利的贫困，当然还包括与社会权利相关的政治权利、文化权利和经济权利的贫困。② 简而言之，城市贫困主要是社会权利的贫困，即获取机会或权利的贫困，而农村贫困主要是经济性贫困，在扶贫工作中，侧重区域性的开发。由此可见，农村贫困和城市贫困具有显著的不同。

与农村贫困相比，城市贫困有如下特点：第一，在空间布局上，城市贫困呈现“插花式”分布。与农村贫困不同，城市贫困人口并没有集中于某个地区，形成片状的贫困区，而是呈现出碎片化的状态，贫困人口分布较为分散且遍布城市的各个角落，这种分散的分布也给扶贫带来了困难。第二，在贫困阶段上，城市贫困人口多处于相对贫困状态，但却无“退路”。不同于农村贫困，城市贫困人口无耕地，城市居民的生活来源是收入，无收入就意味着基本生活陷入困境，而农村贫困人口有土地，能够维持基本的生活，因此，城市贫困无“退路”可走。第三，城市贫困带有明显的社会转型特征。城市贫困问题的产生多由于社会的转型、经济的发展引起。农村贫困则是以收入和经济、政治、文化等资源的严重缺乏而产生的收入贫困和能力贫困，而城市贫困的恶化现象，具有很强的体制转型时期的特点，是经济结构调整带来的，既有经济因素也有非经济因素，造成他们收入贫困与能力贫困并存的复杂状态，主要表现为贫困的发生更多的是与下岗失业、社会保障体制转轨中出现的“真空状态”联系在一起的。③ 因而，城市贫困多是由社会转型引起的社会权利的贫困。

城市贫困区别于农村贫困的不同特点要求我们在实施扶贫工作时，更加关注其特殊性。城市贫困的原因无外乎四种：一是物质不足；二是能力不足；三

---

① 周姣：《社会权利贫困——中国城市贫困的根源》，载《市场周刊（财经论坛）》2003 年第 5 期。

② 洪朝辉：《论中国城市社会权利的贫困》，载《江苏社会科学》2003 年第 2 期。

③ 成元君：《治理城市新贫困的路径选择》，载《理论月刊》2007 年第 9 期。

是权利不足；四是动力不足。而我国的城市扶贫工作侧重的是贫困者的物质资源的供给，而对其权利、能力、动力贫困问题的关注不足。

自20世纪90年代以来，中国政府开始大力调整城市扶贫政策，到目前已初步建立起包括就业政策、社会保险、社会救助等在内的较为全面的扶贫政策体系。① 在社会救助政策上，1997年，国务院出台了《国务院关于在全国建立城镇最低生活保障的通知》，在全国城市建立了低保制度，并于1999年颁布实施了《城镇居民最低生活保障条例》，对城镇低保的对象、申请和审批程序、补贴标准、动态管理和监督举报等问题作出了原则性的规定，进一步完善和落实了低保制度。2001年11月12日，《国务院办公厅关于进一步加强城市居民最低生活保障工作的通知》出台，旨在将全国城市贫困人口纳入到低保制度中，力求做到应保尽保。此外，廉租房制度、贫困补助也是我国针对城市贫困人群的救助政策。

在劳动法律方面，2004年3月1日，我国开始实行《最低工作标准》，用人单位依法提供劳动者最低劳动薪酬，保障了城市劳动者能够获得最低薪酬。另外，失业、医疗和养老保险制度是我国社会保障制度的核心部分，分摊了贫困人群的生活风险，保障了基本生活需要。在就业政策方面，我国为失业人群提供就业岗位、职业培训等措施，另外，“小额信贷”逐渐地引入到城市扶贫中，帮助解决贫困人群的就业和创业资金问题。可见，经历了多年的努力，我国城市扶贫政策已相对全面。

整体而言，我国城市扶贫工作正在逐步推进，并取得了重大进步。洪大用认为，改革开放以来我国城市扶贫工作经历了从扶持企业到直接救助贫困人口，从道义性扶贫到制度性扶贫，从救助制度分立到救助制度整合，从基本生活救助到综合救助，从消极救助取向到积极开发取向，从忽视社区作用到重视社区作用的重大转变。② 姚迈新将城市扶贫政策总结为预防性政策、救济性政策和开发性政策这三种类型。预防性政策着力于防止城市贫困发生或降低城市贫困发生概率，比如，最低工资制度和失业、医疗及养老保险制度；救济性政策重点在于减少城市贫困产生后的负面影响和损害，比如，最低生活保障制

① 胡杰成:《我国城市扶贫政策的消极性缺陷及其改进途径——“积极福利”角度的考察》，载《求实》2007年第9期。

② 洪大用:《改革以来中国城市扶贫工作的发展历程》，载《社会学研究》2003年第1期。

度、贫困救助补助、廉租房制度等；开发性政策致力于消除城市贫困群体的脱贫障碍，使其脱贫机会得到拓展，比如，完善就业服务、实施再就业培训和职业扶贫教育制度等。① 在一定程度上，这些政策推动了城市扶贫工作的开展，减少了城市贫困人口，保障了城市居民的生活。

当前我国的城市扶贫已实现了从单一化到综合化，从偶发式到常态化，从主体一元到主体多元，从“一揽子”扶贫到精准扶贫等的转型。② 然而，城市扶贫依然没有形成完整体系，具体到城市扶贫的实践模式的探讨更少，而相比于城市扶贫，农村开展得如火如荼，脱贫人口在显著下降，取得了显著成效，尤其是在精准扶贫的理念提出以后。但是，精准扶贫主要以农村为主战场，城市精准扶贫实践探索不多，因此，聚焦于精准扶贫，探索城市扶贫模式刻不容缓。

（四）武昌区城市贫困现状

武昌区是湖北省委、省政府所在地，全省的政治、经济、科教、文化和信息中心，辖区内有 14 个街道，140 个社区，总面积有 107 平方公里，截至 2016 年末，武昌区户籍总人口 105.97 万，流动人口 31.75 万。武昌区经济发达，以第二产业和第三产业为主，且教育事业发展较好，总体而言，武昌区人员复杂，包括学生、工人、进城务工人员、商人等各个阶层，阶层的差异造成武昌区贫富差距较大，下岗职工、无业人员、原有社会救助人员等低收入人群成为武昌区新的贫困群体，随着进城务工人员增多，城乡二元体制的阻隔也使其成为新的贫困人群之一，武昌区的贫困问题颇为显著，成为阻碍经济发展、社会和谐的绊脚石。截至 2015 年 12 月，低保户共计 7705 户，12779 人，主要包括以下四类：一是因失业致贫低保对象 4306 户（约占低保户数 55.89%）；二是因残疾致贫低保对象 3024 户（约占低保户数 39.25%）；三是因子女上学致贫低保对象 1754 户（约占低保户数 22.76%）；四是因病致贫低保对象 1268 户（约占低保户数 16.46%）。

---

① 姚迈新：《中国城市扶贫：经验分析与发展路向》，载《广东行政学院学报》2017 年第 5 期。

② 姚迈新：《中国城市扶贫：经验分析与发展路向》，载《广东行政学院学报》2017 年第 5 期。

表 1-1　　**致贫原因分类汇总表**

主要致贫原因	数量（户）
失业致贫	4306
残疾致贫	3024
子女上学致贫	1754
因病致贫	1268

注：由于存在一户多种致贫因素，分类统计数据有重叠。

武昌区城市贫困呈现以下几个特点：

第一，武昌区城市贫困的致贫原因多样。从各个街道的反馈情况来看，困难群众致贫原因比较复杂，个体性差异非常明显。主要包括以下几类：残疾、重症、失业、失独、单亲、未成年人孤儿、老年人以及多重原因致贫等。其中，失业致贫占到低保户数 50%以上，残疾致贫的占到地保户数 40%左右，因子女上学致贫的占到地保户数 20%左右，重大疾病致贫占到低保户数 15%左右。

第二，贫困群体的户籍分布分散，存在部分流动人口，给扶贫工作的开展增加了难度。武昌区困难群众认定的主体是城乡最低生活保障对象，而认定最低生活保障对象的三个基本要件之一就是户籍必须是持有本市常住户口的居民①，因而武昌区城市扶贫主要针对的是本市户籍人口。但是，非本市户籍人口在某些情况下也在武昌区救助范围内。比如，武昌区在教育扶贫方面将在武昌区就读的学前教育、高中和职业教育的非本市户籍所在地的贫困学生也纳入到了资助范围，但是因为没有相关政策支持，所以在资助过程中需要对方提供建档立卡证明、三级证明（户籍所在地、街道和办事处）以方便教育局应对上级核查。再比如，实施医疗救助方面，医疗救助对象中办理了本市居住证的非本市户籍重病患者也被纳入到其他困难对象的认定范围中。②

第三，武昌区贫困人口中，相对贫困人口比例较高，绝对贫困人口占比较低。武昌区是武汉市相对发达的区，主要以第三产业为主，第二产业次之，因

① 《武汉市民政局关于印发武汉市最低生活保障审核审批实施办法的通知》，武民政规〔2014〕3 号。

② 市民政局、市财政局、市人力资源局和社会保障局、市卫生计生委、市扶贫办关于印发《武汉市医疗救助实施细则》的通知，武民政规〔2017〕4 号。

而，辖区内居民有较多获得工作的机会，能够保障基本生活，绝对贫困人口比例相对较小。但是，辖区内收入差距较大，阶层分化较为明显，因而，武昌区相对贫困人口较多，绝对贫困占比较小。武昌区不仅重视解决绝对贫困问题，而且在解决相对贫困问题方面进行了深入探索。武昌区的低保户、低保边缘户、流动人口等为相对贫困人口，长期生活在城市里，因而武昌区尝试通过实施综合性脱贫措施帮助其摆脱贫困，补齐城市经济社会发展的短板，消除和谐社会建设中的一个潜在风险。

第四，武昌区贫困群体多样，包括困难群众、低收入群体、低保边缘户等。武昌区对贫困对象的认定主要分为三个层次：一是重点救助对象：含城乡最低生活保障（家庭月人均收入 670 元）对象，市、区民政部门审批通过的城市“三无”人员（系指由民政部门收养的无生活来源、无劳动能力、无法定抚养义务人的公民），孤儿。二是低收入困难对象：人均可支配收入高于或者等于武汉市城乡最低生活保障标准但低于武汉市城乡最低生活保障标准 2 倍（家庭月人均收入 1340 元），且家庭财产状况符合武汉市城乡居民最低生活保障条件的城镇家庭。三是部门认定应享受相关政策的其他救助对象。按照这样的标准，识别出贫困人口。这些标准大大超过了国家的贫困县和“两不愁、三保障”的绝对贫困标准。

简而言之，武昌区相对贫困群体比例较高，致贫原因多样，且贫困人口中流动人口较多。这些复杂的群体层次给扶贫工作带来了很大的困难，但是，在实践探索中，武昌区在扶贫对象的认定、扶贫工作的实施、扶贫工作机制的建立、贫困人口动态调整机制的创新方面，形成了一套相对完整的扶贫模式。

三、武昌区精准扶贫的实践体系

武昌区跟随精准扶贫的浪潮，经区委、区政府研究决定，2016 年 5 月在全区开展城市贫困人口精准扶贫行动，探索城市困难对象扶贫脱贫的新路径。随即开展贫困人口的建档立卡工作，从全区 7705 户低保户中，剔除了一级、二级重度残疾贫困户、人户分离等暂时难以脱贫或者不便于扶贫的对象，挑选出 3407 户因失业致贫、因子女上学致贫、因病致贫作为精准扶贫对象。到 2018 年，武昌区实现了建档立卡低保人口全部脱贫，建档立卡的 3407 户城市精准扶贫对象中，已经实现脱贫的有 1132 户，2247 人。武昌区精准扶贫工作取得了显著成绩，为城市精准扶贫提供了典型的样本。

（一）武昌精准扶贫工作机制

武昌区教育、民政、人社、卫计委等多个部门参与了扶贫工作，初步形成了相对完善的工作机制。区委、区政府主导扶贫开发工作，主要负责政策制定、资源整合、监督指导、推进实施等工作，街道和各部门负责落实扶贫工作，扶贫工作落实到人，分配到人，强化了扶贫工作的主体责任。

1. 建立专班，统筹推进

武昌区区委、区政府成立了由区委书记、区长为组长的城市精准扶贫领导小组，下设领导小组办公室，统筹推进城市精准扶贫工作；各街道和部门成立了城市精准扶贫工作专班，负责组织实施城市精准扶贫工作；此外，还向社会组织购买服务，引进了专业社会力量，组建城市精准扶贫工作督导专班，全面负责城市精准扶贫工作的协调统筹、技术支持和督导。

在专项扶贫工作中，教育局主要负责教育帮扶、卫计委负责医疗帮扶、民政局负责低保救助工作、人社局负责就业帮扶。另外，在扶贫工作中，除了教育、民政、人社和卫计委的参与之外，还有司法部门、残联等部门的协同合作，共同推进精准扶贫工作的开展。各个部门各司其职，共同推动了扶贫工作的开展。

2. 党员包户，精准帮扶

武昌区共 64 个职能部门，64 个职能部门的党员及党支部都参与城市精准扶贫行动，即党员包户。各街道、区直单位、辖区单位党组织、在职党员干部为本次扶贫行动主体，即扶贫责任人。全区所有区级领导、处级干部每人包 5 户，正科级干部每人包 2 户，其他在职党员按照所在支部每支部 2 户，辖区单位每单位包 3 户。原则上在党员干部居住地社区或临近社区内结对贫困户，不在区内居住的党员干部选择工作单位所在社区或临近社区内结对贫困户。

3. 明确责任，整合资源

在城市精准扶贫的行动方案中，区民政委、区人力资源局、区卫计委、区残联、区教育局、区社保局、区房管局 7 个职能部门是制定帮扶政策的主要部门，共同完成了《武昌区人民政府关于加强困难群众帮扶工作的意见》（武昌政规〔2017〕3 号文，简称 3 号文）。武昌区下辖的 14 个街道是城市精准扶贫行动的主体责任单位，主要负责的工作内容包括：入户完成一户一策表的信息填写、

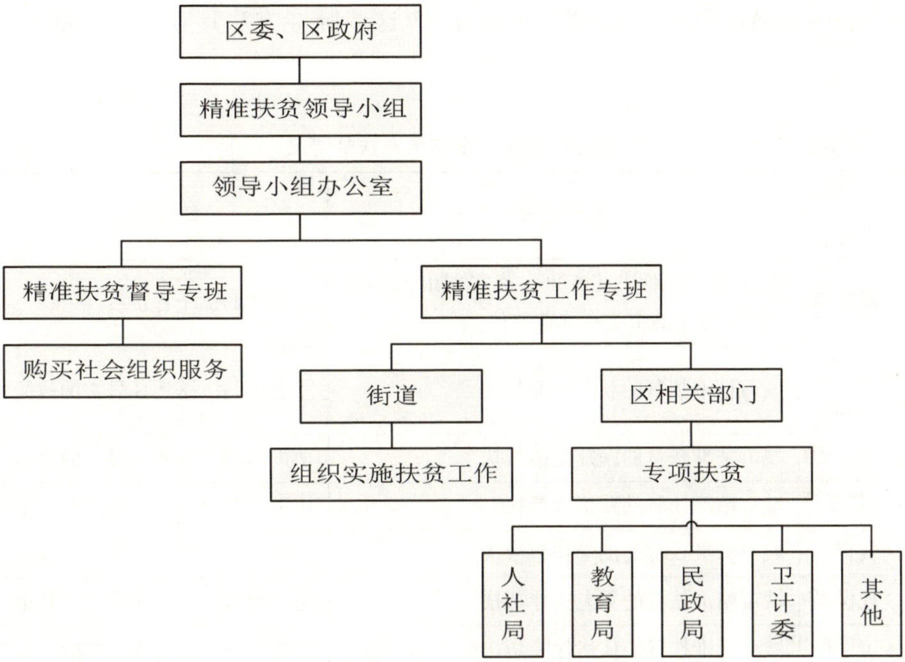

图 1-1　武昌区精准扶贫工作结构图

组织培训社区书记及网格员掌握政策、挖掘上报典型案例、对接辖区内党员干部及党组织的党员包户、落实各项帮扶政策等。同时，为了确保扶贫工作有序推进，不断提高扶贫成效，实行了两月一次的督察指导，强化街道主体责任，严格落实责任链条，街道、社区责任精准到人。挑选典型案例进行入户走访，召开座谈会就典型案例的脱贫路径进行探讨，给出指导性的意见和建议。

（二）武昌精准扶贫识别机制

理论上讲，如何识别扶贫对象一直是学界关注的难题，学术界对于贫困群体瞄准方法进行了诸多探讨，如 Dean Karlan 和 Bram Thuysbaert 结合“贫困排序”和“家庭情况验证调查”的两步法精确瞄准了最贫困和最富裕的农户。罗江月等总结了四种瞄准方法，即个体需求评估法、指标瞄准法、自我瞄准法、以社区为基础的瞄准法。① 李棉管认为目前有三种瞄准机制，即个体瞄准

① 罗江月、唐丽霞：《扶贫瞄准方法与反思的国际研究成果》，载《中国农业大学学报（社会科学版）》2014 年第 4 期。

机制、区域瞄准机制和类型瞄准机制。① 这些瞄准方法具有一定程度的可行性。

表 1-2　　　　武昌区各部门参与精准扶贫情况

参与部门（街道）	参与内容	参与程度
区民政委	下设城市精准扶贫专班、落实省市低保政策、3 号文的牵头和起草单位	主要参与、全程负责
区人力资源局	城市精准扶贫的就业创业帮扶	主要参与、落实 3 号文的政策
区卫计委	城市精准扶贫的医疗健康帮扶	协助参与、落实 3 号文的政策
区残联	城市精准扶贫的残疾人帮扶	协助参与、落实 3 号文的政策
区教育局	城市精准扶贫的助学扶智帮扶	协助参与、落实 3 号文的政策
区社保局	城市精准扶贫的养老医疗帮扶	协助参与、落实 3 号文的政策
区房管局	城市精准扶贫的住房保障帮扶	协助参与、落实 3 号文的政策

在实践层面，武昌区运用的是个体瞄准机制，即个体瞄准机制是指扶贫资源的传递过程中，直接以贫困者个人或家庭为瞄准单位，使扶贫资源传递“精准到人”或“精确到户”，② 识别出了 3407 户精准扶贫对象，主要分为以下几类贫困群体：一是兜底保障对象，这类困难人群是失去劳动力人群，比如重度残疾人，即便是实施就业创业或技能培训等，也无法恢复他的劳动能力，进而也就无法获得收入来源，政府将这类群体作为长期兜底保障对象，这类人群的扶贫并不能称为完全意义上的精准。精准扶贫强调的是精准帮扶、精准识别、精准管理和精准考核，而这类人群是“兜底保障对象，无论怎么帮他，他也无法获得收入来源”③，那么，脱贫对这类困难人群来说极其困难。二是因失业致贫的困难群体。这类群体主要指的是有劳动能力，但目前处于没有工作状态的群体，这是精准扶贫的主要对象，因这类群体致贫的原因是外在社

① 李棉管：《技术难题、政治过程与文化结果——“瞄准偏差”的三种研究视角及其对中国“精准扶贫”的启示》，载《社会学研究》2017 年第 32 卷第 1 期。

② David Coady et al., *Targeting of Transfers in Developing Countries: Review of Lessons and Experience*, Washington, World Bank, 2004.

③ 由 2018 年 4 月 19 日武昌区民政局座谈会民政局周局长谈话整理所得。

会，并非本身所致，只要找到失业的原因即可重新就业，获得收入来源。三是因病致贫的困难群体，这类群体强调的是在短期内丧失劳动能力，但劳动能力可恢复的群体，这里人群的贫困是短期性的，帮扶工作也是短期性的。四是因学致贫群体，这类群体的帮扶旨在避免贫困传递给下一代。

个体瞄准机制具有精准性的特征，然而扶贫的个体瞄准机制是一个技术难题，该机制的简约化易造成瞄准偏差，当“纯技术模型”遇到复杂的社会环境时，瞄准机制就会出现偏差。① 针对瞄准偏差问题，武昌区创新了扶贫人口识别技术：

1. 建立识别程序机制

在武昌精准扶贫过程中，有明确的认定程序。一方面通过个人申请、入户调查、邻里反映、开会讨论等多个程序认定贫困人员；另一方面，对低保户进行全面清查，由于贫困标准、低保户个人等变故，需要重认定低保户。按照贫困认定程序，对贫困群体进行全年清查，保障了贫困识别的公正性，同时也防止错漏现象。

2. 建立常态化网格识别机制

按每300户一个网格的标准，将全区划分为1700余个网格，每个网格配备一名专职网格管理员，负责各类政务服务和社会管理工作。由社区“两委会”成员和公共服务干事兼任网格长，下沉到每一个工作网格。建立常态化网格识别机制，在确保网格员入户率100%的基础上，用网格员的日常入户识别替代社区、街道人员的入户核查，此举不仅实现了入户对象不漏不错不重，还能及时动态把握困难群众的需求。开发社区网格化管理移动端信息系统，突出社区网格“包罗万象”“一网打尽”的特点，构建第一时间发现上报、迅速处理处置、及时反映反馈、科学跟踪问效的“闭环”机制。同时，为网格员开展业务能力培训，帮助网格员掌握救助、养老、住房、教育、工青妇、就业、创业等多方面民生政策，提升群众工作能力。

3. 建立大数据核对机制

运用大数据开展低保家庭经济状况信息核对工作，有效解决困难群众收入

---

① 李棉管：《技术难题、政治过程与文化结果——“瞄准偏差”的三种研究视角及其对中国“精准扶贫”的启示》，载《社会学研究》2017年第32卷第1期。

核实难、入户难的问题，提高低保对象认定的科学性和准确性。一方面，把好低保人员准入关。依托武汉市居民家庭经济状况核对系统，整合共享公安、人社、公积金、房管、交管、工商、农业、民政、残联、客管、国土、财政、地税、省直工商、省直交管等部门信息，对申请对象的经济状况进行评估与核对，形成查询核对报告，实现了低保、医疗、临救等社会救助事项“凡申请、必核对”，“无授权、无委托不核对”。目前我区新增低保对象100%通过居民家庭经济状况核对平台进行比对，在册对象每半年核对一次，每年对所有低保家庭进行一次全面复核。另一方面，动态清理违规对象。对于核对查出的各类疑似违规享受低保的信息，特别是涉及财政供养人员及其家属、有房有车人员、企业个体工商户人员、死亡人员等有关信息，综合运用入户调查、邻里访问、信函索证等方式进行调查核实。在开展经济核对的基础上，通过大数据开展惠民政策落实监督检查，全面、深入检查低保、医疗救助政策落实情况，2016年、2017年核查出不符合政策数分别为1305条和59条，数量大幅减少。截至11月，信息核对14218户，反馈疑似超标对象3233户次，做到保障对象动态管理，能进能出。下一步还将银行、证券等信息纳入大数据比对，为进一步提高精准救助水平奠定坚实基础。

4. 建立一户一策

为了充分考虑救助对象的个性化需求，武昌区在城市精准扶贫中进行了“一户一策”信息收集，针对不同的群体采取了不同的针对性帮扶策略。一户一策方案旨在保证受困者得到基本的生活保障，达到扶贫对象精准、扶贫资源精准、扶贫措施精准、扶贫质量高效的目的。该实施方案建立在对贫困人口的充分调查和分析的基础之上，不仅要求了解贫困人员的贫困状况，更要分析贫困产生的原因，进而才能制定具体的脱贫路径和方案。制定“一户一策”的理念是社会工作的个案管理理念，把政策整合起来，调动整合各方面的资源。

总之，在扶贫工作中，贫困对象的识别是第一步，贫困对象的识别是否精准，直接影响到扶贫资源的精准度。武昌区就精准识别建立了完善的识别机制，包括识别程序、大数据核对、网格化识别、一户一策。这些技术措施不仅有利于高效地识别贫困对象，而且能够明确贫困者致贫原因，进而制定精准的实施方案。

（三）武昌精准扶贫实施机制

在实践探索中，武昌区形成了以个性需求为主、多层帮扶、服务高效的精

武昌区城市精准扶贫“一户一策”表

街道：__________　　社区：__________　　填写日期：__________

<table>
<tr><td colspan="2">户主姓名</td><td colspan="3"></td><td>身份证号码</td><td colspan="2"></td></tr>
<tr><td colspan="2">家庭住址</td><td colspan="3"></td><td>联系电话</td><td colspan="2"></td></tr>
<tr><td colspan="2">信房信息
（人均面积）</td><td colspan="3"></td><td>是否有公
租房资格</td><td colspan="2"></td></tr>
<tr><td colspan="8">家庭人员信息一览表</td></tr>
<tr><td>姓名</td><td>关系</td><td>年龄</td><td>文化
程度</td><td>身体情况(如有疾病、注明病情)</td><td>就业上学情况(如未就业，注明技能、期待岗位、薪酬；如就读，注明学校年级、专业)</td><td>收入/月</td><td></td></tr>
<tr><td></td><td></td><td></td><td></td><td></td><td></td><td></td><td></td></tr>
<tr><td></td><td></td><td></td><td></td><td></td><td></td><td></td><td></td></tr>
<tr><td></td><td></td><td></td><td></td><td></td><td></td><td></td><td></td></tr>
<tr><td colspan="8">家庭每月收支情况（元）</td></tr>
<tr><td colspan="2">每月收入</td><td colspan="3"></td><td>生活支出</td><td colspan="2"></td></tr>
<tr><td colspan="2">教育支出</td><td colspan="3"></td><td>医疗支出</td><td colspan="2"></td></tr>
<tr><td colspan="2">住房支出</td><td colspan="3"></td><td>其他支出</td><td colspan="2"></td></tr>
<tr><td colspan="2">贫困原因</td><td colspan="6"></td></tr>
<tr><td colspan="2">脱贫需求</td><td colspan="6"></td></tr>
<tr><td colspan="2">帮扶措施与目标</td><td colspan="6"></td></tr>
<tr><td colspan="2">社区书记</td><td colspan="3"></td><td>电话</td><td colspan="2"></td></tr>
<tr><td colspan="2">网格员</td><td colspan="3"></td><td>电话</td><td colspan="2"></td></tr>
<tr><td colspan="2">帮扶人姓名及单位</td><td colspan="3"></td><td>电话</td><td colspan="2"></td></tr>
</table>

备注：此表一式五份，低保户一份、社区一份、网格员一份、扶贫党员干部一份、专班一份（需电子档案留存）。

图 1-2　一户一策表

准扶贫实施机制。

1. 全面立体，多层帮扶

习近平提出“通过扶持生产和就业发展一批，通过易地搬迁安置一批，通过生态保护脱贫一批，通过教育扶贫脱贫一批，通过低保政策兜底一批”，基本指明了精准施策的方式和方法。

第一，培训就业发展一批。城市人口陷入贫困的原因多是无收入来源，若要实现困难人群脱贫，并且不再陷入贫困，比较好的方法是有自食其力的能力，那么，让困难群体就业是解决方法之一，给困难群体寻找工作、安排就业成为城市扶贫的重要手段。武昌构建了就业帮扶机制，充分发挥结对党员、人大代表链接资源的功能，积极探索“三方联合”模式，建立城市精准扶贫对象库与岗位库，精准配对就业岗位。主要包括：一是搭建就业平台。一方面，举行现场招聘会，每季度举办一场“为精准扶贫对象送岗位”活动，成功为200余户困难家庭找到就业岗位，给有困难群体提供就业招聘的平台；另一方面，政府提供公益性岗位，按照公益性岗位管理办法，优先安置扶贫对象参与到社区公益服务队伍中。二是技能培训。技能培训旨在让困难群体学习用以谋生的技能，在实施技能培训进社区帮扶过程中，对困难群体进行了需求调查，根据需求开展技能培训班，帮助其就业或创业，实现脱贫。三是扶植创业。困难群体的创业多是谋生性创业，政府对于自主创业的困难群体实施了创业担保贷款以扶持其创业。

在武昌区精准扶贫工作中，通过培训就业实现脱贫的困难人群有一千多户。在一定程度上，提升困难群体的能力、安排就业实现了“造血式”的扶贫，改变了传统上“输血式”的扶贫方式，能够从根本上解决扶贫对象的贫困问题，使其彻底脱贫，这也是城市精准扶贫工作的重点和关键。

第二，低保兜底保障一批。兜底保障是精准扶贫的一个最低防线，也是最后一条防线，是精准扶贫的重要手段之一，传统的“三无人员”是低保保障的重点对象。在武昌精准扶贫工作中，兜底保障是实施扶贫的重要方式，其对象主要是无劳动能力、无生活来源者，旨在保障贫困者的最低生活。武昌区低保标准为每人670元/月，同时，低保是以家庭为单位进行补助。另外，低保政策针对几类特殊人群增发20%的低保金，主要是65岁以上的老人、未成年人、重症患者、一二级的重度残疾患者、见义勇为者、失独家庭六类群体。

第三，助学扶智阻断一批。教育是阻断贫困代际传递的治本之策，“扶贫先扶智”“治贫先治愚”“脱贫防返贫”，无不凸显出教育在扶贫工作中的基础性地位、先导性功能和根本性作用。在武昌区精准扶贫工作中，政府将教育脱贫作为精准扶贫的重要手段，着重于因学致贫的困难群体。武昌区教育局于2009年成立资助中心，2012年作为一个独立的部门开始运作。武昌区资助中心对辖区内各个学段的贫困家庭子女进行自主，实行全面覆盖，其中包含了学前教育、义务段教育、普通高中，还有中职（职业高中）和生源地贷款五个大项。在学前教育阶段，从 2012 年开始，对学前教育（幼儿园教育）的贫困家庭实行了减免保教的政策，从 2013 年到 2015 上半年，武昌区总共资助了贫困家庭有 129 人，金额大约 26.16 万元。在义务教育阶段，从 2014 年 9 月，武汉市对义务段贫困生实行了免费入学的政策，包括全额资助课本费和作业本费，而且 2014 年扩大资助范围，除了低保户之外，低保边缘户也纳入到减免入学的范围之内，从 2013 年到 2015 年，减免的人次有 4924 人次，累积资金 117.3 万元；2015 年春季开始，每年对义务教育段家庭的贫困生资助 1500 元的生活费。在普通高中阶段，从 2014 年起，普通高中贫困生减免学费，到 2016 年秋季开始，普通高中贫困生全额减免学费和学杂费，并且发放一定金额的补助，据统计，2013—2015 年间，共发放 2003 人次，总金额达 211.73 万元。在职业高中阶段，从 2016 年秋季开始，职业高中贫困生全额减免入学。在大学阶段，学生可以申请助学贷款，本科生可以申请到 8000 元的助学贷款，硕士研究生可以申请到 12000 元的助学贷款。在教育扶贫中，对贫困家庭的帮扶实现了从学前教育到大学教育全方位的扶持，保障了贫困家庭的子女能够得到教育。

第四，医疗救助扶持一批。因病致贫者不在少数，实施医疗帮扶是精准扶贫的重要内容之一。一方面，武昌区的医疗帮扶主要是基本公共卫生服务、基本医疗和特殊群体的帮扶。基本公共卫生服务是由国家推行的普惠制的医疗政策，比如建立家庭健康档案、老人体检等。基本医疗帮扶是由武昌区提出的针对贫困人群、低保和边缘人群施行的“二十免、十八减半”① 和住院免“门槛费”的医疗帮扶政策。另一方面，武昌区实施了针对低保人群的医疗救助和医疗保险。住院按照政府规定救助 70%，剩余 30%纳入到医疗保险中，而医疗保险是有政府出资给困难群体在保险公司购买的重大疾病保险，其余花费有区政府出资。医疗扶贫有利于解决困难群体就医的问题。

第五，残疾人同步共享一批。实施残疾人淘宝“云客服”工程，为 120 名残疾人开展培训，探索残疾人居家远程就业新模式。加大创业资金扶持力度，落实创业补贴政策，实现困难群众应补尽补，鼓励困难群众以创业带动就业促进脱贫。

第六，精神帮扶自我造血一批。激发脱贫的内在动力，关注扶贫对象的主体性。扶贫要扶志，要充分发挥党组织思想教育作用，让贫困对象摆脱“等、

① “二十免、十八减半”是医疗减免或打折优惠政策，比如挂号费减免、一些检查打折优惠。

靠、要”思想，树立自强自立、艰苦创业的信念，调动起贫困群众脱贫增收的内生动力，形成自我造血的功能，这是精准扶贫的战略意义。鼓励结对帮扶党员、社会组织、社区工作人员对扶贫对象进行引导和心理疏导，宣传就业创业成功典型，为精准扶贫对象后续就业创业树立信心，尽快摆脱贫困，实现真正意义的脱贫。

2. 一门式受理，服务高效

推行街道一门式受理服务，有效弥补了以往社区受理和审批低保救助事项容易产生的漏洞，杜绝“关系保”“人情保”“骗保”等乱象。武昌区结合基层社会治理，对基层行政事务办事流程进行重构，推动区级部分行政权力下放。建立街道行政事务服务中心 15 个，推行“前台一口受理、后台协同办理、一窗多能、全区通办”的一门式政务服务模式。采取一收一移一放相结合的原则，赋予街道更多的审批权和主动权。将低保救助、临时救助、慈善救助、因灾救助、学费救助、公租房申请归口到街道一门式办理，实现一次比对、综合救助。此外，在医疗救助方面实行一门结算，困难群众可以在 28 家定点医院窗口直接进行一门式即时结算，并享受医疗救助政策。另外困难群众在非定点医疗机构治疗的费用，可以由患者提供医院病历、诊断证明、费用发票及身份证明（低收入证明）等证件到社区或者街道提出申请，按照政策享受相应医疗救助。

（四）武昌精准扶贫动态调整机制

武昌区并不是将所有低保对象都作为精准扶贫对象，而是进行了筛选。在扶贫过程中，武昌区从全区 7705 户低保户中，剔除了一级、二级重度残疾贫困户、人户分离等暂时难以脱贫或者不便于扶贫的对象，挑选出 3407 户因失业致贫、因子女上学致贫、因病致贫作为精准扶贫对象。根据武昌区城市精准扶贫行动方案要求，按照区级领导、处级干部 5 户，正科级干部 2 户，党支部 2 户的要求，将首批 3407 户扶贫对象分配到全区 14 个街道、66 个区直部门和辖区单位的 999 名党员、186 个党支部，进行党员结对帮扶行动。

截至 2017 年 4 月底，3407 户低保家庭中，已有 690 户因安置就业替代帮扶、大数据筛查、办理退休、人员变动等原因退出低保，脱贫销户。其中，家庭成员就业 345 户，占比 50%；残联替代帮扶 36 户，占比 5%；退休 120 户，占比 17%；大数据筛查 66 户，占比 10%；其他类 123 户，占比 18%。

截至 2017 年 12 月 31 日，3407 户低保户家庭中，已有 1087 户低保户进行

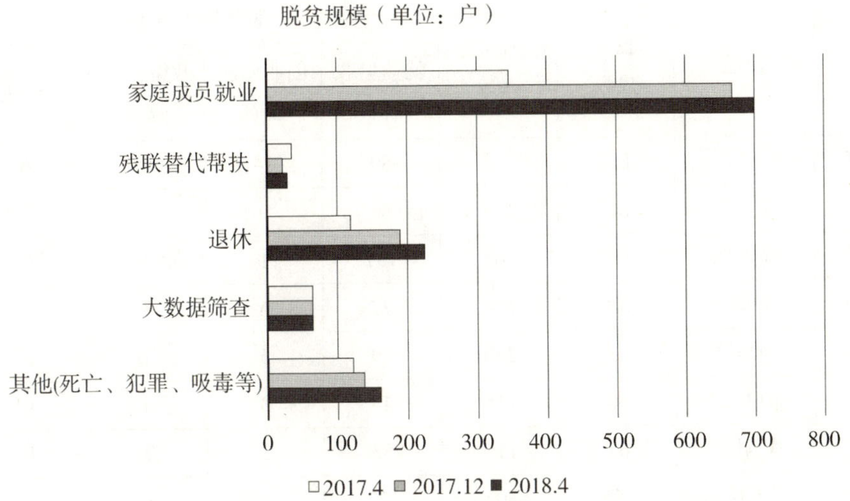

图 1-3　武昌区脱贫规模

了脱贫销号，其中家庭成员就业 664 户，占 61%；残联替代帮扶 23 户，占 3%；退休 190 户，占 7%；大数据筛查 65 户，占 6%；吸毒犯罪 27 户，占 2%；死亡 63 户，占 6%；其他 49 户，占 5%。

截至 2018 年 4 月底，3407 户低保家庭中，已有 1179 户因安置就业替代帮扶、大数据筛查、办理退休、人员变动等原因退出低保，脱贫销户。其中，家庭成员就业 698 户，占比 59%；残联替代帮扶 29 户，占比 3%；退休 224 户，占比 19%；大数据筛查 66 户，占比 6%；犯罪、吸毒 28 户，占比 2%；死亡 76 户，占比 6%；其他类 58 户，占比 5%。

从以上数据可见，自 2016 年武昌区实施精准扶贫以来取得了显著效果，认定贫困户 3407 户，截至 2018 年已脱贫户数 1132 户，脱贫比为 33%。通过对扶贫对象脱贫原因进行汇总之后，我们发现，就业脱贫 670 户，占比 61%，在脱贫原因中占比最高，由此可见，城市扶贫与农村扶贫显著不同，城市扶贫已就业为主，而农村扶贫以开发式扶贫为主。

武昌区之所以能够精准地把握扶贫对象的脱贫原因、脱贫人口等信息，关键在于建立了动态调整机制。推行低保对象分类管理，提高低保管理的针对性和效率。实行 A、B、C 分类施保、分类救助，A 类为老弱病残对象，每年复核一次。B 类为共同生活家庭成员中有下岗、失业、年龄偏大、身体不好，重新就业机会较少的对象，每半年复核一次。C 类为共同生活家庭成员中有比较

表 1-3 **2016 年 5 月—2018 年 1 月武昌区脱贫原因分类汇总表**

序号	街道	脱贫户数	脱贫人数	脱贫原因分类			
				就业增收脱贫	创业增收脱贫	政策保障脱贫	其他
1	白沙洲	117	278	89	14	8	6
2	粮道街	107	223	86	9	5	7
3	徐家棚	173	363	157	1	4	11
4	杨园街	106	194	77	6	8	15
5	中华路	127	240	99	5	10	13
6	中南路	60	116	45	3	0	12
7	紫阳街	67	116	53	2	2	10
8	积玉桥街	155	302	127	6	8	14
9	黄鹤楼街	111	206	75	13	7	16
10	水果湖街	28	65	20	4	1	3
11	首义街	47	92	33	3	2	9
12	南湖街	1	2	1	0	0	0
13	石洞街	0	0	0	0	0	0
14	珞珈山街	3	6	2	0	1	0
合计		1102	2203	864	66	56	116
合计占比				78%	6%	5%	11%

年轻、有就业能力的下岗、失业人员，按月复核。同时，开展定期核查动态管理，每年进行 2 次家庭经济状况信息核对，一年一审。对 A 类对象定期上门调查，半年入户一次；对 B 类对象定期上门调查，每季度不少于一次；对 C 类对象开展经常性工作管理，每个月走访调查不少于一次。此外，加强民政、社保、卫生等部门的信息共享，使得退休到龄或者死亡销户对象的低保救助不错不偏。这样的动态信息调整机制具有高度的灵活性，获得了一定的弹性空间，不仅能够有效的把握扶贫的精准度，而且能够提高扶贫的效率和质量。

通过探索和实践，武昌区建立了一套相对完整的扶贫方法和策略，包括精准扶贫的工作机制、识别机制、实施机制和动态调整机制。通过对武昌区精准扶贫的具体实践的探讨，我们呈现了城市精准扶贫的相对完整的实践体系，对以后开展城市精准扶贫工作具有重要的现实意义和借鉴意义。

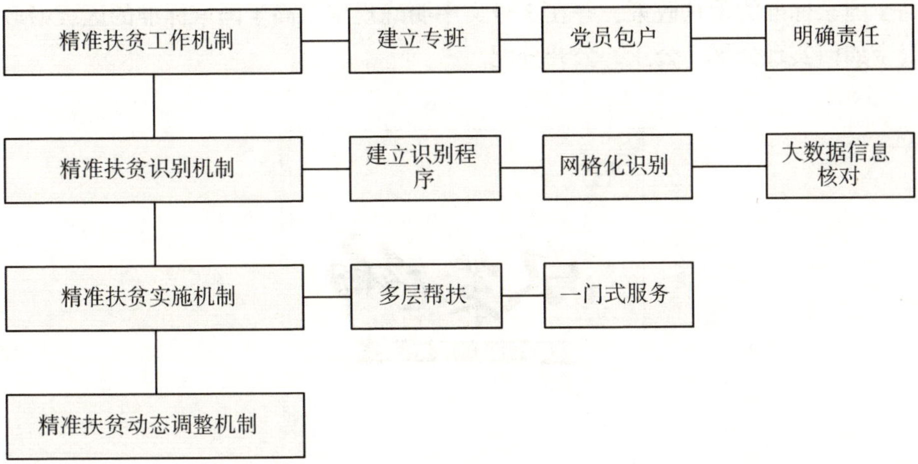

图 1-4　武昌区精准扶贫实践体系

四、武昌精准扶贫的实践特点

（一）构建包容性的政策体系

城市精准扶贫的“武昌模式”的政策体系由核心政策和部门政策两方面共同构成。在核心政策方面，武昌区在整合各部门现有的帮扶政策基础上，聘请华中师范大学、华中科技大学及中南财经政法大学等高校专家教授为城市精准扶贫专家顾问，结合入户调查中反映的共性问题，与民政、教育、卫计、人力资源、社保、残联等部门一起商讨修订现有帮扶政策，在 2017 年发布了城市精准扶贫核心政策——《武昌区人民政府关于加强困难群众帮扶工作的意见》（武昌政规〔2017〕3 号文），内容涵盖了加大困难群众就业创业帮扶、落实助学扶智政策、加强困难群众医疗健康帮扶、关爱高龄及困难老人生活、加大困难残疾人帮扶、完善民政兜底政策、落实困难群众养老医疗统筹政策、加大困难群众的住房保障力度、加强精神扶贫激发内生动力、营造社会力量共同参与精准扶贫等 10 个方面 25 条政策，为武昌区城市扶贫工作提供了“政策工具箱”。该政策并非是简单地将各个部门的上级的政策核心集中到一起，而是首先收集各个部门的政策核心，制作一个操作简易的政策出来，然后将原来的政策原封不动地汇编成册，便于党政部门在帮扶的时候有政策方便查询，最后在一些尚未制定政策的问题基础上拿出武昌区本级财政资金作为支持，制定高于国家标准的帮扶政策，并在 3 号文中明确规定了高于国家标准的区级财政资金如何实现公平、公正、公开分配。

图 1-5　武昌区城市精准扶贫政策汇编

部门政策由五大方面构成：

1. 困难群众就业创业帮扶政策

武昌区在困难群众就业、创业、培训帮扶方面先后出台了多项政策意见。第一，就业帮扶方面，武昌区承诺对困难群众中有就业能力和就业意愿的人员进行推荐上岗；对新开发的公益性岗位，按区公益性岗位管理办法，优先安置困难群众；每季度都会组织一场针对困难群众就业的援助活动和专项招聘活动，有针对性地做好就业帮扶工作；建立岗位库和对象库。为困难群众提供岗位信息；全面落实灵活就业社保补贴政策，实现困难群众应补尽补。第二，就业培训方面，针对困难群众定期开班免费技能培训班；对于有职业技能鉴定要求、自愿参加职业技能鉴定且符合条件的困难群众给予 200 元/人补贴；全面落实就业培训补贴政策，实现困难群众应培尽培。第三，创业帮扶方面，自主创业的户籍人口可以申请创业担保贷款，由财政全额免息；全面落实一次创业补贴政策，对困难群众应补尽补；全面落实创业孵化示范基地场租、水电、宽带网络和公共软件补贴政策，实现困难群众应补尽补。

2. 助学扶智政策

武昌区在助学扶智方面的政策覆盖了全学段（学前教育、义务段教育、普通高中教育、中等职业教育、高等教育），覆盖范围比较广。第一，资助对象：重点救助对象家庭子女、低收入困难家庭子女均纳入助学扶智救助范围。第二，学前教育阶段主要包括政府助学金资助和保教费减免；义务教育阶段主要包括学杂费减免和生活费补助；普通高中教育阶段包括国家助学金资助学习、生活费开支（平均标准为每生每年 2500 元），学杂费减免（免学费、全额资助课本费和作业本费），新生路费（一次性为考取高校的资助对象提供一定交通费和生活费补助，资助标准为考入省内高校 500 元，省外高校 1000 元）以及使用中央专项彩票公益金奖励品学兼优的普通高中资助对象的滋蕙计划；中等职业教育则主要包括免学费（公办学校全免，民办学校按 2000 元/年标准减免），国家助学金对具有中等职业学校全日制学历教育正式学籍的一、二年级在校资助对象，主要资助生活费开支（资助标准每生每年 2000 元），市政府励志奖学金资助品学兼优的资助对象（标准为每人每年 1000 元）；高等教育则主要指的是生源地信用助学贷款。

3. 兜底帮扶政策

在兜底帮扶方面出台的相关政策主要涉及落实低保政策、医疗健康帮扶、临时救助、困难老年人帮扶、住房保障五个方面。

（1）落实低保政策，实现应保尽保。根据《市人民政府关于印发武汉市最低生活保障实施办法的通知》（武政规〔2013〕12 号），实现符合最低生活保障政策的人员应保尽保，不落一人。同时，尝试将城市最低生活保障审批权限下放街道以杜绝“错保”和“漏保”现象，以此提升扶贫精准程度。通过审批权的下放，推动街道、社区责任精准到人，激发各层级工作人员的积极性和责任心；同时利用信息化手段规避“漏保”“骗保”“关系保”“冒领保”等现象的发生，提高救助的靶向精准度；精准扶贫行动向贫困人口“赋能”，腾出有限的财政资金为困难群众购买大病医疗保险，促进救助保障体系更加立体、全面。

（2）加强困难群众医疗健康帮扶。主要体现在：第一，提供惠民基本公共卫生服务。主要是按照国家基本公共卫生服务规范，为全区困难群众提供免费的公共卫生服务（家庭医生签约，每年一次健康体检，建立健康档案，疾病控制、慢性病管理）。第二，提供基本医疗服务，主要体现在为困难群众提供“二十免、十八减半”① 和住院免“门槛费”② 的特惠政策。此外，全区社区卫生服务中心根据年老体弱、行动不便等困难群众需求预约安排医护人员上门服务。实施困难群众在相关医疗机构肾透析治疗的补贴政策。对符合条件的精神病患者实施免费住院救治，对符合条件的精神病患者监护人每人每年补助4200元。第三，加大医疗救助。首先，扩大医疗救助对象范围，将武昌籍低收入困难对象全部纳入武汉市医疗救助实施范围，全面落实《武汉市医疗救助实施办法》（武政规〔2016〕32号），实现医疗救助的精准及时。其次，实施重大疾病医疗补充商业保险。为重点救助对象及低收入困难对象购买重大疾病医疗补充保险。③ 最后，实施慈善爱心特助对于困难群众，其医疗费用单据的自费费用超过3000元的，对其超出的部分按照30%的标准给予慈善救助，全年累计最高1万元封顶。

（3）区别不同对象实施临时救助。首先，根据《武汉市实施临时救助暂行办法》（市政府令第271号）和《市民政局关于切实加强临时救助工作的通知》（武民政规〔2017〕1号）文件规定，全面落实对遭遇突发事件、意外伤

① 二十项免收费用：平诊挂号费、急诊挂号费、门诊诊查费、急诊诊查费、门诊注射费、出诊费、健康咨询费、家庭病床建床费、家庭病床巡诊费、住院诊查费、住院注射费、住院护理费、普通病房床位费、病房取暖费、空调降温费、抢救费（抢救药品除外）、急诊观察床位费、会诊费（院内及对口医院）、病历、注射材料费。十八项费用减半：门诊检查费、住院检查费、门诊治疗费、住院治疗费、家庭病床治疗费、门诊手术费、住院手术费、放射检查费、心电图检查费、B超检查费、门诊化验费、住院化验费、中药熏蒸治疗费、普通针刺、穴位注射、灸法、拔罐疗法、耳针。

② 住院免“门槛费”，是指免除有医保的困难群众在社区卫生服务中心住院时，统筹基金支付之前，按规定必须先由个人负担一定数额的医疗费用。只有超过“门槛”的费用，才能由统筹基金支付。“门槛费”标准：社区卫生服务中心城镇职工医保首次住院“门槛费”为400元，二级结算的中心为600元，一年内再次住院的“门槛费”减半。居民医保的住院“门槛费”以实际结算时为准。

③ 保险责任范围及保额为重大疾病补充住院团体医疗保险每人保额10万元；门急诊责任每人保额2万元；燃气意外身故责任每人保额1万元；赔付标准为：①重大疾病补充住院团体医疗保险：所发生的医疗费用经社保、大病保险、政府医疗救助之后的剩余医疗费用（不含全额自费项目），保险人再进行大病补充医疗赔付，对每次医疗费10%以上的部分赔付，每人每次赔付金额上限为2万，一年10万元封顶；②门急诊责任：在发生保险事故后，对经过社保、大病保险、政府医疗救助之后的剩余医疗费用给予赔付，每人每次赔付金额上限为0.5万元，一年2万元封顶；③燃气意外身故责任：每人最高赔付1万元。

害、重大疾病等原因导致基本生活陷入困境的临时救助政策，实现符合临时救助政策对象的应救尽救。其次，实施定额临时救助。主要针对三类：符合《武汉市困难群众医疗救助实施办法》中规定的低收入困难家庭中的重症病人；低收入困难家庭中的一、二级重度残疾人，三级精神、智力残疾人；计生特殊困难家庭；定额救助以户为核算单位，按全额低保金的50%/月的标准实施。

(4) 关爱高龄及困难老人生活。在武昌区认定的贫困对象中，失业未退休的老年人群体是一个比较重要的组成部分，针对高龄和困难老人，武昌区制定的针对困难老年人的政策主要包括：第一，80岁以上老年人发放高龄津补贴。第二，完善居家养老服务。整合民政、残联、老龄资源，统一购买居家养老（家政）服务（标准30元/小时）。将60岁以上半自理、全护理的重点救助对象、低收入困难对象家庭老年人纳入政府购买居家养老服务范围。对特殊困难老年人每人每年发放200元养老服务补贴券。为60周岁及以上、失独或独生子女为一、二级残疾（语言听力障碍除外）、生活苦难的老人提供政府购买居家养老护理免费服务。第三，发挥公办养老机构的托底作用，在保障“三无”老年人服务需求的基础上，探索入住评估和轮候制，根据评估结果优先安排失能、失智、高龄老年人入住。对入住养老机构的自理、半自理的重点救助对象、低收入困难对象家庭成员，给予每人每月600元补贴；对入住养老机构需全护理的重点救助对象、低收入困难对象家庭成员，给予每人每月800元补贴。实行老年优待，主要体现在核定重点救助对象、低收入困难对象资格、申请低保时条件相对放宽。

实施困难群众养老医疗统筹政策。第一，落实失业金政策。根据《湖北省实施办法》（省政府令第235号）文件规定，参加失业保险，所在单位和本人缴费满一年以上、非本人意愿中断就业的，由用人单位解除劳动关系后可申报领取失业金，可享受最低3个月、最长24个月的失业保险金待遇，失业保险金每月标准为1488元。享受失业金期间同时享受职工基本医疗保险待遇。其医疗保险费由失业基金缴纳（目前灵活就业人员职工医疗保险缴费标准为每人每月346.96元），个人不需要缴纳。失业在享受失业金期间死亡的，发给一次性丧葬补助金和抚恤金。第二，实现困难居民养老保险全覆盖。依据《市人民政府关于完善城乡居民基本养老保险制度的实施意见》（武政规〔2015〕10号）文件精神，年满16周岁（不含在校学生），非国家机关和事业单位工作人员及不属于职工基本养老保险制度覆盖范围的城乡居民，可以在本人户籍地参加城乡居民养老保险。个人缴费和政府补贴相结合，对重度残疾人等缴费困难群体，区人民政府为其代缴全部最低标准的养老保险费（2018年最低缴费标准每人300元/年）。年满60周岁，累计缴费满15年，且未领取国家规定的基本养老保障待遇的，可按月领取城乡居民养老保险待遇。政府对符合领取城乡居民养老保险待遇条件的参保人员全额支付基础养老金（2018年基础养老金每人每月270元）。领取城乡居民基本养老保险待遇人员死亡的，享受丧葬补助金待遇。第三，实现居民基本医疗保险全覆盖。依据《市人民政府关于印发武汉市城乡居民基本医疗保险实施办法的通知》（武政规〔2017〕24号）文件精神，职工医保制度范围外的其他城乡居民或参加职工医保有困难的灵活就业人员均可参加居民医保，纳入居民医保制度覆盖范围。特困供养人员、孤儿、最低生活保障家庭成员、特困优抚对象、严重精神障碍患者、计划生育特殊困难家庭中经核定的特困家庭夫妻及其伤残子女、计划生育特别扶助对象、农村医疗保障精准扶贫对象和丧失劳动能力的残疾人，个人缴费由区人民政府全额补助。低收入家庭中60周岁以上的老年人和未成年人，个人缴费由区人民政府定额补助（2018年缴费标准每人200元/年）。参保人员享受普通门诊待遇、门诊治疗部分重症（慢性）疾病待遇、住院待遇、大病保险待遇、生育待遇。特困供养人员、孤儿、最低生活保障家庭成员、特困优抚对象和丧失劳动能力的残疾人，免除其起付标准费用。享受最低生活保障的残疾人住院医疗费用，居民医保基金支付比例提高2%。

（5）实施困难群众住房政策。武昌区首先落实武汉市中心城区政府类公租房租赁补贴标准和租金补贴相关标准。武汉市租赁补贴标准为：家庭人均月收入低于600元（含），人均住房建筑面积13平方米以下（含）且未承租、承购保障性住房的家庭，可以享受租赁补贴。租赁补贴保障面积标准为人均建筑面积16平方米，按照保障家庭人均自有住房建筑面积和保障标准的差额进行补贴，人均月补贴标准为10元/米^2。租金补贴标准为：武汉市公租房实物配租租金补贴保障面积标准为人均建筑面积16米^2。按照保障家庭人均自有住房建筑面积和保障面积标准的差额，以及不同收入水平和住房状况实行差异化补贴。其次在落实上述政策基础上武昌区对已取得公共租赁住房租赁资格的人均收入低于最低收入标准且住房面积低于8米^2（含）的家庭，优先纳入实物配租摇号范围。按照“租补分离、应保尽保”的原则，实行实物配租与租赁补贴相结合，轮候期间，实行租赁补贴，适当提高租赁补贴标准。

4. 特殊困难群体帮扶政策

第一，落实计生家庭扶助政策。包括落实首次慰问金、一次性抚慰金、节日慰问等工作，购买意外伤害保险、住院护理保险，发放850元医疗保健爱心包，进行免费健康体检，建立健康档案等，计生失独家庭成员去世给予500元慰问金，为计生特别扶助家庭成员购买大病医疗补充保险。此外，武昌区还针对生活困难的计生家庭实施关爱女孩助学行动，初、高中女生每年资助500元，大学在读女生每年资助1000元，应届高考女生一次性资助5000元（被全日制普通高校本科录取）等。

第二，残疾人帮扶政策。主要体现在落实全市扶残政策的同时制定惠残政策，扩面提标。残疾人家政服务受惠对象扩大到肢体一级和智力一级残疾人，每户每年享受家政服务时间由260小时提高到365小时。残疾人特殊困难临时救助每户每年救助标准由全市不超过1000元标准提高到不超过2000元的标准。对听力、言语残疾人发放信息补贴费每人每月50元。残疾人创业一次性资金扶持每人补助标准为6000元。视力残疾人、下肢残疾人、享受最低生活保障待遇的残疾人和重度听力、言语残疾人每人每年730次免费乘车待遇，将受惠对象扩大到在武昌区培智中心学校就读的智障学生。同时，通过开展职业技能培训、推进实施辅助性就业、推动残疾人按比例就业等实施就业扶残脱贫。

第三，刑满释放人员帮扶政策。刑满释放人员因为社会歧视在就业方面有比较大的困难。武昌区针对这些有就业能力但是身份特殊的人员主要进行就业帮扶，针对这些特殊人员，司法局是主要负责部门，人力资源局是辅助部门，所采取的措施主要包括搭建平台、组织培训以及举办现场招聘会，此外，刑满释放人员属于特殊困难群体，政府部门也会单独拿出一部分公益性岗位①仅面对这些困难群众进行公开招聘，在他们之间进行竞争选拔，而不是面对社会进行公开招聘，以此帮助他们实现就业。

（二）构筑“精准共治”机制

武昌区针对困难群体的扶贫工作主要是由政府主导、市场和社会力量为辅的形式，搭建了共同协作平台，建立了精准共治机制。这种多主体参与的形式有利于弥补政府单方执行扶贫的弊端，也充分发挥了市场和社会力量的作用。

① 公益性岗位指的是由政府开发的，优先安排未就业高校毕业生及其他就业困难人员或特殊群体从事非营利性的社会公共管理和公共服务活动的临时性救助岗位。

1. 政府主导精准扶贫

政府主导为精准扶贫提供的强力支持，也是精准扶贫工作得以实施的必备条件。从本质上看，精准扶贫是一个政府行为，政府在精准扶贫工作中发挥着主导和统帅作用，尤其是社会主义国家，有集中力量和资源的优势，有利于精准扶贫工作的顺利实施。

武昌区委、区政府作为该区扶贫工作的统帅，建立精准扶贫工作专班，统筹精准扶贫工作，起到了主导作用，街道和社区统筹实施精准扶贫工作，形成“上行下效”的扶贫工作机制。与此同时，教育、医疗、卫生、就业等多个部门在精准扶贫工作专班的指导下，实施专项扶贫工作。教育局主要负责教育帮扶、卫计委负责医疗帮扶、民政局负责低保救助工作、人社局负责就业帮扶。另外，在扶贫工作中，除了教育、民政、人社和卫计委的参与之外，还有司法部门、残联等部门的协同合作。另外，政府建立精准扶贫督导专班给扶贫工作提供技术支持和督导。各个部门各司其职，共同推动了扶贫工作的开展。

这种扶贫工作体系强调其协同合作的重要性，进一步讲，各主体协同合作注重内部沟通与合作，那么，建立内部沟通网络成为扶贫体系的重要内容。武昌精准扶贫搭建了网络工作平台。工作专班在区委内网开设“精准扶贫”专栏，定期发布涉及精准扶贫的领导讲话、文件汇编、工作简报、工作动态等内容，方便各部门、街道浏览和查询；建立了扶贫工作 QQ 群，目前全区已有 142 名联络员加入了此群，各联络员及时在工作平台中反馈工作动态，交流工作经验。

武昌区形成了“政府主导，各部门协同参与”的扶贫工作体系，建立了互助协作的扶贫网络，共同推动武昌区精准扶贫开发工作。“武昌模式”扶贫体系构筑了城市精准扶贫的独有特色，是武昌精准扶贫的特有经验，这种“政府主导，各部门协同参与”的扶贫模式对我国城市精准扶贫工作具有极大的借鉴意义和导向作用。

2. 企业助力精准扶贫

随着经济的发展，市场机制不断完善，市场化机制不断地渗入到养老、医疗、教育、慈善、救济多个领域，在社会公益方面发挥着越来越重要的作用。企业作为市场的元素，具有精准性和高效率的优点，引入市场机制有利于精准扶贫工作的市场化转向。

武昌区精准扶贫工作引入了市场化机制，是武昌精准扶贫的一大特色，企业参与扶贫主要采取两种方式：第一，企业直接投入资金，一方面，是出于企业的人道主义援助或公益形象；另一方面，企业通过资金投入获得利润回报，比如，企业提供资金参与到人社部门提供的就业扶贫项目。第二，市场化的运作方式，这种方式是提供市场化的商品，比如，武昌区为贫困群体购买商业保险、平安银行向贫困群体提供大病医疗补保服务、养老保险服务等。

市场化的扶贫有利于提高扶贫的精准度和高效率，促进扶贫开发的良性循环。另外，市场有其自发性、盲目性、功利性等的特点，政府在引入市场化机制扶贫的过程中，注重做好监督、指导和评估工作，从而防止精准扶贫变质。

3. 社会力量参与精准扶贫

社会力量具有不同于政府自上而下指令性的特点，精准扶贫是一个行政行为，政府采取自上而下的行政逻辑行事，这种行政逻辑具有强制性、指令性和垄断性，因而，政府实施精准扶贫有其弊端，那么，在这种情况下，引入社会力量可以有效避免这种弊端。因此，政府购买服务成为政府转变工作方式的首选。专业的团队或组织在扶贫工作中效率更高，提供服务的质量更好。

在武昌区精准扶贫工作中，政府向社会组织购买服务，引进专业社会力量，并成立精准扶贫督导专班统筹协调扶贫工作。政府积极购买的社会工作在对特殊群体的康复方面起到了重要作用，比如，社会工作介入到精神病人的康复工作中发挥着显著成效。慈善总会在募集资金中发挥重要作用。另外，发动社区力量是推进扶贫的重要方式。建立邻里互助、社区微基金等，有效地提高了精准扶贫的质量，推动扶贫工作的实施。因此，精准扶贫工作的实施不是政府的独角戏，而是社会各界广泛参与的行动，这样不仅可以提高扶贫的质量和效率，而且有利于提高精准扶贫的内生动力，从而实现扶贫对象的永久脱贫。

精准扶贫并非仅是政府的责任和义务，而是政府、市场和社会三方共同协作的福利事业，在扶贫工作中，政府发挥着主导作用，统筹扶贫工作的大局，企业提供市场化的福利服务，社会组织提供专业的社会服务，三方主体各有优势，通力合作构筑精准共治网络，合力推动扶贫事业长效发展。

（三）着重内源性扶贫

1. 代际阻断，长效脱贫

近三十年来，国内外贫困研究逐渐从静态转向动态。暂时贫困、长期贫困、贫困代际传递是动态贫困的三种主要形态。在特别严重的自然灾害和不利的政治社会经济因素冲击下，暂时贫困会演变为长期贫困。长期贫困就是持续相当长时间的贫困。最极端的长期贫困是将贫困带入坟墓并传递给子代，致使其子代从人生之初即陷入贫困，即贫困代际传递。

武昌区针对贫困的代际传递问题实施了“贫困代际转移阻断计划”，使贫困不作代际传递，突出解决贫困家庭子女读书难、就业难，建立教育、就业、创业和心理咨询的“救助链”。教育阶段，低保家庭、低收入困难家庭子女，符合新生入学救助条件的学生，应届专科新生给予每人一次性资助 3000 元，应届本科新生给予每人一次性资助 4000 元；对符合入学救助条件的本（专）科生入学第二年至毕业每年给予 2000 元的学费救助。2017 年全区共计救助 228 人，共计 53.1 万元。就业阶段，将就业扶贫作为脱贫的重要途径，逐渐形成了以促进就业为中心的缓解相对贫困的发展理念，授人以鱼不如授人以渔，采取了很多以发展为导向的救助措施。对于有就业能力和就业愿望的困难人员不挑不拣的，承诺 5 个工作日内推荐上岗；建立岗位库和对象库，对精准扶贫对象实行动态管理，提供精准岗位对接。创业阶段，困难群众依法开办个体工商户或创办小微企业的，可按规定申请不超过 20 万元、最长不超过 3 年的创业担保贷款，由财政全额贴息。精神层面，依托社会组织、街道社工及社区工作者的介入，通过开展心理讲座、个案心理辅导、加强社会参与等方式，提高困难群众脱贫致富的信心。鼓励重点救助对象家庭参与社区的公益和文娱活动，建立社会支持系统。湖北大学博士义工队对低保家庭子女进行课业辅导，南湖街小渔工作室为辖区弱势群体提供专业心理支持和精神关爱。

2. 能力建设，长效扶贫

既往调查发现，传统三无人员仅占低保的 3.9%，而失业人口占 38.7%，可以说，下岗失业人员已成为城市贫困人口的主体。① 因而，解决城市贫困问题，重要的是解决失业人口的就业问题。阿马蒂亚·森认为贫困是对基本的可行能力的剥夺，而不仅仅是收入低下。② 越来越多的学者认为造成贫困的真正原因是能力的剥夺以及机会的缺乏，而造成能力丧失的原因除了收入不足以外，疾病、人力资本不足、社会保障缺乏、社会歧视也是重要因素。因此，提

① 庞文、唐艳玲、丁云龙：《城市反贫困与贫困群体的能力建设》，载《西北人口》2011 年第 2 期。

② ［印］阿马蒂亚·森：《以自由看待发展》，任赜、于真译，中国人民大学出版社 2002 年版，第 89 页。

高贫困群体的能力是解决贫困问题的关键，也是转变“输血式”扶贫为“造血式”扶贫的重要手段。贫困群体的能力建设，就是相信贫困者有改变现状的潜能，具有在困境中面对和克服困难的能力和自我发展能力，通过贫困者自身和外部社会的共同努力，促使贫困者不断增能，并借以获得工作和收入，提高生活水平，达到反贫困的目的。①

“武昌模式”重在贫困群体的能力建设。一是提升贫困群体的职业技能。政府组织就业培训，发掘贫困人员的潜在资源和能力，提高就业和职业能力，此举能从根本上解决困难群体的生活来源问题，使其具备自力更生的能力。二是增加就业机会。政府组织就业招聘会、设置公益性岗位，促使有劳动能力的困难群体就业。三是是鼓励创业。政府建立了“一次性创业补贴”，设置了大学生创业补贴和困难群体创业补贴，享受就业扶贫政策。另外，设置“小额贷款”鼓励困难群体创业。并且针对困难群体实施一定的优惠政策，鼓励创业自立。

能力建设是城市精准脱贫的根本之法，“武昌模式”构建了以职业培训、增加就业机会和鼓励创业为中心的困难群体的能力建设体系，是武昌精准扶贫模式的一大特色，对其他地区的精准扶贫工作提供了范本。

（四）瞄准相对贫困和特殊群体

武昌区精准扶贫的另一实践特点是扶贫对象的特殊性，主要是针对相对贫困群体和特殊群体的扶贫。与农村相比，城市贫困人口的特殊性在于相对贫困人口占比较高，并且流动人口、吸毒人员、刑满释放人员较多，针对这部分群体的帮扶，武昌区建立了独有的特色，逐步完善了相对贫困群体和特殊群体的帮扶机制。

1. 相对贫困对象帮扶

相对贫困与绝对贫困的本质不同在于参考标准的差异，绝对贫困的参考标准是维持生命需求水平线，而相对贫困的参考标准在于社会公认的基本生活水平线。绝对贫困是一种“绝对的剥夺”，相对贫困则是一种“相对的剥夺”，如果社会财富过多地向富人流动，那么社会不平等就会增加，这不仅导致绝对贫困人口的增加，也造成相对贫困人口的上升。本质上讲，相对贫困是个财富

① 庞文、唐艳玲、丁云龙：《城市反贫困与贫困群体的能力建设》，载《西北人口》2011 年第 2 期。

分配问题，与社会公平密切相关。因而，若要解决相对贫困群体的问题，改变财富分配是主要解决方法之一。

武昌区的贫困人口多是相对贫困，绝对贫困占比较小。针对相对贫困群体的帮扶，武昌区致力于调整财富再分配，主要包括扩大救助对象范围、提高救助标准、新增救助项目。①

（1）扩大救助对象范围

《武汉市医疗救助实施办法》中规定的低收入困难对象可享受医疗救助，只是针对低收入困难家庭中的老年人（年满65周岁）、未成年人、重度残疾人（持有第二代《中华人民共和国残疾人证》的一级、二级残疾人）和重病患者等四类对象。此次新修订的《关于加强困难群众帮扶工作的意见》扩大了覆盖面，所有低收入困难对象均可享受医疗救助。

扩大计生困难女生资助范围。做好关爱女孩助学行动，对计生家庭中生活困难的初、高中女生每年资助500元，大学在读女生每年资助1000元。资助对象范围由市要求的应届高考女生扩大至初、高中及大学在读女生。

扩大残疾人救助范围。①扩大残疾人家政服务对象范围。将我区受惠对象明确扩大到肢体一级和智力一级残疾人。②扩大残疾人免费乘车对象范围。实施视力残疾人、下肢残疾人、享受最低生活保障待遇的残疾人和重度听力、言语残疾人每人每年730次免费乘车待遇，并将我区受惠对象扩大到在武昌区培智中心学校就读的智障学生。

（2）新增部分救助项目

为重点救助对象及低收入困难对象购买重大疾病医疗补充保险。重大疾病补充住院团体医疗保险每人每次赔付金额上限为2万元，一年10万元封顶；门急诊责任每人每次赔付金额上限为0.5万元，一年2万元封顶；燃气意外身故责任每人最高赔付1万元。

为武昌籍居民购买民生保险。主要为居民承保以下10种保险：火灾爆炸（房屋受损），火灾爆炸（人员伤亡），盗抢，见义勇为救助，自然灾害救助，恐怖活动救助，重大恶性案件伤害救助，高空坠物伤人救助，踩踏救助，转移、安置过渡性生活救助。

每年为辖区所有困难群众免费提供一次健康体检，并给予健康指导；全区社区卫生服务中心根据年老体弱、行动不便等困难群众（急危重症除外）的需求，预约安排全科医生及护士上门提供适宜的医疗服务；实施困难群众在相

① 武昌区民政事务委员会：《关于城市精准扶贫工作有关情况汇报》。

关医疗机构进行肾透析治疗的补贴政策；为生育、计生家庭生活困难的应届高考女生实施资助；为计生特别扶助家庭成员购买大病医疗补充保险。

对老年人放宽资格审批标准。将60周岁以上半自理、全护理的低保、低收入对象家庭老年人纳入政府购买居家养老服务范围，对特殊困难老年人每人每年发放200元养老服务补贴券。在核定重点救助对象、低收入困难对象资格时，高龄津贴和计生特殊家庭老年人补贴不计入家庭收入。

建立脱贫激励制度，实施脱贫奖励政策。对重点救助对象通过本人或子女就业创业超过最低生活保障标准的家庭，以户为单位给予连续三年的奖励（第一年1500元，第二年1000元，第三年500元）。

（3）提高救助标准

提高对普通高中学生生活费补助标准。对属于救助范围的普通高中学生生活费补助由平均2000元/年增至平均2500元/年。

提高养老标准。①提高居家养老（家政）服务标准。将区级政府购买居家养老（家政）服务标准从25元/小时提高到30元/小时。②提高老年人补贴。对入住养老机构的自理、半自理的重点救助对象、低收入困难对象家庭成员的补贴，由每人每月100元提高到每人每月600元；对入住养老机构需全护理的重点救助对象、低收入困难对象家庭成员的补贴，由每人每月300元提高到800元。

提高残疾人救助标准。①提高精神病患者监护人补助。对符合条件的精神病患者监护人予以补助从每人每年2400元增加至每人每年4200元。②提高残疾人家政服务时间。将辖区受惠对象的残疾人，每户每年享受家政服务时间由260小时提高到365~470小时。③提高残疾人特殊困难临时救助标准。将辖区每户每年救助标准不超过1000元提高到不超过2000元。④提高听力、言语残疾人信息补贴。将辖区每人每月补贴30元的标准提高到50元。⑤提高残疾人创业一次性资金补贴。将辖区每人补助标准由4000元提高到6000元。

通常说，绝对贫困易消除，但相对贫困却难以解决。因为社会公认的生活水平线不是一个固定的值，它会随着社会的发展不断变化，相对剥夺也并没有一个确定的数值，但是相对贫困群体可以逐渐缩小。武昌区针对相对贫困群体的帮扶给我们提供了一个解决相对贫困问题的思路。通过制定新的社会贫困线，提高贫困标准，扩大帮扶对象，将更多的人口纳入到救助范围之内，从而达到照顾社会弱势群体，缩小收入差距，避免社会断层，影响社会稳定。

2. 特殊群体的帮扶

相对于农村地区，城市本就是一个各个阶层、各个身份群体的聚集地，城市中存在着除因病致贫、因学致贫之外的特殊群体，主要有刑满解教人员、吸毒人员和大量的流动人口。武昌区关注到了这类群体的贫困问题，主要是对刑满释放人员和吸毒人员的帮扶。

第一，对刑满释放人员的帮扶。刑满释放人员在就业方面存在比较大的困难，企业在进行招聘时首先要求提供无犯罪记录证明，因而被雇佣的概率比较低。武昌区针对这些对象采取了个性化的措施：司法局加大衔接配合力度，第一时间做好刑满释放人员的信息接转工作；加大政策培训力度，组织基层司法所工作人员、社区综治站长、网格员深入学习新时期下针对刑满释放人员的帮扶政策；加大就业培训力度，组织特殊群体参加带岗位定向培训，方便他们及时上岗，提高他们参加就业培训的兴趣和动力；加大政策宣传力度，告知国家有关刑满释放人员衔接、就业、就学、帮扶、社会保障等方面的政策措施，确保每一位符合条件的特殊人员享受到应有的帮扶待遇；加快安置帮教社会化工作力度，发挥工会、共青团、妇联、关心下一代工作委员会及个体劳动者协会和私营企业协会等群众组织和社会团体的帮教优势，动员"五老"（老干部、老战士、老专家、老教师、老模范）等人员加入到社会帮教志愿者队伍，推进安置帮教工作专业化。

第二，对吸毒人员的帮扶。武昌区公安局通过创建吸毒人员结对帮扶工作机制，指导民警实行包干结对帮扶，即由派出所社区民警挂名结对帮扶辖区吸毒人员，每月组织开展不少于一次的结对帮扶工作，并制作《民警结对帮扶登记表》，要求民警围绕走访要求填写帮扶情况，确保帮扶工作"有台账、有档案"。建立吸毒人员定期学习机制，组织吸毒人员学习科学文化知识和从业技能培养，例如电脑操作、车辆修理、物流派送等技能，积极帮助帮教对象解决生活方面的具体困难。通过创建警民对话机制、搭建"警民连心"沟通平台，针对特殊或有心理困扰的吸毒人员开展心理帮扶，缓和对抗矛盾，疏导极端情绪。

武昌精准扶贫构建了相对贫困群体与特殊群体相结合的帮扶机制，对相对贫困群体的帮扶扩展了相对贫困的帮扶范围，创新了相对贫困群体帮扶的新方法，对特殊群体的帮扶，拓展了城市扶贫的救助对象，有利于提高政府对这一群体的关注度。

（五）专业社工助力精准扶贫

由于社会工作专业的价值理念和专业方法优势在链接优势资源、增强服务对象自信心和解决问题的能力、尊重个体差异化需求等方面都具有无可替代的作用。社会工作具有助力精准扶贫的功能，与由政府单一支配、行政式推进的扶贫模式相比，社会工作在基本理念和专业方法层面均有着优势。① 将专业社会工作者引入城市精准扶贫工作队伍，以全新的视角和方法介入扶贫工作，已经成为城市精准扶贫工作新探索。

为了保障城市精准扶贫工作的正常开展，武昌区面向社会购买承接此项目的社会组织，武汉博雅社会工作服务中心承接此项目。随之配备 2 名资深社工为项目负责人，全面负责本项目的直接管理和协调统筹，并与区民政委低保中心有关人员组成精准扶贫工作专班。此外，博雅社会工作服务中心为此项目配备 1 名资深专家为项目督导，全面跟进项目进程。

1. 协助精准扶贫工作开展

在实施精准扶贫过程中，社工协助武昌区开展扶贫工作。第一，协助精准识别。协助武昌区识别精准扶贫对象；协助结对帮扶党员进行入户调查，将专业社会工作理念和方法有效嵌入精准识别中，根据贫困户致贫原因和现实需求，结合现有帮扶政策，与扶贫对象共同制定脱贫方案，形成“一户一策”。第二，协助精准施策。根据“一户一策”中“贫困原因”“脱贫需求”“帮扶措施与目标”，统一实施，分类指导。社工协助区人力资源局，开展技能培训，全面提升低保户自我发展能力，通过推荐就业、政府提供公益性岗位、鼓励自主创业等方式，实现基本就业；协助教育局，落实学前教育生活补助、义务教育、普通高中、中职免学费、免住宿费，并按照标准发放每个阶段的国家助学金，落实专科以上学生的生源地信用助学贷款；协助领导小组，组织街道、社区进行医疗保险政策培训，积极落实医疗保障、医疗救助政策，加强基本医疗和公共卫生服务；协助残疾人保障制度的建立，健全残疾人权益保障制度，促进残疾人事业与经济社会协调发展，提高残疾人社会保障和基本公共服务水平；指导街道充分利用本街道社工的专业力量，有效介入精准扶贫工作中，着力在激发其内生动力，增强其造血功能。

---

① 李迎生、徐向文：《社会工作助力精准扶贫：功能定位与实践探索》，载《学海》2016 年第 4 期。

2. 助力扶贫政策制定

武昌区制定了一系列精准扶贫的包容性政策，大力推动了扶贫工作的开展。在此过程中，社工在政策制定上起到了积极的推动作用，协助完善了精准帮扶政策。第一，助力上级帮扶政策的完善。社工整合省、市、区关于社会救助相关文件，编制了《武昌区城市精准扶贫政策汇编》，涉及民政、教育、医疗、卫生、就业、住房、残疾人方面的63条帮扶政策文件。作为“政策工具箱”，指导全区14条街道、140个社区的工作人员。第二，助力武昌区帮扶政策。社工协助制定《武昌区人民政府关于加强困难群众帮扶工作的意见》(武昌政规〔2017〕3号文)的制定，此文件除了高校专家教授的智力支持外，还结合入户调查中反映的共性问题，与民政、教育、卫计、人力资源、社保、残联等部门一起商讨修订现有帮扶政策，对部分救助对象范围、救助标准、救助方式进行了适当的扩面和提标。第三，社工积极开展扶贫政策的宣传和培训区专班协助领导小组，沟通、协调民政、教育、卫计、人力资源、社保、残联等部门以具体案例的形式，对各街道分管领导和科长统一进行了政策培训；协助各街道对社区书记、帮扶党员和各级人大代表进行政策培训；指导社区对网格员进行了政策培训；切实用好精准扶贫“政策工具箱”。

3. 充分发挥社工协调者的角色

第一，搭建网络工作平台。社工在区委内网开设“精准扶贫”专栏，定期发布涉及精准扶贫的领导讲话、文件汇编、工作简报、工作动态等内容，方便各部门、街道浏览和查询；建立了扶贫工作QQ群，目前全区已有142名联络员加入了此群，各联络员及时在工作平台中反馈工作动态，交流工作经验。第二，协助建立动态管理机制，助力信息联动。精准扶贫对象的管理中，社工助力构建精准扶贫减渐退机制，不符合条件的要退出，符合条件的要及时添加进来。经过一年两次进行信息比对、核查，纪委大数据筛查，截至2018年9月底，城市精准扶贫对象已有1393户实现脱贫销户，退出城市低保线；同时区专班将2017年新增268户的低保户人群纳入到城市精准扶贫的范围内，做到精准扶贫对象有进有出，动态管理精准、清晰。其次根据各街道、各部门包户党员的退休及职位变动情况，社工专班及时调整党员（党支部）包户分配表，拟定《2017年城市精准扶贫党员（党支部）包户分配表》，并下发给各街道、各部门城市精准扶贫单位，切实增强做好动态调整和扶贫包户信息录入工作。

4. 发挥社工督导功能

第一，行政督导。社工督导协助领导小组，对各街道分管领导和科长统一进行行政督导；各街道对社区书记、帮扶党员和各级人大代表进行工作督导；社区对网格员进行了工作督导；确保扶贫工作有序进行。第二，教育督导。专班在此项目中，运用专业的社会工作理念和方法，深入低保户家中，以督导具体案例，指导街道、社区工作人员如何进行帮扶工作、如何有效介入、如何精准施策等方面，发挥了师徒式督导、管理式督导和咨询式督导的功能。

通过专班的积极督导，街道形成一种工作新思路：依托社会组织、街道社工及社区工作者的有效介入，通过开展心理讲座、个案心理辅导、加强社会参与等方式，提高困难群众脱贫致富的信心。例如，水果湖街、中华路街等街道鼓励结对帮扶党员、社会组织、社区工作人员对扶贫对象进行引导和心理疏导，宣传就业创业成功典型，为精准扶贫对象后续就业创业树立信心。

社会工作介入为精准扶贫工作保驾护航，推动了武昌区精准扶贫工作的高效运转，成为武昌扶贫工作的一大亮点。在社工的助力下，武昌区精准扶贫工作取得显著成效，成为城市精准扶贫的典范。

五、城市精准扶贫“武昌实践”的理论贡献及实践价值

（一）习近平新时代中国特色社会主义思想的根本反映

习近平新时代中国特色社会主义思想强调：“总任务是实现社会主义现代化和中华民族伟大复兴，在全面建成小康社会的基础上，分两步走，在本世纪中叶建成富强民主文明和谐美丽的社会主义现代化强国；明确新时代我国社会主要矛盾是人民日益增长的美好生活需要和不平衡不充分的发展之间的矛盾，必须坚持以人民为中心的发展思想，不断促进人的全面发展、全体人民共同富裕。”精准扶贫工作的有效开展，不仅有利于改善当前中国社会发展不平衡不充分的状况，还可以促进全体人民共同富裕的早日实现。当前农村扶贫攻坚工作使农村地区贫困人口的生活得到了一定的改善，城市的相对贫困人口同样需要依靠精准扶贫来实现小康生活。

消除贫困、改善民生、实现共同富裕，是社会主义的本质要求，是中国共产党的重要使命。武昌区城市精准扶贫坚持党建引领，坚持党对一切工作的领导，大力加强基层班子建设，充分发挥基层党组织在城市扶贫攻坚中的战斗堡

垒作用，各部门党组织认真落实精准扶贫主体责任，与包户党员干部签订了责任状，层层压实工作责任，推动城市精准扶贫工作扎实开展。武昌区支持困难群众脱贫致富，帮助他们排忧解难，使发展成果更多更公平惠及人民，这是社会主义的根本价值追求和奋斗理想，是社会主义制度优越性的体现。

习近平强调，“要始终把人民放在心中最高的位置，始终与人民心心相印、与人民同甘共苦、与人民团结奋斗”。扶贫开发工作的出发点和落脚点，必须始终以消除贫困为首要任务，以改善民生为基本目的，以逐步实现共同富裕为根本方向。我们党来自人民、服务人民，党的一切工作，必须以最广大人民根本利益为标准。武昌区城市精准扶贫工作坚持以人民为中心，关注城市绝对贫困和相对贫困人群，以困难群众的致贫原因为基础，脱贫需求为导向，形成一户一策；在贯彻落实省、市救助文件基础上，对部分救助对象范围、救助标准、救助方式进行了适当的扩面和提标。武昌区把解决好人民群众最关心、最直接、最现实的利益问题摆在突出位置，不断加大民生投入，让人民群众实实在在分享到经济社会发展的成果；并把困难群众对美好生活的向往作为精准扶贫工作的奋斗目，坚持人民主体地位，坚持立党为公、执政为民。武昌区城市精准扶贫工作的出发点和落脚点，始终以消除贫困为首要任务，以改善民生为基本目的，以逐步实现共同富裕为根本方向，是习近平新时代中国特色社会主义思想的根本反映。

（二）城市精准扶贫的“可复制”样本

当前全国城市精准扶贫工作的开展还处于初期阶段，武昌区城市精准扶贫工作开展过程中所积累的经验对于其他地区城市精准扶贫工作的实施具有极强借鉴性。

第一，坚持党建引领。城市精准扶贫工作首先要大力加强基层班子建设，夯实城市精准扶贫组织基础。党支部作为党的基层组织，是贴近群众和党的桥梁和纽带，努力做好基层党建工作，才能为精准扶贫工作建设强有力的组织基础。通过积极构建“党组主导——党支部主管”责任体系，对城市社区党组织明确责任、细化要求，将城市精准扶贫工作纳入考核之中。其次要强化基层党组织指导功能，指导修改完善城市精准扶贫相关政策，充分发挥党组织领导核心作用，将基层党组织的组织资源、组织优势、组织活力尽可能地利用好、发挥好、体现好，使党的路线方针政策在基层真正贯彻落实，并在贯彻落实中体现并转化为推动基层各领域发展的能力。最后，共产党员深入城市精准扶贫工作开展的一线，在基层广泛、有效地动员一切可动员的积极力量，加大党员结对帮扶力度，站稳群众立场，切实解决人民群众生活实际问题，形成推动精准扶贫合力。

第二，“大数据”助力，精准识别，动态管理。武昌区城市精准扶贫工作充分运用社区网格精准识别，推行“前台一口受理、后台协同办理、一窗多能、全区通办”的一门式政务服务模式。采取一收一移一放相结合的原则，赋予街道更多的审批权和主动权。将低保救助、临时救助、慈善救助、因灾救助、学费救助、公租房申请归口到街道一门式办理，实现一次比对、综合救助。运用大数据开展低保家庭经济状况信息核对工作，依托武汉市居民家庭经济状况核对系统，整合共享公安、人社、公积金、房管、交管、工商、农业、民政、残联、客管、国土、财政、地税、省直工商、省直交管等部门信息，对申请对象的经济状况进行评估与核对，在开展经济核对的基础上，通过大数据开展惠民政策落实监督检查，全面、深入检查低保、医疗救助政策落实情况。

第三，构建完善的政策帮扶体系。武昌区在整合各部门现有的帮扶政策基础上，聘请华中师范大学、华中科技大学及中南财经政法大学等高校专家教授为城市精准扶贫专家顾问，在2017年发布了城市精准扶贫核心政策——《武昌区人民政府关于加强困难群众帮扶工作的意见》(武昌政规〔2017〕3号文)。在此基础上，武昌区64个职能部门根据医疗救助扶持一批、培训就业发展一批、残疾人同步共享一批、助学扶智阻断一批、精神帮扶自我造血一批的五个“一批”制定相应的部门帮扶政策，包括困难群众就业创业帮扶政策、助学扶智政策、兜底帮扶政策、特殊困难群体帮扶政策、激发内生动力方面的政策。值得注意的是，武昌区还有对应的财政政策支持城市精准扶贫工作的开展，其他地区的城市精准扶贫政策的设计需自身情况决定。

(三) 城市基层精准共治的经典范例

武昌区将城市精准扶贫工作融入到城市基层治理之中，以基层党建为引领，以市区街社为主线，吸纳多元力量，整合各方资源。以困难群众的需求为导向，将帮扶工作纵向延伸，帮扶资源横向整合，并根据困难群众的差异化、多元化，引进专业社会组织开展个性化、体验化的服务。武昌区的城市精准扶贫的开展过程，实际上就是城市基层治理精细化和现代化的体现，其具体如下：

1. 扶贫工作纵向延伸，上下联动建立帮扶新体系

市区街社体制是我国城市基层管理体制的重要组织部分，它规范了城市政

府与市辖区政府、街道办事处之间的上下级关系，也是城市政策执行与基层问题治理的重要途径。城市行政体系的“条条”状分布明显，市政府组成部门及所有行政机构的设置，在区政府这一层级上基本都会一一对应，街道办作为区政府的派出机构，也几乎拥有完整的行政机构设置来满足区政府交办的所有事务。而从公共管理的改革与发展趋势看，社区服务将逐步成为市辖区政府的主要职能，在精准扶贫的工作开展中，要坚持在区政府的领导下，不断加强社区软、硬件设施建设，发挥街道办、居委会的积极性，动员当地居民参与，开展社会互助，拓宽服务领域，提高服务水平。也就是说一方面，市区是重要政策与规定的制定者与指导者，把握着精准扶贫的大方向；另一方面，街道社区是政策的执行者与观察员，决定着政策实施的效果并且可以直接观察到政策与实际不相匹配的地方。根据湖北省、武汉市人大常委会开展“聚力脱贫攻坚、五级代表在行动”活动要求，武昌区委高度重视，区人大常委会精心组织，并出台了《武昌区人民政府关于加强困难群众帮扶工作的意见》《武昌区人民政府关于进一步加强养老服务工作的意见》等政策；各街道人大工委全力推进，采用入户走访了解、座谈听取意见等方式，对武昌区城市精准扶贫工作情况开展了调查，推进城市精准扶贫工作有序的进行。

与此同时，武昌区还将审批权下放街道，行政职能重心下移，区级审批项目减少，缩短了申请和受理审核的环节和时间，审批时限 30 个工作日减少到 15 个工作日，提速率 50%。

2. 扶贫资源横向整合，条块结合构建服务新模式

除了扶贫工作在城市行政体系的纵向开展，以民政牵头的各个部门也开展互动合作，针对不同的贫困群众进行联合救助。武昌区整合各部门现有的帮扶政策，形成“政策工具”；同时，在武汉市已有的政策的基础上，聘请高校专家教授为城市精准扶贫专家顾问，结合入户调查中反映的共性问题，与民政、教育、卫计、人力资源、社保、残联等部门一起商讨修订现有帮扶政策，积极探索社会保险分担机制，投入 300 万元，为全区低保户、低收入困难家庭及区人民政府认定的其他困难对象购买重大疾病医疗补充商业保险，形成帮扶脱贫政策体系。不仅如此，民政、教育、卫计、人力资源、社保、残联等部门还根据困难群众的需求，制定了五大脱贫路径：培训就业发展一批、助学扶智阻断一批、医疗救助扶持一批、残疾人同步共享一批、低保政策兜底一批。财政部门负责做好精准扶贫工作资金的筹集、拨付和监管工作；教育局、司法局、卫计委、社保局、残联等部门负责救助对象资格认定以及精准扶贫政策的实施与管理。

3. 扶贫项目综合推进，多方合作打造专业化队伍

为更好地推进城市精准扶贫工作，武昌区成立专门的扶贫工作机构。按照“市有特色、区有品牌、街道有模式、社区有亮点”的项目理念，积极整合资源，形成工作合力。武昌区委、区政府成立由区委书记、区长为组长的城市精准扶贫领导小组，下设领导小组办公室，统筹推进城市精准扶贫工作；各街道和部门成立城市精准扶贫工作专班，负责组织实施城市精准扶贫工作；向社会组织购买服务，引进专业社会力量，组建城市精准扶贫工作督导专班，全面负责城市精准扶贫工作的协调统筹、技术支持和督导。

与此同时，武昌区还搭建了精准扶贫网络工作平台。工作专班在区委内网开设“精准扶贫”专栏，定期发布涉及精准扶贫的领导讲话、文件汇编、工作简报、工作动态等内容，方便各部门、街道浏览和查询；建立了扶贫工作QQ群，各联络员及时在工作平台中反馈工作动态，交流工作经验。

六、城市精准扶贫“武昌实践”面临的挑战与困境

武昌精准扶贫在实践中探索出了城市精准扶贫开发的模式，从政策制定到实践探索形成了相对完整的扶贫体系，其中包括政策引导、政府主导、资金投入、贫困者个人能力提升，这一体系形成了“武昌实践”，但是，“武昌实践”还处于初建阶段，仍有许多的问题和不足。

（一）主体间缺乏沟通

“武昌实践”主要是政府主导的精准扶贫模式，参与主体有教育部门、医疗卫生部门、人力资源和社会保障部门甚至司法部门。民政统筹精准扶贫工作，教育部门负责助学扶贫，医疗卫生部门负责医疗救助、人力和社保负责就业扶贫和兜底低保。这些部门有着不同的责任和目标，均是相对独立的开展扶贫工作，缺乏必要的沟通交流，可能存在一定的信息不对称现象，议事协调机构设置得不规范、部门间协调得随意与低效，这样往往会产生服务空白，最终使得精准扶贫的效果大打折扣。此外，如果各方目标和利益不一致，可能会产生各参与主体之间的分离，阻碍了贫困户获得便利、可持续的服务。

社会是由各个不同的社会阶层和群体构成，不同阶层和群体往往存在经济利益、社会地位和政治诉求等方面的不一致性。现代化的社会治理应该是全社

会的共同行为，而与社会公共事务利益相关的主体都应是社会治理的主体。当前，国家在社会治理中处于主导地位，社会力量的自主性空间相对很少。社会治理主体分为政府主体、市场主体和社会主体。武昌区精准扶贫工作的开展，大部分依托于政府财政支撑，没有真正地与市场以及社会组织紧密结合。政府、市场、社会主体之间缺少沟通桥梁，不利于增强社会治理主体的协调性。

（二）警惕“大数据”困境

当前的扶贫开发应用大数据、云计算、物联网技术平台，确保扶贫数据动态及时，使精准识贫、精准施策、精准脱贫更加有效，为精准扶贫提供新的理论和技术支撑，将大数据技术运用到扶贫工作各领域，合理设置统计科目，扩大动态信息采集渠道，提高数据分析能力和加工效率，为扶贫决策提供精准有效可靠的扁平化数据支撑。尽管“大数据”助力为精准扶贫工作的开展提供了便利，但是依旧存在以下几个问题：

首先，大数据难以辨识人为排斥，无法完全识别贫困人口。在精准扶贫工作中，贫困群体的识别是首要问题，谁是贫困者？贫困程度如何？依据什么样的标准评估贫困？同样，不同的地区经济发展水平有差异，是否要依据经济发展状况制定贫困评估标准？大部分的扶贫工作中都存在扶贫对象识别不精确的问题，武昌区精准扶贫也不例外。其中主要存在以下几个贫困对象识别问题：一是贫困识别评价机制不清。我国的贫困线是人均年收入 2300 元，低于 2300 元的人口都处于贫困状态，但这是国家制定的贫困线，而具体到武汉市武昌区，这样的标准并不准确，并且仅用一条贫困线去衡量贫困人口不能精准地识别其贫困对象。特别是临界贫困户，这些人中有的收入在贫困线之上，但由于子女入学、家庭成员患病等原因，造成家庭经济负担较重，成为贫困人口或是返贫人口。同时，贫困人口大多是由干部评定的，其主观性很大。二是错位现象。城市与农村不同，人员混杂，尤其是流动人口。外来人口且没有城市户籍的人口是否纳入到贫困人口中是一个问题。武昌精准扶贫将外来人口纳入到了扶贫范围之内，但是也出现了非城市户籍人口的身份识别错位现象。比如，助学教育中，学生的户籍不在武汉市，那么对他的贫困认定会出现身份识别错位或遗漏。

其次，数据挖掘分析耗时耗力，无法实时追踪扶贫进展与成效。精准扶贫工作中对于信息的收集是最开始也是最重要的一环，而收集的信息来源与格式也多种多样，包括结构化数据、半结构化数据和非结构化数据，其中非结构化数据就是不能以二维形态描述的，例如所有格式的办公文档、文本、图片、各类报表、图像、音频和视频信息等，这类数据处理起来较为复杂，需要耗费大量的时间和人力，这就导致了不能及时地产生扶贫信息分析结果，造成实施精准扶贫工作的滞后。在大数据助推精准扶贫的过程中，最终操作还是要回归到具体人员身上，即数据挖掘分析人才。特别是当数据从上往下传达时，基层的扶贫工作人员由于缺乏这样的专业技能，在核实这些数据时往往要花费大量的功夫，这也导致无法实时追踪扶贫进展与成效。武昌区参与扶贫工作的许多部门都遇到信息不全，难以核实清楚的问题，有时为了收集完全的资料往往要耗费半年甚至更长的时间。

再次，大数据存在空间限制的困境。一方面，全国还没有建立健全的大数据共享平台，不同省份，不同城市，城乡之间没有很好的信息沟通平台，因此很难完全核实困难人口的真实情况，这会导致许多在外地购房买车的人员也被纳入精准扶贫的扶持政策之中。另一方面，有些政府部门基于风险的考虑而不敢将管理数据拿出来与其他部门共享。主要原因是担心共享后会带来负面影响和不利后果，要么害怕共享时暴露出本部门原有数据不真实、不精确而引发问责，要么认为“数据安全与保密比共享更重要”、采取封闭行为更妥当。

最后，大数据存在伦理困境。在大数据背景下，个人的隐私安全、国家对个人自由的监护，也都会成为一个突出的问题。大数据使政府可以对个人的一切进行趋势分析记录在档。在我们不自觉或自认为无关紧要的过程中介人、监测、控制、这必然使个人与政府之间需要重新明确彼此的伦理和法律边界。现代政府作为公民个人自由看护者的形象也会面临更大的困境与挑战。国家应该是公民个人隐私和个人安全的承担者和保护者。但现在，国家却详细地掌握公民的大量详细信息。这是武昌区在利用大数据进行精准扶贫时所面临的内部伦理困境。

（三）破解城乡二元体制限制

我国在计划经济体制时期，在制度和管理上把城市与农村截然分开，形成社会经济“城乡二元结构”分治格局。1958 年 1 月全国人大常委会第九十一次会议讨论通过《中华人民共和国户口登记条例》。这标志着中国以严格限制农村人口向城市流动为核心的户口迁移制度的形成。后来暂住证制度既可以看做是这种城乡壁垒存在的标志，也可以看做是弱化这种壁垒的一种措施。改革开放以来，市场经济体制不断建立与完善，城乡分割局面逐渐打破，但现实生活中仍存在着“城乡二元结构”种种现象。并且随着我国城镇化进程的不断推进，传统的城乡二元社会的转变也也越来越剧烈，造成了我国出现城乡间人口大量流动。当前我国户籍制度改革制度尚不完全，城乡劳动者难以平等就业，农业转移人口在城镇融得进、能就业、可创业的方式与渠道十分单一，信息沟通机制尚不健全；人员的流动使得“人户分离”的情况十分常见。而当前城乡精准扶贫工作的开展过程中，在精准识别和建档立卡之时，基本上将人户分离的人口排除在了精准扶贫的对象之外。这是当前城乡间尚未建立信息交流平台，信息沟通对接出现错位导致的。现在是脱贫攻坚工作的关键时期，农村的精准扶贫工作也进入到了攻坚期，习近平总书记也强调，2020年让全国人民一个不落都过上小康生活。因此，在对农村人户一体的困难群众进行帮扶之余，“人户分离”的流动人口的贫困问题也应当是之后关注的重点。流动人口的贫困问题也是城市贫困问题当中的重要组成部分。武昌区精准扶贫对于流动人口没有建立城乡统筹的扶贫体系，搭建城乡信息交流平台，这不利于保障贫困人口更加精准的定位识别，也难以构建城乡统筹的大扶贫格局。

（四）防止落入“贫困陷阱”

“贫困陷阱”是当前解决贫困问题中遇到的一大障碍。“贫困陷阱”一般是指处于贫困状态的个人、家庭、群体或区域等主体，由于主客观原因难以摆脱贫困而不断地再生产出贫困，因而长期处于贫困的恶性循环中不能自拔的状态。我国城市贫困群体普遍表现为低收入、高恩格尔系数、低消费和低营养标准等特征。许多城市贫困居民在经济收支上长期处于收不抵支状态，债务问题严重，住房、出行等基本生活条件明显低于社会平均水平，普遍缺乏对抗疾病及意外事故的基本能力。尽管城镇社会保障体系不断完善，低保救助对于解决城市困难群体的部分问题，但也可能使其陷入“贫困陷阱”。贫困人口在接受社会保障救济的收入并不比他努力工作时的收入少或者两者相差无几时，宁愿接受社会保障的救济而不努力工作，从而无法自贫困中解放出来，陷入一个低水平生活的长期恶性循环的状态。由于社会救助的许多认定标准都与低保资格挂钩，“捆绑式”的做法，使低保者产生了对低保制度严重的“福利依赖”。在武昌区精准扶贫的开展过程中，对于贫困户的认定也是从低保户中选择出的，并在原有的救助水平上进一步提高，这种直接发放现金的做法没有实现高社会效益的资本社会投资，对待贫困边缘户政策不合理，反而会产生补差救助的负激励效应。

七、城市精准扶贫“武昌实践”的启示与思考

（一）强化基层党建引领，助力城市精准扶贫

1. 大力加强基层班子建设，夯实城市精准扶贫组织基础

党的十九大报告高度重视加强基层党组织建设，指出：“党的基层组织是确保党的路线方针政策和决策部署贯彻落实的基础。”基层党建工作是全面从严治党的基础性工程，也是精准扶贫工作的重要保障。城市精准扶贫工作的开展，一方面是实现全面建成小康社会的重要举措，另一方面也是城市基层治理现代化发展的重要实现途径。这就需要发挥党建引领的重要功能，用“红色引擎”带动城市精准扶贫工作的有效开展。基层党组织是面向城市困难群众的第一线，也是城市精准扶贫工作开展的重要力量。武昌区加强基层党组织的建设，坚持把党的组织植根于基层，延伸工作触角，加快形成纵到底、横到边的基层党组织体系。对城市社区党组织明确责任、细化要求，将城市精准扶贫工作纳入考核之中，提高城市基层党组织工作的积极性和主动性，增强各方面工作本领，充分发挥基层党组织在城市扶贫攻坚中的战斗堡垒作用。围绕脱贫攻坚需要，对社区党组织书记进行专题培训、全员培训。分期分批组织社区党组织书记到先进地区考察学习，开阔视野、查找差距，增强责任感紧迫感，提高带领贫困群众脱贫的能力。武昌区坚持将从严治党贯彻队伍建设始终，切实加强机关党建工作，引进高素质人才，成立一支素质优良、结构合理、数量充足、专兼职结合的党务干部队伍，服务城市贫困群体，真心实意为群众解决实际困难。

2. 强化基层党组织指导功能，有效服务保障脱贫攻坚

党的十九大作出了中国特色社会主义进入新时代的重大政治判断，阐明了我国社会主要矛盾发生的重大变化，这是关系全局的历史性变化，对党和国家工作提出了许多新要求。组织部门作为党的政治部门，要深刻理解和准确把握主要矛盾的变化，将人们对美好生活的需要作为工作的出发点和落脚点，主动作为，自觉担当，为实现人民对美好生活的向往，解决发展不平衡不充分问题提供坚强政治保证和组织保障。充分发挥各级党组织的政治引领作用和服务功能，将组织优势转化为精准扶贫优势，把抓基层党建的成效体现到脱贫攻坚工

作上来。武昌区精准扶贫通过积极构建“党组主导——党支部主管”责任体系，落实从严治党要求，着力实施“红色引擎工程”；重视制度建设，修改完善城市精准扶贫相关政策，充分发挥党组织领导核心作用。并以人民为中心，坚持党的思想路线引领，全心全意为人民服务。在城市精准扶贫工作的开展过程中，党员干部密切联系群众，从城市困难群众的利益角度出发，一心一意为困难群众办实事，接受群众的监督。畅通社情民意收集处置和反馈渠道，做到了解交流，信息反馈常态化和制度化，并及时针对困难群众的所存在的问题和难处性进行有效帮扶。

3. 加大党员结对帮扶力度，形成推动精准扶贫合力

群众路线是党的根本工作路线，也是城市精准扶贫工作开展的重要指导方针。党的组织工作就是要坚持发展为了人民，发展依靠人民，发展成果由人民共享的发展思想，把抓党建促脱贫作为解决发展不平衡不充分的有力抓手，努力缩小贫富差距，更好地满足人民经济、政治、文化、社会、生态等方方面面的需要，让人民群众共享改革开放成果的红利，不断提升获得感、幸福感、安全感。要进一步加强党员干部的思想作风建设，密切党群、干群关系，树立党员干部在群众中的良好形象。在党的路线指引下，武昌区各街道、各部门党组织认真落实精准扶贫主体责任，与包户党员干部签订了责任状，层层压实工作责任，推动城市精准扶贫工作扎实开展。根据武昌区城市精准扶贫行动方案要求，按照区级领导、处级干部 5 户，正科级干部 2 户，党支部 2 户的要求，将首批 3407 户扶贫对象分配到全区 14 个街道、66 个区直部门和辖区单位的 999 名党员、186 个党支部。党员干部密切联系服务群众，按照定点帮扶、精准帮扶的原则，为贫困群众提供政策、资金、技术、信息等支持和服务，帮助解决就业、就医、入学等实际困难。各街道将城市精准扶贫工作与网格管理工作紧密结合，在各社区组建一支由扶贫党员干部、相关职能部门人员、街道党员干部、社区负责人和网格员等组成的精准扶贫团队，共同推进扶贫工作。在此期间，党员干部能够熟练掌握与贫困户沟通的技巧，解决低保户热点难点问题的能力明显提高。辖区单位党员干部主动深入社区，积极参与城市精准扶贫行动，实现了扶贫党员与困难群众、社区干部与辖区单位干部的双向互动。

（二）关注相对贫困人群，构建“大扶贫”视角

1. 关注流动人口，打破户籍身份“屏障”

为达成全面建成小康社会的目标，扶贫工作将成为“十三五”期间的重

要工作之一。仅仅从满足基本生活需求的角度来扶贫是具有片面性的，贫困还包括社会排斥、相对剥夺等社会属性，是各种社会矛盾产生的主要诱因。流动人口的部分群体增加了城市相对贫困发生的可能性。流动人口贫困问题是人口城市化进程中贫困由农村向城市转移的现象，综合了贫困、流动人口、社会保障三大社会难题的复杂性。但是在当前城乡分立的扶贫体系中，我国的流动人口扶贫工作尚处于萌芽阶段。受限于社会身份的双重性和生活方式的流动性，再加上二元社会保障制度的制约，流动人口贫困问题在当前具有相当的复杂性，从识别、帮扶到管理都面临着诸多理论上的难点与障碍，相对应的扶贫实践工作也是困难重重。武昌区坚持对于困难群众应救尽救的原则，根据《武汉市实施临时救助暂行办法》（市政府令 271 号）规定，对于具有武汉市户籍或者持有武汉市居住证，居住满一年的居民提出临时救助申请，由现居住地街道办事处（乡镇人民政府）受理；居住未满一年的。由户籍所在地或者办理居住证的街道办事处（乡镇人民政府受理）。武昌区根据实际情况，打破户籍制度的限制，保障困难群众得到及时救助。不仅如此，武昌区人口计生委、计生协为促进社会和谐、使失独家庭在精神上得到慰藉，生活上得到帮助，对于武昌区所有的失独家庭，包括非本区户籍和 49 周岁以下的独生子女家庭进行结对帮扶，重点关怀，主动服务，详细了解他们的生活需求，并根据他们的诉求做好相应的工作。

2. 创新识别方法，精准定位“非低保”困难户

精准识别是做好脱贫攻坚的基础性工作。大力实行精准施策，瞄准贫困户，精准分析致贫原因，因地制宜、分类指导、因村因户施策。落实贫困户扶持政策，对有劳动能力贫困人口扶持发展脱贫，对失能弱能贫困人口兜牢基本保障。着力解决因病返贫等突出难点问题，拿出超常规举措，提高脱贫攻坚的精准性和有效性。武昌区不仅将城乡最低保障对象、武昌区民政部门审批通过的城市“三无”人员、孤儿作为救助对象。还将人均可支配收入高于或者等于武汉市城乡最低生活保障标准但低于武汉市城乡最低生活保障标准 2 倍，且家庭财产状况符合武汉市城乡居民最低生活保障条件的城镇家庭作为低收入困难群众，进行重点帮扶。

按照该标准，并在利用大数据技术核查实际情况之后，武昌区将 3407 户因失业致贫、因子女上学致贫、因病致贫作为精准扶贫对象，通过城市精准扶贫工作，到 2018 年，实现全区建档立卡低保人口全部脱贫。结对帮扶党员在前期识别的基础上进行入户调查，根据贫困户致贫原因和现实需求，结合现有帮扶政策，与扶贫对象共同制定脱贫方案，形成一户一策。根据一户一策，统一实施，分类指导。

3. 关爱特殊群体，促进困难群众社会融入

特殊群众的社会融入问题一直都是全世界所关注的一大难题。相较于城市的普通居民，特殊群体从物质以及精神上都处于弱势地位，而难以融入社会更是使得他们可以获得的资源少之又少。现阶段，对于社区服刑人员、刑满释放人员、残障人士以及他们的子女，一方面，社会接纳和包容度还有待提高，刻意疏远、误解和差别对待的现象依然存在。一些岗位残疾人完全可以胜任，但用人单位领导怕麻烦，担心会增加医疗费，还要提供无障碍通道等配套设施，所以，宁愿缴纳残疾人就业保障金，也不愿雇用残疾人。然而，对于特殊困难群体而言，在本身已经遭受到重大变故、身心俱疲的情况下，本以为能够得到社会的包容，感受社会的温暖，不曾想自己最后依然还是一个“边缘人”。另一方面，这些弱势群体自身也存在强烈的自卑感，内心深处也害怕甚至抗拒与社会的接触。

武昌区也十分关注特殊群体的社会融入问题，并构建“创业就业，心理治疗，教育扶智”三位一体工作体系，由司法局、人资局、民政部、残联联合开展，并由街道社区具体实施。五年的时间，武昌区建立了残疾人网络就业基地、武昌区残疾人汉绣培训就业基地、武昌区残疾人手工艺术品及营销培训基地等职业培训基地为残疾人提供就业支持。在创业项目帮扶中，扶持有发展前途的项目，帮助解决创业初期资金不足等问题，提升了创业成功率。为帮助刑满释放人员实现就业，武昌区还对于招收的刑满释放人员和社区矫正人员的企业进行政策补贴与优惠。为了帮助特殊群体克服心理障碍，武昌区引进专业的心理治疗服务。司法局雇佣了“武汉华夏心灵教育咨询公司”提供心理矫治服务，服务方案中包含心理健康指数测评及心理评估建档、心理正常对象一对一咨询辅导、明显心理症状和人格障碍对象个案跟进等内容。在教育方面，武昌区采取了多种途径缩小残健社会教育公平：鼓励普通幼儿园接收残疾儿童，并全额资助公办园和普惠性民办园中家庭经济困难的幼儿保教费，对贫困家庭中的残疾儿童进行补助；对义务段公办开放学校辖区范围内的符合随班就读条件的三类残疾学生，采取零拒绝的招生政策；实行政策对象普高阶段免费教育。

（三）多主体协同，合力助推城市扶贫

1. 以政府为主导，政策保障精准扶贫工作有效开展

政府在社会发展运行的模式中起着导向的主要作用，其主导主要表现在两个方面：一方面制定路线方针政策确定经济社会发展的目标和方向；另一方面运用行政手段干预决策的执行，确保经济社会发展目标的实现。政府作为精准扶贫的主导力量，又是重要的参与者，不仅要从大的方向上指导精准扶贫工作的开展，还要制定相应的政策保障精准扶贫工作的有效实施。武昌区政府严格按照武汉市《武汉市医疗救助实施办法》《武汉市实施临时救助暂行办法》《武汉市公益性岗位开发管理暂行办法》《武汉市促进贫困劳动力就业创业工作实施方案》等文件的要求，并在此基础上出台了《武昌区人民政府关于加强困难群众帮扶工作的意见》《武昌区人民政府关于进一步加强养老服务工作的意见》等政策。武昌区卫生计生委、计生协，民政部等部门也根据区里的文件制定相应的工作计划与安排。这使得武昌区的精准扶贫工作在政策的指导下更加科学合理的开展。

2. 以居民为主体，鼓励引导激发群众脱贫内生动力

贫困群众既是脱贫攻坚的对象，更是脱贫致富的主体，激发贫困人口脱贫致富的内生动力至关重要。习近平总书记多次强调内生动力对脱贫攻坚的重要意义，他指出，要着力激发贫困群众发展生产、脱贫致富的主动性，着力培育贫困群众自力更生的意识和观念，引导广大群众依靠勤劳双手和顽强意志实现脱贫致富。城市精准扶贫，就是要以贫困的城市居民为主体，激发其脱贫的内生动力，提高贫困人口的自我发展能力，防止出现一旦外部帮扶力度减弱，已经脱贫的群众很可能再度返贫的困境。武昌区落实党员干部结对帮扶责任，开展党员干部走亲结对活动，利用三方联动、居民议事会、班长议事会、警民恳谈会、网络对话、微信平台，实行点对点对接、面对面帮扶，帮助困难群众算好收入数字、致贫成因、政策措施、帮扶成效“四本账”。同时建立激励脱贫制度。对重点救助对象通过本人或子女就业创业超过最低生活保障标准的家庭，以户为单位给予连续三年的奖励，破除以“吃低保”为荣的不正风气。并且对最低生活保障家庭城公园再就业（创业）实行最低生活保障过渡性政策，在核算家庭收入时，最低生活保障家庭成员就业后6个月内不计算收入，6个月至1年内按照50%的比例计算就业收入，1年后按实际收入计算。一、二、三级残疾人就业后按照50%的比例计算就业收入。再就业后家庭人均可

支配收入超出武汉市城乡最低生活保障标准但低于武汉市最低生活保障标准2倍的，可继续享受除低保金之外的其他低保配套政策。过渡性政策给予困难群众培育发展自身脱贫能力的时间，以防“揠苗助长”、适得其反。

3. 以社会为主力，积极引进专业社会组织参与扶贫

精准扶贫战略在实施过程中面临众多现实困境，仅靠政府部门难以有效解决，应该积极调动社会各界力量，发挥企业的市场优势、社会组织的专业优势和个人的灵活优势，从“补短板、整资源、促发展、提能力、建机制”等方面发挥其扶贫作用，切实解决扶贫工作的“精准”问题。① 社会组织是我国社会主义现代化建设的重要力量，是动员组织社会力量参与脱贫攻坚的重要载体。武昌区首先倡导有爱心、愿奉献、乐扶贫的社会力量自主选择、自愿结对、采取扶智助学、提供技能培训、帮助就业、创业、捐资等系列精准帮扶措施，凝聚和壮大扶贫力量。其次，武昌区引导社会各界人士通过爱心捐赠、志愿服务、职业培训、结对帮扶等多种形式参与扶贫。对自然人、法人和其他社会组织捐赠财产用于慈善活动的依上级法规给予享受税收优惠。对带动贫困人口脱贫的企业给予扶贫再贷款，吸纳就业享受税收优惠等政策。更重要的是，武昌区依托社会组织，街道社工及社区工作者的介入，通过开展心理讲座、个案心理辅导、加强社会参与等方式，提高困难群众脱贫致富的信心。鼓励重点救助对象家庭参与社区的公益和文娱活动，建立社会支持系统。最后，武昌区发挥互联网优势，利用阿里、腾讯等公益网络平台，倡导企业公民责任，集结大众力量，向社会实施慈善救助和开展扶贫活动。

（四）立足长远，构建城市精准扶贫长效机制

1. 建立动态识别机制，健全评估审查平台

“贫困群体”不是简单的、截然的“二分法”的“贫困”与“非贫困”，而是一个渐进的程度概念，要综合平衡贫困户、非贫困户的政策支持，促进他们互相支持。② 要按照“有进有退，动态管理”的原则，建立贫困人口动态识别机制。因此对于贫困人口需要时时关注，利用社区网格员以及党员结对帮扶机制密切联系城市居民，及时发现新的贫困人口或“贫困边缘户”；并利用

① 黄倩倩、朱湛：《社会力量参与精准扶贫的优势及作用机制》，载《现代交际》2016年第18期。

② 刘万振：《完善精准扶贫监督考核机制的路径选择》，载《改革》2018年第1期。

大数据核查贫困人口信息，建立科学的贫困人口退出机制。这需要基层党员和社区工作人员不断深入群众，建立良好的互动交流模式，让群众充分信任政府，信任党员，破除不愿摘掉“贫困帽”的不正之风，树立劳动光荣的健康向上的社会风气。

坚决打赢脱贫攻坚战，是“三大攻坚战”之一，事关决胜全面小康社会的进程。为确保精准扶贫战略的顺利实施，打赢脱贫攻坚战，必须创新精准扶贫监督考核的路径，优化精准扶贫监督考核的措施。对于扶贫信息要做到公正透明公开，让扶贫工作经得起群众的审查和考验。对于扶贫工作的每一个环节，都能做到有据可查，有法可依，避免出现贪污腐败，滥用职权的现象。对于扶贫资金，要考核财政专项扶贫资金投入、扶贫资金整合、财政专项扶贫资金项目管理、扶贫资金使用情况等。坚持“六项制度”，着力“六个结合”，切实做好精准扶贫监督考核工作。坚持年度脱贫攻坚的述职报告制度、脱贫攻坚督查巡查制度、脱贫攻坚评估考核制度、精准扶贫定期社会公示制度、扶贫资金使用审计制度、脱贫攻坚扶贫资金违规使用责任追究制度，着力把自上而下监督与广泛社会监督相结合、过程监督与结果考核相结合、传统监督考核方法与现代科技手段监督考核相结合、全面监督考核与重点监督考核相结合、内部监督考核与外部监督考核相结合、监督考核与调研指导相结合，要综合施策，打好组合拳，做到多政策、多途径、多方式综合发力，建立健全评估审查平台。借助第三方评估，对于扶贫工作的成效进行科学评价，总结经验与不足，更好地推进城市精准扶贫工作的开展。

2. 注重实际，源头治贫，探索多样扶贫方法

扶贫工作是一项长期的攻坚战，急于求成，揠苗助长只能适得其反。一方面，要充分认识到脱贫攻坚的艰巨性和复杂性。当前的扶贫工作中出现的问题告诉我们：扶贫要一切从实际出发、从源头出发、从解决问题出发，提高巩固率，减少返贫率，坚决做到扶一个成一个。由于城市人员的多样性，城市贫困群体的致贫原因也十分复杂，并且大多是与城市治理中的难点相关，特别是“看病难，看病贵”与“房价高”这两大城市的突出问题有关。想要彻底解决城市的贫困问题，需要从全局出发，扶贫工作与城市改革建设一同推进，才能达到源头解决的效果。同时对于不同类型的贫困群众，要采取适合这一类型的帮扶方式，做到扶贫工作的精确性和有效性。这需要整合多方力量，并激发贫困群众的自身发展潜力，群策群力，并以“源头活水”阻断贫困的代际传递，让贫困群众“真脱贫，难返贫”。

另一方面，要构建更加健全的就业创业帮扶体系，重视贫困人口的教育培训。大力提高贫困人口的受教育程度无疑是贫困人口彻底摆脱贫困的根本途径。并且在发展发展义务教育、基础教育、职业教育和普通高等教育的基础上，还要开展有针对性的文化培训、职业培训、技能培训，注重教育的针对性和实效性，大力转变贫困人口的思想观念，提高贫困人口的脱贫致富技能。不仅如此，还应当重视社区文化和家庭文化对于贫困群体潜移默化的教育影响，既扶“志”、又扶“智”，要着重扶思想、扶观念、扶信心，帮助贫困群众树立起摆脱困境的斗志和勇气。①

3. 城市精准扶贫工作要重视精神扶贫内生动力

精神扶贫是习近平总书记扶贫开发战略思想的重要内容，精神贫困具有基础性、渗透性，是贫困产生和延续的深层原因，这使得贫困群众的精神脱贫是一项需要主客体共同努力的艰巨工作。精神扶贫是当前扶贫工作中的短板，仅仅靠“输血式”的帮扶不能从根本上改变贫困人口的整体精神面貌，还有可能引发“等靠要”的不正之风。

一方面，在精准扶贫工作的开展中要关注贫困人口的心理疏导，提升贫困人口的心理健康水平。贫困人口中有大量的特殊群体，例如残障人士、刑满释放人员等。这些群众常常忍受着自我不认同以及社会不接受的双重心理压力，它严重地影响了社会和谐，降低了人们的幸福感，因此我们需要更加关注其心理健康问题。这需要在专业心理治疗的引导下，由家庭提供更多的关爱，社会给予更大的包容，并组织开展形式多样的社会、文化活动，丰富其精神生活，大力提升贫困人口的心理健康水平。

另一方面，要推动贫困人口的社会参与，提升贫困人口的参与效能感。贫困人口大多数是社会中的弱势群体，自身所拥有的资源就比较少。更重要的是，贫困人口缺少融入社会的机会。只有为他们多多创造参与社会活动路径与平台，贫困人口才能不断学习发展自身能力。贫困人口既要在社会参与中获得自信心和满足感，又要通过更多的接触，让社会上的其他群体增加对他们的了解，特别是特殊群体，有助于去除社会对于特殊群体的偏见，撕掉贴在他们身上的“标签”。因此要尊重和保障贫困人口的政治、经济和社会权利，在扶贫开发、社区管理、社会活动等方面，积极拓宽贫困人口的社会参与渠道，注重发挥贫困人口的能动作用，使贫困人口能够感受到较强的参与效能感、成就

① 王宗礼：《精神扶贫：培育扶贫开发新动能》，载《社科纵横》2017年第9期。

感，使其在社会参与中增强其自信性、自豪感，从而激发贫困人口的精神动力。

（五）正视不足，完善“武昌实践”的政策体系

2016年5月，武昌启动了城市精准扶贫工作，经过几年的努力，扶贫工作已取得显著成效，“武昌实践”成为了城市精准扶贫的典范，但是，“武昌实践”仍有不足之处，那么，如何完善“武昌实践”使其发挥更大的作用？

1. 健全精准共治机制

系统理论认为，系统是由若干相互联系并与其环境发生关系的组成部分结合而成的，具有特定结构和功能的有机整体。作为系统的基本单位的要素与要素之间存在着一定的有机联系。在开展城市精准共治的过程中，各个主体在精准扶贫中发挥着不同的作用，承担着不同的职责，同时，他们又是各自独立运作的主体，但是，精准共治是系统性的工作，需要各方的协作和配合，因而，建立各方沟通与协作的网络或机制尤为重要。一是搭建沟通平台。各个主体应搭建沟通与交流的平台，保证信息畅通。二是拓宽沟通渠道。比如，大数据运用到精准扶贫中，拓宽信息获得的渠道，并且提高信息的可信度。信息的通畅有利于扶贫开发，避免困难群体错漏、错位现象。并且多部门沟通协作扶贫有利于提高扶贫的质量和效率。

2. 完善精准识别机制

创建精准扶贫识别机制的首要环节是根据扶贫的基本原则，准确识别扶贫对象，明确贫困认定程序。第一，制定贫困认定的评价体系。如上述所说，国家贫困线是一个统一标准，但各个地方有其差异性，那么，精准识别贫困者的首要前提是制定符合当地经济社会发展水平的指标，其次，制定贫困评价体系，贫困不能仅用收入或简单的贫困线进行测量，贫困测量要建立多元化的贫困评价体系。第二，明确识别贫困的程序。按照对扶贫对象进行指标分解、广泛宣传发动、居民自主申请、入户调查核实、民主评议和票决、审核和公示、区级审批和公示、信息采集和建档立卡的程序。总之，贫困识别并非只是一刀切式的贫困线的测量，而是一个多元化的主体，因为贫困本身并不是单变量的概念，而是一个复合整体。因此，对贫困的测量要考虑多方面的因素。另外，明确识别程序是精准扶贫工作公正化、合理化的重要手段。

3. 提升扶贫对象内生动力

精准扶贫重在扶智和扶志，城市困难群体陷入贫困的个人原因之一是贫困者内生动力，不论造成后者的原因是社会因素还是个人因素，关键在于如何提升其内生动力。

第一，发掘扶贫对象自身的优势。从优势视角来讲，每个人都有内在的优势和资源，只是他自己没有发现，要改变贫困状况，首先要让贫困者意识到自己的优势资源，并将这种优势最大化，那么，如何才能发掘贫困者的自身优势呢？首先，评估贫困者的环境、所拥有的资源。其次，诊断其所处的优劣势地位，寻找能帮助贫困者脱贫的途径和资源，比如，身体残疾人拥有灵活的大脑。发掘扶贫对象的优势资源是建立在对其环境充分考察的基础之上的，也是精准管理的有效手段。

第二，提升扶贫对象的职业技能。职业技能是能在社会上赖以生存的途径和手段，不论是就业还是创业，扶贫对象若是拥有一项职业技能，也就获得了能在社会中立足的通行证。城市精准扶贫的关键也在于提高扶贫对象的职业技能，使其能在社会中生存，从而摆脱贫困。

4. 加强社工能力建设

由于社会工作专业的价值理念和专业方法优势在链接优势资源、增强服务对象自信心和解决问题的能力、尊重个体差异化需求等方面都具有无可替代的作用。将专业社会工作者引入城市精准扶贫工作队伍，以全新的视角和方法介入扶贫工作，将成为城市精准扶贫工作新的突破和创新。为了保障此次城市扶贫工作的正常开展，武昌区决定面向博雅社工机构引进专业社会工作者，协助武昌区推进城市精准共治的开展。尽管社工在协助领导小组组织开展就业培训、精准扶贫工作会（组织各街道、区直单位、辖区单位党组织、在职党员干部召开工作部署会、召开工作调度会，精准扶贫工作交流会）、政策宣传、扶贫工作培训（对全区扶贫工作人员开展培训）等方面作出了一定的成效，但是依然存在社工的依附性生存与独立性缺失等方面的问题。为此要加强社会工作自身能力的建设。首先要实现社会工作方法和理论的“本土化”，将其转变为与我国实际相符合的社会实践；其次要提高社会工作在高校的学科建设水平；最后要加强实践环节的专业教育，从而提高社会工作的专业性和实践水平。

总之，“武昌实践”初步形成了以政策为引导，政府为主导，各方力量协同参与的城市精准扶贫开发模式，成为了城市精准扶贫的典范，对我国其他城市的精准扶贫工作提供了典型样本，具有极大的现实意义和借鉴意义。但是，“武昌实践”处于探索和试点的阶段，仍有许多问题和不足存在，有待改进和完善。

随着社会经济的快速发展，城市问题日益突出，城市中的新贫困阶层增加，若是不解决城市贫困，将引起社会矛盾和冲突，但是，在以往的扶贫政策和实践中，城市扶贫工作并未受到高度的重视，因此，提高对城市贫困的关注度有利于共建小康社会，走向共同富裕。

本部分以武昌区精准扶贫实践为例，探索城市精准扶贫开发的模式。经调查发现，武昌精准扶贫在精准识别、创新“一户一策”扶贫方案、精准施策方面显现了其独特的做法，具有多主体参与扶贫、帮扶对象广泛、整合各方资源的特点，初步形成了以政策引导、政府主导、资金支持、能力建设为重点的“武昌实践”，然而，“武昌实践”仍存在主体间缺乏沟通、贫困群体识别不精准、内生动力不足等问题。进而，本章从建立各部门沟通网络、完善精准识别机制、提升扶贫对象内生动力三方面提出完善“武昌实践”的建议。

“武昌实践”是在精准扶贫的浪潮中探索实践而得出的城市精准扶贫的成功经验，首次开启了城市精准扶贫开发工作先河，引领了城市精准扶贫的工作路径，首创了城市精准扶贫的模式。这一模式对其他地区的精准扶贫工作提供了典型范例，对推进城市精准扶贫具有重要启示，为城市精准扶贫模式提供了有益参考和经验借鉴。

值得注意的是，“武昌实践”是在武汉市武昌区精准扶贫工作中总结出来的扶贫模式，因为经济环境、地域特征和文化限制等诸多因素，“武昌实践”有其特殊性和局限性，并具有浓烈的地域性质，未来需要有更广阔的视角和实践去探索我国城市精准扶贫的模式。

八、城市精准扶贫武昌实践推广战略的思考

（一）推广武昌实践的理论架构

本研究将推广“武昌实践”视为一个政策创新和扩散的过程，并从政策扩散的视角来探讨“武昌实践”推广的战略定位。

道洛维茨和马什提出了政策扩散的分析框架，即道洛维茨—马什模型。该模型包含了七个问题：行动者为什么参与政策转移？谁是政策转移过程中的核心行动者？转移了什么？在哪里吸取到了教训？转移的不同程度是什么？什么

限制或促进了转移过程？转移过程与政策成功和失败有何相关？其中，自愿还是强制转移，以及政策转移与政策失败之间的关系这两个问题是道洛维茨和马什关注的焦点。① 所以具体到本研究，我们认为对于“武昌实践”推广的分析可以从以下六个方面展开：

第一，为什么要推广？根据政策扩散理论，一项政策被创新和推广受到很多因素的影响，主要包括扩散动因、资源与阻碍、相关政策、外部因素、政策属性等。②

第二，推广的过程是怎样的？王浦劬和赖先进针对中国公共政策制定和扩散主体的特点，指出中国公共政策扩散主要有四种基本模式，即“自上而下的层级扩散模式、自下而上的政策采纳和推广模式、区域和部门之间的扩散模式、政策先进地区向政策跟进地区的扩散模式”。③ 考虑到武昌区自身的历史因素和现实情况，本研究将“武昌实践”的推广模式视为第二种类型，这种类型也是我国各种公共政策扩散的典型模式。

第三，推广的现状和问题如何？“武昌实践”的推广工作实际上已经展开一年多，对于推广初期情况的反思和总结将会利于后续工作的开展。

第四，推广的政策内容是什么？政策内容或属性是影响政策扩散的重要因素。吴建南和张攀认为，概念简单、操作简单、短期效果明显、采纳成本低、受益群体广泛、社会阻力小的政策更易于扩散。④ 同时，政策的内容也不是固定的。朱亚鹏和丁淑娟对棚户区改造政策的扩散过程的案例研究发现，这种政策既改善了贫困家庭的住房条件，促进了区域经济发展，也一定程度上影响了该政策扩散的速度和范围。他们指出，政策内容并非是一成不变的，随着扩散过程的深入，政策内容可能发生改变，而且政策采纳和采纳后的执行也容易出现不同步现象。⑤“武昌实践”的内容到底是什么？这依然是一个很难作出严

---

① Dolowitz D P and Marsh D, “Learning from Abroad: The Role of Policy Transfer in Contemporary Policy-Making”, *Governance* 13, 2000, pp. 5-23.

② 杨代福：《中国政策创新扩散：一个基本分析框架》，载《地方治理研究》2016年第2期。

③ 王浦劬、赖先进：《中国公共政策扩散的模式与机制分析》，载《北京大学学报（哲学社会科学版）》2013年第6期。

④ 吴建南、张攀：《创新特征与扩散：一个多案例比较研究》，载《行政论坛》2014年第1期。

⑤ 朱亚鹏、丁淑娟：《政策属性与中国社会政策创新的扩散研究》，载《社会学研究》2016年第5期。

格界定的问题。前文分别从武昌精准扶贫工作机制、精准扶贫识别机制、精准扶贫实施机制以及精准扶贫动态调整机制等方面对武昌实践进行了总结和提炼，比较全面地介绍了武昌实践的主要内容。但实际上，这四个方面仅仅只是从外在的形式上来归纳“武昌实践”，而这些外在形式也因武昌自身的特殊社会历史文化原因而得以存在，很难说其他城市可以直接进行有效的模仿或学习。因此，推广“武昌实践”要深化认识，要学深、悟透、用活“武昌实践”。“武昌实践”并不是看得见摸得着的特定模式，而更像是一种指导城市相对贫困治理的理念。对于推广“武昌实践”这一议题来说，应赋予它新的内涵和原则，并形成因地制宜的多样化城市相对贫困治理模式。

第五，推广的原则是什么？具体的政策扩散机制有学习机制、竞争机制、模仿机制、强制机制和社会化机制等五种。在“武昌实践”推广过程中，政府应当鼓励各个城市以学习借鉴来吸纳和接受武昌区相对贫困治理的经验和成果，而不是一味地模仿和复制。同时要考虑到各个地区自身的资源优势和特色，因地制宜。也应注意推广的时间安排，不可急于冒进，也不能消极怠工，最好的形式应该是渐进式学习。

第六，怎样来进行推广？推广战略是一项政策成功扩散的重要因素。推广战略必须具备可行性、灵活性和前瞻性三个方面的特点，只有这样，我们才能够制定出合适的“武昌实践”推广战略。同时，战略不同于策略，因而不能过于细化、微观，应当站在较为长远、宏观的角度进行规划设计。最重要的是，战略必须合理调动各方力量，共同参与到政策推广过程之中，确保政策扩散的顺利进行。

（二）推广武昌实践的基本原则

如前所述，武昌实践在一定程度上是难以完全复制的，我们学习和推广的更多是武昌精神，即为民服务的精神和城市精准共治的发展理念。基于此，我们提出以下几条推广的基本原则：

1. 立足实际，创新推动

立足于武昌实践，但不是对武昌实践完全地照搬照抄。武昌实践不可复制，但工作方法可以；方案不可复制，但思路可以。其他城市应以创新为驱动力，在学习武昌实践的基础上，结合自身城市发展的实际情况和认知水平不断地推陈出新，从而实现立足于武昌，优于武昌。

2. 因地制宜，特色引领

学习武昌应该与本地实际相结合，因地制宜发挥优势、形成特色。武昌拥有自己的城市发展特色以及经济实力，我们应当学习和推广武昌勇于探索不断优化的治理理念，根据当地民情开展城市精准扶贫。特色是城市发展的优势，只有立足民情、立足地域发挥城市自身的优势，才能将精准扶贫与城市发展结合起来，推动城市基层治理的精细化与现代化。

3. 合理规划、规避风险

武昌实践的推广要进行合理的规划，同时也要面对其可能带来的风险。武昌实践有较为完整的政策体系保障和财政支持。对于一些经济实力不是很好的城市来说，这是一个亟待解决的问题。在城市治理中，管理者、合作者、参与者的缺少都会带来不一样的效果，我们在学习武昌的经验的同时应不断地进行反思，要对不同的城市进行合理规划，评估可能的风险。

（三）推广武昌实践的三大战略

武昌区城市精准扶贫为其他城市树立了榜样，提供了参考。但在经验推广的过程中难免会遇到各种阻碍因素，如来自社会各界的质疑：为什么要推广武昌实践（why）、推广什么经验（what）、怎样推广（how），三“W”的质疑以及与之相关的其他外界因素均影响着武昌实践的有效推广。

在吸纳、总结前面各章节的内容精髓基础上，本研究着重从提炼精神、分类推动和平台建设三方面去探讨武昌实践在地化创新路径，以期实现武昌区相对贫困治理经验在各个城市生根、开花、结果，形成以城市自身资源为基础优势、以武昌实践为参照框架、多样化与同质性相结合的有特色的城市相对贫困精准共治新模式。

1. 提炼精神战略

武昌实践可以明确为以人民为中心的城市相对贫困治理体制创新，它是党的群众路线在新时期的继承和发展，是习近平总书记关于扶贫重要论述的时代结晶。它具体体现在以下两方面：

一是以人民群众的需求为本，武昌区通过“五个一批”“一户一策”等精准扶贫方式，以个性需求为主、多层帮扶。因此，在推广武昌实践的过程中，城市困难群体的需求应成为城市精准扶贫的核心，城市治理的各个责任主体应践行“多听、多做、多变”的原则，即多听取困难群众的诉求，走向群众、走进群众，了解群众的实际需求；多做实事，多做好事，以群众诉求为本，做益于群众之事；多改变做事方式和风格，以适应城市特点和达到群众满意为本。

二是发挥城市多元主体的作用，如企业、志愿者组织、社区居民等。城市精准扶贫经验，在注重党领导的基础上不忽视多元主体的作用，充分调动社会组织、居民自治组织、社区居民、社会工作者等多方位主体。充分发挥社会力量为城市就精准扶贫以及基层治理“建言献策”的权利，是实践以人为本的基本出发点和落脚点。

2. 分类推动战略

武昌实践是基于武昌区精准扶贫实践基础上总结出来的经验，虽有其可推广性，但也要因地制宜，要充分考虑到各城市不同的基础条件和不同情况，制定针对不同类型城市的推广策略。一方面，在分类推动中我们应考虑以下几点：一是城市特点，在推广经验的过程中，我们要充分地考察所要推广城市的特征，因地制宜，有取舍地借鉴武昌的经验；二是可利用资源，武昌区有丰富的商业资源可以利用，那么，在推广经验的过程中，我们也要考虑城市可利用的资源，比如城市人力资源、经济资源、文化资源等；三是地域特征和风土人情。

另一方面，我们应区分一般可推广的经验和属于武昌的特殊经验。武昌创新模式主要有：第一，创新党建工作，发挥党委领导作用；第二，利用大数据实现精准识别；第三，构建包容性政策体系以及强大的财政支持；第四，关注相对贫困，构建大扶贫视角。基于以上对武昌创新模式的讨论，我们可以对其经验进行分类。一是可普遍推广的党建引领，党建是中国基层治理的一大特色，党政引领有其自身优势。二是可借鉴大数据技术，更加精准识别城市贫困人口。三是可参考构建精准扶贫的政策体系和贫困标准，这要与城市的经济发展状况财政实力相匹配。四是可尝试大扶贫视角，打破户籍限制，关注流动人口和相对贫困人群有利于增强群众的获得感，减少城市因为分配不均以及城乡二元体制引发的社会矛盾。

3. 平台建设战略

武昌创新经验是城市精准扶贫以及城市基层治理的成功典范，其创新经验的推行既需要一个服务运作平台，也需要一个城市治理和社会协同的平台。因此，如何建立武昌实践服务运作平台将成为推广武昌实践的关键。基于此，我们在武昌实践推广的平台建设上提出以下建议：

一是组织体系的完善。建立推广武昌实践的服务组织，负责与所推广城市对接，指导经验推广；成立武昌实践推广专班，学习武昌实践；专人负责武昌实践的推广，形成针对武昌实践推广的组织体系，做到领导带头、狠抓落实、实干至上、行动至上，要明确工作责任，规范有序，上传下行，高效办事。

二是推广服务平台建设。服务平台建设需要党建组织引领，充分整合资源，快捷高效的执行力等，这可从以下几方面抓起：第一，抓好组织建设，整合辖区资源，发挥资源优势，不断拓展大党委的功能和作用。第二，抓好队伍建设，重点打造多方参与的扶贫队伍。第三，抓好扶贫工作载体，通过创新扶贫形式，增强吸引力。第四，抓好奖惩机制建设，建立科学合理的扶贫奖惩制度，形成拼搏赶超干事氛围。第五，抓好典型示范，通过结对共建，运用典型引路，树立一批典型人物，形成一批典型案例，积累一批典型工作方法。

武昌实践推广平台的建立旨在为城市精准扶贫以及城市基层治理创新提供经验推广的运作机制，为武昌实践“走出去”提供便捷渠道，同时也为武昌“引进来”其他城市成功经验提供一个可行的途径。打造武昌实践推广平台能有效整合资源，充分利用党组织、社会组织以及市场主体等资源，共同推进武昌区的发展和经验的推广。

第二篇

专题报告

专题一：城市贫困治理的国际经验

改革开放以前，中国贫困主要表现为农村人口和农村地区的贫困。然而，随着改革开放的逐渐推进和我国经济的发展，城市贫困日益显现，其扩张的速度和规模也让人始料不及，解决城市贫困问题刻不容缓。世界上很多国家，无论是发达国家还是发展中国家都存在城市贫困问题，各国在应对城市贫困问题上也积累了不少经验，虽然各国在政治体制、经济发展状况、文化信仰方面存在较大差异，各国致贫原因也不一样，但通过对不同国家对比，我们可以发现发达国家与发展中国家在此问题上的区别，有利于我们深入地理解城市贫困，把握城市贫困发生、发展和治理的内在规律性，从而获得中国城市转型中应对城市贫困问题的重要启示。

一、以巴西和印度为代表的发展中国家的城市贫困治理

（一）巴西的城市贫困治理

巴西作为最为典型的过度城市化的国家，是“拉美模式”繁荣的代表。但是随着过度城市化和经济发展落入“中等收入陷阱”，城市贫困问题成为阻扰该国经济和社会发展的难题之一。巴西城市贫困问题突出表现为贫民窟现象和就业问题，在巴西贫民就业机会不足，失业、非正规就业现象普遍存在，社会贫富差距大，根据WDI数据显示，2014年巴西有22%的城市人口居住在贫民窟，贫民窟内人口拥挤，居住环境极其恶劣，严重干扰了城市的社会稳定和经济发展。

巴西治理城市贫困措施主要包括三个方面。第一，巴西作为一个发展中国家，政府深知只有国家经济发展，贫困问题才能够得到解决。因此，巴西从20世纪90年代中期开始，通过“雷亚尔”计划、“零饥饿”计划和“无贫困”计划，稳定发展经济和改革社会政策，使巴西经济平稳发展，为贫困治理打下了坚实的基础。“雷亚尔”计划有效地遏制住了恶性的经济膨胀，使巴

西经济良性运行。“零饥饿”计划则实现了两个重要创新：一是对贫困家庭补助时订立“社会契约”，要求接受救助的家庭保证孕妇产检和未成年儿童入学、出勤率以及接种疫苗等，抑制贫困的代际传递；二是采用直接打入个人银行账户、使用特殊磁卡、限期兑换券等方式发放救助金，保证贫困家庭真正受益。“无贫困”计划除继续实施“零饥饿”计划中的有效政策外，更加强调“生产性发展”，即提供职业培训、创业小额贷款等政策，保证经济和社会发展的持续性和稳定性。总的来说，巴西政府的一系列计划不仅减少贫困饥饿，还努力改善教育和医疗环境，使贫困家庭通过政府的救助提高自身脱贫能力，融入社会发展进程。第二，贫民窟的治理，巴西政府改变了以往驱逐贫民和禁止非法侵入占领闲置土地的方式，变消极为积极，承认贫民窟的合法性并将贫民窟纳入市政和有关部门的规划中，使得贫民窟的居住环境得到了大大的改观。第三，在改善物质条件的基础上，增加社会包容性。由于巴西贫富两极分化严重，为了缓解这种情况，巴西政府出台了“贫民居住区社区计划”。这个计划的重点在于将贫民窟纳入城市发展体系中，注重改善贫民窟的非物质条件，给予贫民必要的尊严和社会地位，增加社会包容性。

（二）印度的城市贫困治理

自2014年以来，印度经济增长逐步走出低谷，在经济领域取得了较大的成就，但是其国内贫困现象仍然很严重，如城市内贫民窟问题严重以及失业人口较多。有的学者认为，印度城市贫困现象甚至比农村的贫困现象更严重，究其原因主要存在以下几点：

（1）从经济结构来看，印度的工业结构向以信息为主的资本、技术密集型产业的过度倾斜，导致印度经济发展与吸纳的就业人员呈现出负相关，国家经济呈现“无就业式”增长。

（2）从人口流动来看，由于印度农村土地改革不彻底，土地问题没有得到根本解决，导致大量无地农民的存在，这就形成了一个推力。其次，由于城市的繁荣吸引着无数农民进城去寻找工作，在拉力和推力的作用下，人口从农村向城市迁移，城市地区正承受着劳动力市场的压力，以及居住、基础设施和服务的压力。

（3）从教育结构来看，印度政府长期以来注重高等教育的发展，忽视了面向大众的基础教育，这种不合理的教育结构，导致了贫困的代际传递。

（4）从人口增长速度来看，人口的持续增长给印度经济、资源、环境等带来了巨大压力。

印度的治理措施主要包括以下三个方面：

（1）发展经济是解决城市贫困的首要任务，在“十一五”规划期间，印度明确将包容性增长作为扶贫、减贫的基本思想，将经济和社会发展成果惠及所有阶层和地区，如针对贫困家庭儿童实施“基础教育工程”计划，保证他们能够接受完整的基础教育，并实施“营养计划”为其提供午餐；推行防护型社会保障计划，涵盖国家老年退休计划、国家产妇津贴计划等。

（2）实施就业计划，改善就业状况。印度自1989年至1990年间制定的就业计划，针对的对象是生活在贫困下的家庭人员，其基本目标是为失业或就业不充分的城市贫困人员提供就业机会。这个计划包括3个组成部分，即城市小型企业计划、城市带薪就业计划和住房计划和贫民区改进计划。

（3）加强基础设施建设，减少贫民窟现象。2005年的“尼赫鲁全国市区重建计划”准备在7年内改善印度的城市基础设施，减少城市中的贫民窟；2011年又推出“拉吉夫城市住房工程”计划，准备建设1200万套低价房提供给城市贫困者和贫民窟居民，力图在2020年实现一个“无贫民窟的印度”。

二、以英国和美国为代表的发达国家的城市贫困治理

（一）英国的城市贫困治理

英国作为最早完成工业化并实现了高度城市化的国家，城市贫困状况已经进入相对贫困阶段。失业和低收入就业是导致英国城市贫困的重要原因。英国经历了“福利国家的产生”“对福利政策的挑战”“新共党执政下反贫困政策”三个发展阶段，纵观其城市反贫困实践，可概括为两个方面的政策，第一类是针对贫困人口政策，主要包括社会保障制度和可持续就业政策。社会保障制度由社会保险、社会救助和专项津贴三部分组成，主要保障居民在失业或者疾病的情况下能够维持其基本生活水平。可持续就业是20世纪90年代后期出现的一种新就业理念与政策，政策聚焦于那些就业竞争力弱但具有就业能力的劳动力，通过就业培训的方式，使他们习得新的技巧，提升他们的就业能力，增强他们的就业竞争力，并通过立法的形式把贫困救助和就业促进加以整合，如《求职者法》，对于履行和违约就业义务者分别给予奖励和惩罚，来强化他们的行为，促进他们就业。第二类是贫困地域政策，该政策针对的是贫困人口聚居区，主要经历了物质环境改善（1940—1970年）和社区发展复兴（1970年至今）两个阶段。物质环境改善阶段主要通过拆除贫民窟、重建公共

住房、向卫星城疏散贫困人口等措施，改善贫困群体的住房设施和居住环境。社区发展复兴阶段采取物质性环境改造与经济社会环境改善相结合的方式，对城市贫困社区进行改造更新，增强社区发展能力，最具代表性的政策是“社区复兴运动”。20世纪末期，面对社区衰败的严峻形势，英国政府和反社会排斥委员会发起了“社区复兴运动”，成立18个政策行动小组，在分析和总结贫困社区面临问题的基础上，提出通过社区赋权和各方合作来改善公共服务、缩小贫富差距的战略目标。“社区复兴”政策纲要包括两个要素：一是针对就业、医疗卫生及犯罪预防等政策的目标定位；二是政府的支持和基层社区的参与。在政策实践中，政府将公共和私营部门、自愿组织与社区联合起来，通过相互合作、资源共享等方式，改善贫困者就业、医疗卫生、教育及住房，最大限度避免贫困社区和贫困者的社会排斥。经过持续努力，英国“社区复兴运动”取得了显著成效，地区贫富差距明显缩小，贫困社区居民的生活质量和发展机会均有所提升。

（二）美国的城市贫困治理

在富裕的美国，也存在难以克服的城市贫困问题，富人政治以及不合理的分配制度等因素导致了贫困问题的出现。在美国与贫困的斗争史中，共有三次大的“贫困发现”。第一次是进步时代的贫困发现发生在20世纪初，由于美国工业化和城市化的迅速发展，城市分化日益明显，贫困、失业等问题也接踵而至，针对这些问题，美国各级政府运用行政干预对贫困问题进行调适，但是由于州和联邦政府各自承担调控责任，所以是有限的责任，且调控范围也局限于一部分儿童、妇女和老人。第二次是大危机时期的贫困发现，经济大危机使得美国大量人口失业，大部分人靠领取救济来维持基本的生存，据人口统计局的报告，1933年，每月领取救济的家庭达400万户，人数达1800万。大规模的救济使地方政府财政吃紧，也标志着靠地方和私人慈善来处理城市贫困问题这一模式的过时。为了应对这场危机，罗斯福政府推出了“新政”，从直接救济、以工代赈和社会保险立法这三个方面对失业和贫困问题进行调控。特别是实行保障制度后，美国的贫困率从20世纪40年代的27%左右降到70年代的10%以下。由此可见，社会保障制度的作用不可忽视。第三次“贫困发现”与前两次存在很大区别，它发生在经济繁荣时期，这个时期贫困发生的主要原因在于社会政治经济制度方面的不合理导致的社会不平等和贫富悬殊，对于这个时期城市贫困问题的解决，肯尼迪总统采取的是通过教育和培训的方式来提高贫困人群的能力。其次，由于福利支出的日益增加，美国政府出现了治理贫困动力不足的问题，穷人在免费福利面前失去了寻找工作的动力和意愿，为了治理穷人脱贫动力不足，美国政府通过减税，扩大投资，增加就业以及提高教育水平等方式来进行调节。从美国治理贫困的三个阶段，我们可以总结出政府治理贫困问题的内在规律，在贫困的初期，政府的首要任务就是对贫困人群进行物质救济，保障其基本生存。在大多数人解决温饱问题的基础上，政府扶持的重点应该是提高穷人的能力，从“输血”向“造血”转变，提高穷人的自救能力，与此同时，政府还要建立公平、公正的制度机制来维护进而保障穷人的社会权利。而当过度福利导致穷人依赖福利和救济时候，政府就要帮助穷人提升改变现状的动力，矫正不良的懒惰行为。

三、各国城市贫困治理对中国的启示

通过对以上几个国家城市贫困治理措施的梳理，我们对国外城市贫困的治理措施有了基本的了解，虽然我国与以上几个国家的国情、城市贫困的原因和特点有很大的区别，但是贫困的出现、发展以及解决都是有其内在的规律性，因此，借鉴其他国家解决城市贫困的措施也是必要的。具体来说，主要体现在以下几点：

（一）实施多种形式并存的反贫困实践

中国的疆域辽阔，且区域间发展不平衡现象突出，要解决中国城市贫困问题，我们可以借鉴英国的反贫困经验，对于西部相对不发达区域，我们可以区域作为介入目标，有针对性地制定公共政策，不断提高区域整体发展水平和公共服务来达到整体改善贫困状况的目的。对于东部发达区域，我们介入的目标主要是个人，瞄准的是社会中的弱势群体，针对这种情况，我们一方面可以健全国家的社会保障制度和完善社会保险制度，加大对弱势群体的保障力度；另一方面，要加大教育力度，提高弱势群体的能力与素养。通过职业培训的方式挖掘弱势群体能力，增加他们获得就业的机会，由此克服其弱势心理。其次，完善学习教育管理制度，放宽公立学校的入学限制，保障城市贫困群体的子女接受质量合格的基础教育，并在非义务教育阶段给予财政补贴，促使贫困人口的下一代通过知识改变命运的道路，摆脱贫困，遏制贫困的代际传递。

（二）合理推动城市化进程，促进城乡区域联动发展

在过去几十年的城市化道路上，我国实行传统的城市化发展战略，在取得

成效的同时也给我们带来了一些问题。一味地追求大城市的发展，导致区域经济发展严重不平衡，资源机会大都集中在少数大城市，各种人力、物力快速向城市集中，促进城市的发展。城市的集聚效应越来越大，大量农村人口盲目地涌入城市以追求更高质量的生活，城市人口的膨胀导致城市无法提供足够多的工作岗位来满足新增流动人口的就业需求，城市贫困由此产生。与此同时，随着大量人口从农村到城市的流动，导致了农村空心化越来越严重，加剧了我国城乡二元结构的对立。因此，要想从根本上减轻城市贫困或者抑制城市贫困，就应该改变传统的城市化政策，坚持城乡区域一体化实现联动发展，在推进城市化的同时加快推进社会主义新农村建设，积极发展农业和农村经济，努力提高农民收入水平，加快农村基础设施建设，改善农民生活条件，缓解农村人口盲目向城市大规模流动。

（三）完善社会保障体系，扩大低保覆盖面

近年来，我国在养老保险、失业保险、医疗保险上都取得了很大的进展。但是社会保险是以就业和缴费为基础的体系，而大部分社会中的贫困人口则是长期处于失业状态或者没有稳定的收入，或者非正规就业而尚未被社会保险所覆盖。

对于这部分人员，他们是无法从社会保险中获得保障的。为此，政府应当建立完善的社会保障体系，第一，应逐步调整现有社会福利政策，在住房补贴、退休金、医疗保险、义务教育等方面向低收入者倾斜，通过社会保障的再分配，起到缩小贫富差距的作用。第二，要建立相应的城市扶贫机制，完善最低生活保障制度。中国城市人口的扶贫问题不同于农村，主要来源于经济的转型和相继而来的巨大就业压力。政府要在城市大力实施再就业工程，普遍建立基本养老保险、基本医疗保险、失业保险、职工工伤保险、生育保险、城市居民最低生活保障等制度，提高低收入者的收入水平。第三，建立和健全覆盖全社会劳动者的社会保障体系，使各种经济类型的劳动者覆盖在安全网内，这不仅能增强劳动者的安全感，也有利于劳动者的合理流动。第四，要加快医疗保险、养老保险、失业保险等改革步伐，加强执法力度，使国家、单位、个人三方的责任得到切实的履行，逐渐弱化单位保障色彩，增强社会和政府在各层次保障中的作用。要进一步扩大社会保障的覆盖面和救助力度。有必要设立专门基金，解决城市贫困家庭的就医、养老等问题，从基本生活救助向综合救助转变。

（四）大力发展城市经济，增加就业机会

大力发展城市经济，扩大收入总规模，可以为消除城市贫困创造条件。首先，城市经济发展可以创造更多的就业机会，促进城市贫困人口的就业，从一定程度上缓解城市贫困；其次，经济发展可以为我国各项社会保障制度的实施提供经济后盾，为更多的城市贫困人口提高生活保障。

就业是民生之本，当前我国的城市贫困在很大程度上就是就业不足造成的。因此我们在大力推进城市工业现代化过程中，要加快调整产业结构，不能只偏重于高新技术产业或资本密集型产业的发展，也要注重个体经济、私营经济的发展，积极发展第三产业，特别是可以吸纳大量劳动力的服务业，制定并落实各项优惠政策支持中小企业的发展，为外来流动人口创造更多的工作机会。政府在促进就业方面应发挥桥梁作用，做好企业与劳动力之间的组织协调工作，加强就业指导，平衡就业需求与劳动力供给的关系，减少结构性失业。

专题二：武昌区城市就业创业精准扶贫帮扶机制研究

改革四十年来，在中国共产党的领导下，由中国政府主导的扶贫开发事业取得了举世瞩目的成就。特别是党的十八大以来，以习近平总书记为核心的党中央高度重视扶贫开发工作，积极构建科学有效的扶贫机制。就业是民生之本，做好就业扶贫工作是打好精准扶贫脱贫攻坚战的重要举措。精准实施就业创业帮扶，对于实现贫困人口稳定就业、永久脱贫、提振发展信心、融入社会网络、促进社会流动都有着显著作用。

武昌区自2016年布局实施城市精准扶贫以来，在就业创业帮扶上成效显著。不仅建立了从区—街道—社区的多级联动的就业创业帮扶体系，同时在搭建就业平台扩展贫困群众的就业渠道、积极开展宣传引导和技能培训提升贫困群众的就业意愿和就业技能等方面有了突出成绩，近两年的时间里，大量的贫困群众参加了就业技能培训并实现了就业脱贫。武昌区通过不断的实践探索，总结出了就业创业帮扶的有效经验，同时也遇到了一系列新的困难和挑战，给城市精准扶贫工作的开展提出了重要的新议题。

一、城市就业精准扶贫帮扶的作用与意义

就业创业帮扶在精准扶贫战略中具有重要的地位，帮助有劳动能力和劳动意愿的建档立卡贫困人口通过自身努力实现脱贫，这对我国改善贫困人口生活，建成全面小康社会意义重大。在我国开展精准扶贫工作以来，全国各地多个城市也对就业创业帮扶模式进行了实践探索，总结出了有效经验，但也仍旧存在一定的困惑和问题。

（一）就业创业精准扶贫的概念

就业扶贫是精准扶贫战略重要的帮扶措施之一，是指在精准扶贫工作中针对建档立卡的贫困人口，通过各种途径使其充分稳定就业或自主创业，以提高

自身收入，实现长久脱贫。① 在目前的政策规定和实践当中，就业扶贫主要包括两个方面，一个是专项社会救助中的就业救助，另一个则是人力资源和社会保障部（以下简称人社部）正式发布的有关文件。根据《社会救助暂行办法》（国务院令第649号）文件②，就业救助是指国家对于最低生活保障家庭中有劳动能力并处于失业状态的成员，通过贷款贴息、社会保险补贴、岗位补贴、培训补贴、费用减免、公益性岗位安置等办法，给予就业救助。申请就业救助的人员，需向所住地街道、社区公共就业服务机构提出，公共就业服务机构核实后予以登记，并免费提供就业岗位信息、职业介绍、职业指导等就业服务。根据人社部《关于在打赢脱贫攻坚战中做好人力资源社会保障扶贫工作的意见》③，“十三五”期间，通过帮助有就业意愿的建档立卡贫困劳动力实现就业转移。

而创业扶贫是精准扶贫过程中就业扶贫的关键一环，是指在建档立卡的贫困人口中，针对其中有创业意识和创业能力的帮扶对象，通过政策帮扶和金融帮扶等形式，鼓励和促进其通过自主创业来提高收入，实现自身长久脱贫。

（二）城市就业创业帮扶在精准扶贫的意义

城市精准扶贫是脱贫攻坚战略中重要一环，就业创业帮扶对城市贫困群众生活条件的改善、精准脱贫目标的实现以及可持续发展都具有重大意义。

1. 就业创业精准脱贫是城市扶贫工作的有效形式

2013年11月，习近平总书记在湖南湘西视察时首次提出精准扶贫的思想。12月，中共中央办公厅、国务院办公厅印发了《关于创新机制扎实推进农村扶贫开发工作的意见》,④ 提出了建立精准扶贫工作机制，对精准扶贫工作模式的顶层设计作出明确要求，推动“精准扶贫”思想落地。2015年11月

① 李鹏：《精准扶贫视阈下就业扶贫：政策分析、问题诠释与治理路径》，载《广西财经学院学报》2017年第30卷第6期。

② 国务院办公厅：《社会救助暂行办法》(2014-02-21)，http://www.gov.cn/zhengce/2014-02/28/content_2625652.htm。

③ 中华人民共和国人力资源与社会保障部：《关于在打赢脱贫攻坚战中做好人力资源社会保障扶贫工作的意见》（2016-08-04)，http://www.mohrss.gov.cn/gkml/zcfg/gfxwj/201608/t20160810_245212.html。

④ 中共中央办公厅、国务院办公厅：《关于创新机制扎实推进农村扶贫开发工作的意见》（2014-01-25)，https://ld.sogou.com/article?aid=3000632559。

27 日至 28 日，中国中央扶贫开发工作会议在北京召开。习近平总书记在会上强调，要立下愚公移山志，咬定目标、苦干实干，坚决打赢脱贫攻坚战，确保到 2020 年所有贫困地区和贫困人口一道迈入全面小康社会，正式吹响了脱贫攻坚战的冲锋号。

我国正在朝着全面建设小康社会的目标而努力，而能否实现精准脱贫对实现这个目标至关重要，党和国家也将精准扶贫工作放在了当下我国民生工程中的重要位置。只有实现了精准脱贫，才能促进社会的和谐稳定发展，达成全面建成小康社会的目标。但是传统的扶贫策略的局限性一定程度上阻碍了精准脱贫的实现，就业创业帮扶的开展是对传统帮扶方式的有效补充，提倡和鼓励贫困劳动力通过自身努力提高收入，顺利脱贫。

2. 就业创业精准扶贫帮助困难群众建立可持续生计

2017 年 10 月，习近平总书记在党的十九大报告中提出，就业是最大的民生，要坚持就业优先战略和积极就业政策，实现更高质量和更充分就业。① 就业创业收入是个人乃至家庭收入的重要来源，就业创业收入的多少直接影响个人或者家庭的生活水平和生活质量。通过就业创业帮扶引导贫困群众就业创业，从长远角度来看能够使贫困群众获得一个较为稳定的收入来源，逐步增加贫困群众的收入，能够促进贫困群众生活条件的改善和生活水平的提高。

3. 就业创业精准扶贫能够有效提升增强贫困人口内生动力

2017 年 6 月，习近平总书记在山西太原召开的深度贫困地区脱贫攻坚座谈会上谈到，我国深度贫困的主要成因之一是社会文明程度低，群众脱贫内生动力不足。2017 年 11 月，十九届中央全面深化改革领导小组第一次会议通过《关于加强贫困村驻村工作队选派管理工作的指导意见》中提出要注重扶贫同扶志、扶智相结合，做好贫困群众思想发动、宣传教育和情感沟通工作，激发摆脱贫困内生动力。加大对贫困群众的就业创业技能培训，提高贫困群众就业质量，通过就业和增收，淡化贫困群众的贫困意识，增强自我认同感和满足感，形成对脱贫致富美好生活的向往，激发脱贫致富的勇气和勤劳实干的

① 中国共产党第十九次全国代表大会：《决胜全面建成小康社会，夺取新时代中国特色社会主义伟大胜利》（即十九大报告）（2017-10-18），https://baike.sogou.com/v166099935.htm?fromTitle=%E5%8D%81%E4%B9%9D%E5%A4%A7%E6%8A%A5%E5%91%8A。

精神。

（三）兄弟城市就业创业帮扶的探索与困境

近年来，为了打赢脱贫攻坚战，全国各地多个城市都在不断探索就业创业帮扶的有效模式。各地在探索的过程中，不乏有经验的积累，但也出现了一系列的困惑和挑战。

1. 城市就业创业帮扶的实践探索

（1）永州市零陵区：多举措大力开展就业帮扶

2018 年来，永州市零陵区人社局创新工作思路，多举措大力开展就业帮扶工作，推动就业促进贫困群众脱贫，取得了显著成效。该局的主要帮扶措施包括积极开展公共就业服务活动、引导贫困劳动力转向家庭服务业就业、加大创业扶持力度。①

（2）九江市经开区：上下联动，建立就业扶贫工作长效机制

为了确保精准扶贫工作落到实处，九江经开区组织和人力资源部以“在政策上完善、在基础上做实、在载体上发力、在能力上提升、在渠道上畅通”为核心，努力做好就业扶贫有关工作。经开区组织和人力资源部结合园区企业用工实际，区各级公共就业服务机构，上下联动，组织企业和农村贫困劳动力，举办就业精准扶贫专场招聘会，送信息、送政策、送岗位到贫困人员手中，大力开展职业介绍，就业指导等就业服务活动，多举措促进贫困人员就业。②

（3）青岛市新海岸新区：“两线合一”，动态管理，脱贫销号，返贫挂号

青岛市西海岸新区实行城市贫困线和城市低保线“两线合一”，将现行的城市贫困线暂定为 7440 元，即城市居民人均收入低于 7440 元的暂定为城市贫困户。针对城市精准扶贫工作，该区建立动态管理机制，脱贫销号，返贫挂号，做到退出有标准，纳入有程序。③

---

① 中国就业网：《湖南永州：零陵区人社局四举措促就业助脱贫》（2018-05-03），http：//www. chinajob. gov. cn/EmploymentServices/content/2018-05/03/content_1412952. htm。

② 黄安、胡珊、谈思宏：《九江经开区：实施就业精准扶贫，助力贫困群众增收》，载《九江日报》2017 年 12 月 26 日，第 2 版。

③ 王凯、张涛、孙学峰：《将城市贫困线暂定为 7440 元，为 772 户城市贫困户建档立卡——青岛西海岸新区全面推行城市精准扶贫》，载《青岛日报》2016 年 5 月 13 日，第 2 版。

2. 城市就业创业帮扶形成的经验与面临的挑战

（1）基本经验

各地在就业创业帮扶的不断实践探索中，取得了宝贵的经验，主要包括：一是强化组织领导，落实工作责任。各地根据精准扶贫工作要求，成立精准扶贫工作领导小组，明确分管领导具体抓工作落实。党员干部包干到户，力求精准扶贫不落一人。二是深入调查摸底，确保精准施策。为更加精准全面地了解扶贫对象培训就业需求，在建档立卡的基础上，通过逐人上门走访或电话沟通深入调查了解，甄别出真正有就业能力和就业愿望的精准扶贫对象。三是开展专项培训，促进技能脱贫。根据扶贫对象就业创业需求，组织开展专项技能培训，因人施教，学以致用。四是搭建就业平台，实现稳定就业。利用网络平台发布就业信息，开展多种形式的就业招聘会，与辖区内企业联合提供就业岗位，落实扶贫对象与就业岗位的精准对接。

（2）面临的困惑与挑战

①扶贫对象内生动力弱

如何激发贫困群众的内生动力，提高批评群众的自主就业意愿是开展就业创业扶贫的关键问题。但是在各地实践探索过程中发现，一些贫困户因长期享受政府救助或社会救助，产生了依赖性，存在主动就业脱贫意识不强、“等靠要”思想严重的问题。对脱贫的认识仍旧处于等着国家和政府给钱给物，政策依赖性强，没有树立“我要脱贫”的主动意识，缺乏脱贫的内生动力。在就业过程中，多次出现扶贫对象嫌弃工作岗位累、工作待遇低而宁愿吃低保却拒绝就业等现象。

②缺乏支撑产业

城市精准扶贫不同与农村精准扶贫，在农村精准扶贫工作中，贫困户通过享受金融贷款政策，集资成立种植园或养殖场等实体产业，入股村民每年可以得到分红。而在以工业和服务业为主导产业的城市中多靠为贫困群众提供工作岗位的方式来促进扶贫对象就业，实现扶贫对象收益的增加。但是能够用于精准扶贫帮扶的工作岗位始终有限，且竞争机制强，在城市中缺乏专门针对扶贫对象成立的支撑产业，一方面难以满足全部扶贫对象的就业需求，另一方面也难以实现对扶贫对象的长久有效帮扶。

二、武昌区就业创业精准扶贫机制及其实践效果

自 2016 年 5 月武昌区开展城市精准扶贫工作以来，通过不断地探索实践，

建立了一套成熟的就业创业帮扶机制，明确了帮扶的主体和帮扶的措施，并且取得了显著的帮扶效果。

（一）武昌区就业创业精准扶贫机制建设

1. 多主体参与，协同推进

谁来帮扶，即在城市精准扶贫过程中的主体问题。“谁来帮扶”问题能否得到科学合理的回答，直接关系到城市精准扶贫的帮扶效果。武昌区在城市精准扶贫过程中，就业创业帮扶的主体培育主要在区—街道—社区三级联动和多元社会主体两个层面分别进行，其中区—街道—社区的三级联动是就业创业帮扶的主要帮扶主体，负责统筹协调和具体执行武昌区精准扶贫就业创业帮扶工作。

（1）统筹：区人民政府

根据习近平总书记关于扶贫开发的重要精神和省、市关于推进精准扶贫的文件要求，武昌区由区委、区政府研究决定于 2016 年 5 月正式在全区开展城市贫困人口精准扶贫工作，探索就业创业帮扶脱贫的新路径。

武昌区的就业创业帮扶由区人民政府统筹安排推进，主要作用体现在组织构架和制度设计两个方面。一是组织构架。武昌区城市精准扶贫领导小组由区委、区政府成立，由区委书记、区长担任组长，下设领导小组办公室，统筹推进城市精准扶贫工作，为武昌区城市扶贫对象就业创业帮扶奠定了组织基础。二是制度设计。2017 年 7 月区人民政府印发《武昌区人民政府关于加强困难群众帮扶工作的意见》，针对扶贫对象的确定、就业创业帮扶措施及标准提出了具体意见，使武昌区城市扶贫对象就业创业帮扶工作有据可依。

（2）实施：街道和部门工作专班

在区城市精准扶贫领导小组成立后，各街道和部门相继成立城市精准扶贫工作专班，负责组织实施城市精准扶贫工作。由区扶贫部门牵头，街道办事处（乡、镇人民政府）对辖区内扶贫对象的培训需求和就业意愿进行全面调查摸底，区扶贫部门进行审核、汇总和建档立卡，本区人力资源与社会保障局（以下简称区人社局）在建档立卡基础上建立台账，确定区内精准扶贫对象需要“培训就业发展一批”共计 350 人。区人社局根据就业创业技能需求、职业鉴定需求、就业创业平台需求为扶贫对象提供有针对性地转移就业平台、公益性岗位安置、就业基地等多种具体就业创业帮扶措施。

（3）督导和协调：社会力量

武昌区在区委区政府主导、各级工作专班实施执行的基础上，积极引进专业社会力量参与到城市精准扶贫工作中来，承担部分协调统筹、技术支持和督导工作。武昌区联合辖区内物业公司、阳光福利院、华联超市等多家组织和单位作为就业帮扶基地，支持和鼓励各单位、企业或组织吸纳有劳动能力和劳动意愿的扶贫对象就业。同时，辖区给予帮扶组织或单位社保补贴或税收减免优惠政策，通过互动合作，积极发挥社会力量在武昌区城市精准扶贫工作中的作用。

2. 武昌区就业创业精准扶贫的实践模式

武昌区在城市精准扶贫就业创业帮扶过程中，主要围绕搭建就业平台、开展技能培训和创业扶持大三板块探索实践对贫困群众的帮扶工作。这一系列的就业创业帮扶措施，是武昌区城市精准扶贫工作的重要举措，推动了贫困群众就业创业发展，以就业创业实现脱贫，成为了武昌区城市精准扶贫过程中重要的脱贫方式。

（1）搭建就业平台

由本区人社部门牵头，以转移就业平台、公益性岗位安置、就业基地帮扶等多种方式为贫困群众提供就业信息，输送就业岗位，让贫困群众的就业需求能够有效地得到满足，拓宽贫困群众的就业渠道，提高贫困群众的就业质量，达到以就业实现脱贫的目标。

①转移性就业平台

武昌区每年开展“春风行动”“为百姓送岗位社区行”“为百姓送岗位乡村行”“就业援助月”等转移就业平台，为贫困群众就业提供信息渠道和就业岗位。完整地转移就业平台由市、区人社部门利用移动通信短信平台、大楚网弹窗新闻等形式向贫困劳动力发布用工及招聘会信息。贫困群众可以通过登陆“武汉公共招聘网”“武汉人社”等手机 APP 掌握相关信息，也可直接向所在街道（乡、镇）劳动保障专职工作人员、行政村兼职联络员进行咨询。区人社部门和下属（乡、镇）街道根据岗位需求筛选适合困难群众的就业信息进行推荐，进行针对性职业指导，为贫困群众提供职业介绍服务。

2016 年 8 月以来，区人社局先后深入辖区内 5 个社区，举办了 6 场“为精准扶贫对象送岗位”活动，每年 10 月 17 日“全国扶贫日”当天还举办了“扶贫日”专场招聘活动。联系辖区内北京华联、醉江月、东湖高地物业公司等 200 家用人单位进场招工，提供岗位 2300 余个，先后有 800 余名精准扶贫对象和就业困难人员进场应聘，初步达成意向 100 余人。

②公益性岗位安置

公益性岗位安置为贫困群众直接提供工作岗位，促进城市精准扶贫对象尽快脱贫。根据建档立卡和调查摸底情况，武昌区内每年提供一定数量的公益性岗位，由精准扶贫对象竞争录取。区人社局拿出部分社区公共服务干事岗位和公益性岗位安置城市精准扶贫对象，但凡有武昌区户籍，有就业能力，在区扶贫办建档立卡、无违法犯罪记录，身体健康，且法定劳动年龄内处于失业状态的精准扶贫对象均可报名参加竞选考试。

2017 年武昌区提供 8 个社区公共服务干事岗位和 49 个安保队员、流动人口协管员岗位，合计共 57 个岗位，由符合条件的精准扶贫对象公开竞争录取。通过公益性岗位这类临时性救助岗位为精准扶贫对象提供一个就业平台，锻炼自身技能，期望达到将精准扶贫对象推向市场就业最终实现就业脱贫的目标。

从实践成果来看，公益性岗位的设置是有效的。在困难群体在市场上竞争存在较大困难时，政府秉承着安排困难群体的宗旨，通过这样一种援助性岗位来实施救助，帮助困难群体临时过渡，这在城市精准扶贫工作中发挥着重要作用。原先武昌区人社局的做法是通过拿出 10~20 个局内的监察协理员岗位专门用以安排精准扶贫对象及其子女（若精准扶贫对象年纪太大，且其子女愿意的话，可将岗位安排给其子女）。经过实践发现，这对于阻止贫困代际传递也起到了一定效果。

③就业帮扶基地

就业基地帮扶，提供多元化就业岗位。武昌区联合辖区内多家单位和企业，成立就业基地，根据贫困群众需求和技能培训情况，与岗位对接，解决部分贫困群众因年龄偏大、身体素质较差、文化程度低等原因而就业困难的问题。

就目前的工作成效来说，有两家企业关系处理得比较好。一个是北京华联，一个是阳光福利院。以北京华联为例，由于它坐落在武昌区内，离人社局很近，便于开展工作。经过与其人事经理的沟通，成功达成合作：北京华联提供一些超市的岗位来吸纳一些困难群体，例如大龄、特困的群体。吸纳之后，人社局则给予企业相应的社保补贴、税务减免。由于华联本身也是对外需要一些低端岗位，提供给这些人员的工资也不是很高，大约 2000 元，因而很多年轻人不愿意来，年龄大的人相对更愿意来这些岗位，其中也包括精准扶贫对象。虽然工资不高，但相应地，其工作岗位的要求也不高，每天仅需做理货、收银等简单的工作，工作时长一般只有 6 个小时，所以还是成功对接和介绍了许多辖区的困难人员进入这些岗位。

（2）开展就业技能培训

武昌区自2016年开始实施精准扶贫以来，在如何针对贫困群众开展就业、创业技能培训方面进行了积极的探索。经过几年的实践，武昌区在精准识别贫困对象就业需求和企业用工需求，建立就业创业“对象库”和“岗位库”双库的基础上，针对有劳动能力的贫困对象积极开展就业的“扶志”和“扶智”帮扶，从了解贫困群众就业意愿，到开展针对性的专项培训，再到开展灵活的职业技能认定提高精准扶贫对象的市场竞争力，搭建了完整的就业培训体系。在提高贫困群众的“造血”能力，激发其内生动力方面取得了较好成效。

①摸清实情，建立就业创业“对象库”

为满足贫困群众的就业技能培训需求，确保真正通过技能培训实现就业脱贫，武昌区人社局联合街道、社区积极开展精准识别贫困群众技能培训需求，建立就业创业“对象库”工作。为精准识别扶贫对象中有劳动能力的贫困群众的就业意愿和就业意向，区人社局依托街道、社区开展了大量的摸底调查工作，通过逐人上门走访对贫困对象开展问卷调查，掌握武昌区有就业能力和就业愿望的城市精准扶贫对象的数量、就业状况、就业创业需求及培训意向等基本信息，区人社局根据社区调查员的入户调查信息，建立精准扶贫对象的《贫困劳动力培训需求及就业意愿建档立卡名册》和《促进贫困劳动力就业创业工作实名台帐》。同时安排就业服务骨干定期更新、动态管理，建立完整有效的贫困群众就业创业“对象库”，做到精准识别就业帮扶对象，精准识别就业帮扶对象的帮扶需要，也为下一步开展就业技能培训工作铺垫了坚实的基础。

②定期开展送技能进社区，满足贫困群众的多样化培训需求

在精确了解就业帮扶对象就业技能培训需求的基础上，武昌人社局联合街道劳动保障所、社区共同商议制定每期培训方案，同时依托辖区19家定点培训机构、200多个专业资源，开展个人需求式培训。组织其定期到街道、社区开展送技能进社区的免费专项培训活动，并根据贫困群众技能培训的不同需求，开展多个不同的培训班，贫困对象可根据自己需要报名参加培训。从实践情况来看，电子商务、家政服务员、育婴师、保健按摩师、插花师、美容师、美发师、物业管理员、养老护理员、电脑、电工、焊工、烹饪师等技能易掌握、市场需求普遍的职业是贫困群众培训较多的职业类型。为确保贫困群众在开课期间及时到场培训完成所有培训课程，达到培训效果。武昌区还为参加培训的贫困群众发放交通补贴并提供免费的午餐，激励其完成培训课程。另外对那些街道、社区开设的培训班与其培训意向不匹配的贫困群众，武昌区也积极鼓励他们自行到辖区定点培训机构参加社会培训，顺利完成培训课程的对象，

可按规定享受400~4000元/人培训补贴。

③开展买单式培训，订单式就业，增强培训的针对性和实用性

为增强贫困对象就业技能培训针对性和实用性，武昌人社局积极与辖区企业以及部分培训后可直接安排岗位的培训机构开展合作对接，了解企业招工需求，根据企业的招工和个人的要求，依托辖区定点培训机构做好精准扶贫对象免费订单式岗前培训，确保培训后可以直接上岗，增强培训的针对性和实用性。除了机构培训以外，武昌区还积极鼓励用人单位内部为应聘的贫困对象开展更专业、更有针对性的培训，提高其工作技能，维护其工作稳定性。对贫困劳动力开展岗前培训，并在培训合格后继续履行劳动合同的企业，根据培训专业、培训时间等，用人单位可按规定享受200~2000元/人的岗前培训补贴。

④按需开展技能监督鉴定，提升贫困对象就业竞争能力

为提升培训后贫困群众的就业竞争力，武昌区积极为精准扶贫特殊人才提供技能鉴定服务。首先对于参加由街道或社区组织的技能培训课程的贫困群众，在经考核合格后，将发放结业证书、职业资格证书；对其他精准扶贫对象中有技能特长，有职业技能鉴定需求、自愿参加职业技能鉴定且认定通过的精准扶贫对象，可得200元/人的补贴。另外，为提升精准扶贫特殊人才社会认可度。针对与企业签订6个月以上期限劳动合同的在岗精准扶贫对象，武昌区采取企业技能人才评价、技能竞赛等灵活有效的鉴定形式，结合企业技术进步和产业升级，开展技能提升鉴定，提升贫困群众的市场竞争力。

（3）开展创业扶持

为积极鼓励贫困劳动力创业，以创业带动就业促进脱贫，武昌区除了依托创业培训定点机构，对具备创业条件、有创业需求的贫困群众开展免费创业培训以外，更主要的是为贫困群众提供创业培训后续支持服务，如创业担保贷款、一次性创业补贴等。

①提供免费的创业培训，提高贫困对象的创业技能和相关知识储备

在创业技能培训上，由于创业培训需求人数较少，武昌区主要采取鼓励贫困对象自行到创业培训定点机构参加培训的方式进行。被认定为精准扶贫对象的困难群众可在全市范围内选择一家创业培训定点机构免费参加创业培训，并在培训结束后，由创业培训定点机构按照领取工商营业执照的1500元/人、未领取工商营业执照的1000元/人的标准申领创业培训补贴。

为满足贫困群众的自主创业需求，尤其是无法外出就业的残疾贫困群众的就业需求，武昌区借助网络技术的发展，为有电商创业需求的贫困对象开展了多起电子商务的培训班，培训内容涵盖电商基础及核心知识点，包括淘宝开店

流程、客服推广办法、视觉营销技术、PS 工具的使用等。2016 年区人社局联合区总工会举办的两场免费订单式电子商务培训班，共吸引辖区内精准扶贫对象和就业困难人员 83 人参加培训，并全部顺利通过结业考试，获颁电子商务职业培训合格证书。针对残疾贫困对象的特殊情况，武昌区借助网络技术的培训和推广，与深圳残友集团、武汉阳光职业培训学校、“互帮网”等合作，为残疾贫困群众开展远程和现场网络技术培训，满足了残疾贫困群众的创业培训需求。

②加大创业扶持力度，鼓励困难群众积极创业

为帮助有创业意愿和能力的贫困群众的创业活动，武昌区加大创业帮扶力度，为创业贫困群众提供创业担保贷款和各项补贴补助。

在创业担保贷款方面，根据《武昌区城市精准扶贫就业帮扶工作方案》，困难群众在武昌区自主创业，依法开办个体工商户或创办小微企业的，可按规定申请不超过 20 万元、最长不超过 3 年的创业担保贷款，且由财政全额贴息。

在创业补贴方面，主要有一次性创业补贴和入驻孵化基地创业，给予场租、水电补贴两种类型。首先对贫困劳动力在我市初次创办小微企业或从事个体经营，领取工商营业执照正常经营 6 个月以上的，按规定给予 3000 元一次性创业补贴；对经营 6 个月以上并带动就业 2 人（含本人）以上的，按规定给予 5000 元一次性创业补贴。对贫困劳动力创办并入驻区级及以上创业孵化示范基地的企业，按规定对符合条件的企业给予场租、水电、宽带网络和公共软件补贴，标准为每平方米每天 1.5 元，最多不超过 50 平方米、最长不超过 3 年。每平方米每天达不到 1.5 元或者面积达不到 50 平方米的据实补贴。

（二）武昌区就业帮扶的实践成效

武昌区自 2016 年开始布局实施城市精准扶贫以来，经过近两年的实践探索，武昌区已形成一套符合区域实际的精准扶贫政策体系。尤其在就业帮扶体系建设上，建立了区—街道—社区三级联动的就业帮扶主体，较好地统筹布局了整个区的扶贫策略。在具体的就业帮扶策略上，精准识别贫困群众的就业创业需求，建立了就业创业“对象库”和“岗位库”；同时依托辖区内的定点培训机构开展了大量的技能培训课程，全面提升贫困群众的就业技能和素质；加强政策引导和制度设计，多渠道开发岗位，通过推荐就业、政府提供公益性岗位、鼓励自主创业等方式，帮扶有劳动能力的贫困群众基本实现了就业。

1. 贫困群众就业意愿显著增强，就业能力明显提升

精准扶贫实施以来，武昌区一直十分重视对贫困群众的“扶志”和“扶智”建设，提升贫困群众就业脱贫的意识和能力。在就业、创业扶志方面，武昌区主要通过舆论宣传和思想引导，激发城市贫困群体的脱贫动机、提升其就业意愿。通过用典型案例起到榜样示范的作用，一次刺激和增强贫困群众精神内生动力；同时充分利用社会组织、社工、社区工作者，加强激励关怀帮扶，开展专业性的精神帮扶工作。通过积极的宣传引导，武昌区贫困群众的就业意愿有了显著提高。每年参加街道、社区组织的就业技能培训课程的贫困群众人数都在逐年增加。

在就业、创业扶智方面，武昌区通过利用现代化的网络手段，定期发布就业岗位培训、就业创业政策等信息，同时定期组织送技能进社区的培训课程，成效显著。2017 年以来武昌区人社局联合武昌江南职业培训中心，分别在辖区内 5 个街道办事处，免费开办 6 期精准扶贫技能培训班，共 197 名精准扶贫对象和就业困难人员参加了培训；同时依托辖区 19 家定点培训机构、200 多个专业资源，开展个人需求式培训，共有 30 余人参加了个人需求式培训，其中 20 余人实现了就业。在两年的时间里，武昌区每年开展就业培训达 400 余人。

脱贫典型案例一：

武昌区中华路街的小明（化名），年幼时便父母双亡，未能得到应有的基本文化教育，且长期营养不良导致身材矮小，无法就业，每月仅靠亲友资助的 200 元度日。生活难以维持的小明，到社区提出低保救助，社区低保评议小组通过入户调查核实后，在 2012 年 1 月为其办理了低保救助，救助金额为 200 元，后根据小明的实际困难，在 2013 年 1 月提标至 580 元并在同年 5 月至 2015 年 12 月同时享受每月定救 300 元。

2016 年开展精准扶贫工作以来，社区先后 4 次由劳动保障员推荐参加招聘会并提供就业岗位，助其就业，社区网格员多次上门为其讲解低保政策，小明同意参加社区推荐的就业招聘会，社区工作人员也陪同小明参加，正是在就业招聘会上，小明找到了心仪的工作，如今已经上岗就业，现在生活基本稳定。由于小明工作收入已超过低保标准，已经脱贫，社区在 2017 年 3 月取消小明低保享受待遇。

2. 贫困群众就业需求得到较好满足，就业质量稳定提升

经过近两年的实践，武昌区精准扶贫取得了阶段性的成果，就业帮扶也取得明显成效。武昌区就业帮扶从就业技能培训到搭建就业平台建立了从培训到推动就业完整帮扶机制，真正做到了精准识别和满足了贫困群众培训需求，随着贫困群众就业技能和素质的提升，就业成功率也随之增加。如2017年以来，在区人社局共举办的3场精准扶贫专项招聘会中，提供岗位800余个，全区先后有300余名精准扶贫对象和就业困难人员进场应聘，达成意向60余人。

就业帮扶在城市精准扶贫中起着中坚作用，武昌区的就业帮扶在整个帮扶体系中也发挥着重要的引领作用。截至2018年3月底，建档立卡的3407户城市精准扶贫对象中，已有1132户因安置就业替代帮扶、大数据筛查、办理退休、人员变动等原因退出低保，脱贫销户。其中，通过家庭成员就业帮扶脱贫的有676户，在脱贫家庭中占比60%。

3. 多措并举，搭建了稳定的就业基地

在城市精准扶贫中，由于大部分的贫困群众仅有部分劳动能力，市场竞争力较弱，在此基础上，为帮助鼓励贫困群众通过自身劳动改善自己生活状况，摆脱贫困，就需要政府联合社会企业为这些贫困群众建立一些就业门槛较低的就业渠道，搭建就业平台。自2016年实施精准扶贫以来，武昌区在通过公益性岗位安置及与辖区企业合作为贫困群众搭建就业平台方面成效显著。在公益性岗位安置上，2017年以来，就业基地共接收200余名困难人员实现就业。另外武昌区政府与辖区内的多家企业如北京华联综合超市股份有限公司、湖北木兰花家政服务股份有限公司等建立长效的合作机制，搭建了稳定的就业基地，解决了大量精准扶贫对象中因年龄偏大、身体素质较差、文化程度低等原因而就业困难的贫困群众，帮助他们获得稳定收入，改善生活状况。

4. 一人一案，特殊贫困对象帮扶成效明显

针对残疾和刑满释放等特殊困难贫困对象，武昌区多部门联动开展对这些特殊困难群众的就业创业帮扶。

在刑满释放人员的帮扶上，为增强刑满释放人员刑满释放后的社会融入能力，武昌区司法局和人资局开展积极合作，将相关的技能培训信息转达至刑满释放人员，组织刑满释放人员参加人资局组织的技能培训班，并在其刑满释放后积极与辖区内的企业开展合作对接，帮助刑满释放人员谋得稳定的职业。

在贫困残疾人员的帮扶上，近两年的时间里，武昌区建立健全了残疾人自主创业政策支持体系。建立了武昌区残疾人网络就业基地、武昌区残疾人含羞培训就业基地、武昌区残疾人手工艺品及营销培训基地等多个就业创业基地并投入使用。借助网络技术的培训和推广，帮助了许多不能出门的残疾人实现了就业，并获得收益。大力推进残疾人多形态就业，着力发展辅助性就业，重点推广网络就业，集中安残、社区安残、按比例安残多管齐下，实现就业748人，自主创业73人。两年来，创业扶持72人；社保补贴886人次。2017年共为206名灵活就业残疾人发放残疾人灵活就业补贴461000元。

脱贫典型案例二：

徐家棚街居民刘明（化名），属于劳释人员，有吸毒的倾向。他尝试找过保安、销售等工作，却因为有案底，一直无法找到合适的工作，他已经失业在家长达8年之久。其妻子王华（化名），平日里打些临工，每月收入在1500元左右。他们的女儿花花（化名）已经5岁，在家附近的幼儿园上学。

自精准扶贫开展以来，社区网格员经常上门关心刘明夫妇，主动询问他们生活中的困难，帮助他们解决孩子从私立幼儿园转到公立幼儿园；刘明家中房屋漏水，社区就第一时间找到街城管部门，在不影响楼下居民正常生活的范围内为其搭盖了遮雨棚。

通过社区的辛勤付出，刘明开始信任社区，也慢慢敞开心扉，愿意与社区网格员主动沟通。网格员也为他列举了很多创业成功的案例，并鼓励他自主创业。2016年12月，刘明在亲友的资助下，和妻子一起自主创业卖花卖鱼。2017年1月，刘明的门面经营状况良好，基于创业的基本稳定，他主动表示放弃低保，2017年5月刘明的低保取消，成功实现了就业脱贫。

三、武昌区就业创业精准扶贫的基本经验

就业创业帮扶对于打赢脱贫攻坚战，全面建成小康社会具有举足轻重的意义，全国各地也在不断开展多种形式的探索与实践。而武昌区就业创业扶贫的经验较为系统化，具有一定借鉴意义，主要体现在以下几个方面：

（一）加强组织领导，把握帮扶方向

2013年12月，中共中央办公厅、国务院办公厅在《关于创新机制扎实推进农村扶贫开发工作的意见》中指出各级党委和政府、各有关部门要深刻认识扶贫开发的重大意义，更加重视扶贫开发工作，践行党的群众路线，转变作风，扎实工作，切实帮助贫困地区改变面貌，帮助贫困群众脱贫致富。该意见强调，要加强基层组织，强化队伍建设。加强服务型党组织建设，健全党员干部联系和服务群众制度，切实发挥基层党组织推动发展、服务群众、凝聚人心、促进和谐的作用。选好配强村级领导班子，突出抓好村党组织带头人队伍建设。鼓励和选派思想好、作风正、能力强、愿意为群众服务的优秀年轻干部、致富带头人、外出务工经商人员、企业经营管理人员、退伍军人、高校毕业生等到贫困村工作，充分发挥驻村工作队（组）作用。各级党委和政府要加大贫困地区干部培训力度，提高执行能力，重视扶贫开发队伍建设，提供必需的工作条件和经费保障。各级扶贫开发领导小组要认真履行职责，切实改进作风，深入调查研究，加强工作指导，总结推广经验，统筹各方面资源，发挥牵头协调作用。各级扶贫开发相关部门要加强思想、作风、廉政和效能建设，加强督促检查，认真履职尽责。2017年，习近平总书记在十九大报告中进一步强调，坚决打赢脱贫攻坚战，要动员全党全国全社会力量，坚持精准扶贫、精准脱贫，坚持中央统筹省负总责市县抓落实的工作机制，强化党政一把手负总责的责任制。

武昌区坚持党的领导，发挥党组织在就业创业帮扶中的主体责任作用，发挥党员干部在就业创业帮扶中的带头作用，主要体现在：第一，区委、各街道、各部门党组织认真落实精准扶贫主体责任。脱贫攻坚事关民生大事，区城市精准扶贫领导小组及领导小组办公室的成立建设，确定了就业创业帮扶工作的主体责任人，为帮扶工作的开展奠定了良好的组织基础。通过组织领导，促进就业创业帮扶水平提高，让扶贫对象的就业创业能力得到提升，就业创业需求得以满足，收入水平提高有实实在在的获得感。第二，与包户党员干部签订了责任状，层层压实工作责任，推动城市精准扶贫工作扎实开展。根据武昌区城市精准扶贫行动方案要求，按照区级领导、处级干部5户，正科级干部2户，党支部2户的要求，将首批3407户扶贫对象分配到全区14个街道、66个区直部门和辖区单位的999名党员、186个党支部。第三，多方联动，实现帮扶力量最大化。由区城市精准扶贫领导小组办公室统筹，各街道将城市精准扶贫工作与网格管理工作紧密结合，在各社区组建一支由扶贫党员干部、相关职

能部门人员、街道党员干部、社区负责人和网格员等组成的精准扶贫团队，共同推进扶贫工作。

（二）建设帮扶机制，完善帮扶体系

就业创业帮扶工作的开展，也是帮扶机制建设和帮扶体系完善的过程，主要体现在以下三个方面：第一，帮扶对象的精准识别。武昌区精准扶贫建档立卡3407户，党员干部包干到户进行入户调查，根据贫困户致贫原因和现实需求，确定就行就业创业帮扶70余人，结合现有帮扶政策，与扶贫对象共同制定脱贫方案，形成一户一策。针对有劳动能力和就业愿望的低保人口实际需求，开展技能培训，全面提升低保户自我发展能力，通过推荐就业、政府提供公益性岗位、鼓励自主创业等方式，实现基本就业。第二，开展精准就业培训，提供多元就业渠道。区内积极开展春风行动、就业援助月和企业招聘会等就业促进活动，积极推进实现扶贫对象转移就业。同时，街道、社区同步开展招聘活动申请。扶贫对象可向街道劳动保障所提出申请，由街道劳动保障所报区人社局，共同制定方案后定期开展为百姓送岗位社区行、精准扶贫对象专项招聘会等活动。第三，实行阶段性退出机制，打消扶贫对象的就业顾虑。对于建档立卡在册的扶贫对象，通过转移就业实现脱贫的，就业后仍有6个月的过渡期，在过渡期内同等享受帮扶和低保救助，打消扶贫对象担心因就业而立马失去低保救助的顾虑。

（三）凝聚社会力量，拓宽帮扶渠道

2014年5月，国务院扶贫办、民政部等七部门联合印发的《建立精准扶贫工作机制实施方案》中指出："提高社会力量参与扶贫的精准性、有效性。"2014年，国务院办公厅发布的《关于进一步动员社会各方面力量参与扶贫开发的意见》中强调："大力倡导民营企业扶贫，积极引导社会组织扶贫，广泛动员个人扶贫。"2015年11月，中共中央、国务院发布的《关于打赢脱贫攻坚战的决定》中又强调："健全社会力量参与机制。鼓励支持民营企业、社会组织、个人参与扶贫开发，实现社会帮扶资源和精准扶贫有效对接。"2016年11月，国务院印发的《"十三五"脱贫攻坚规划》进一步强调："广泛动员社会力量帮扶。支持社会团体、基金会、社会服务机构等各类组织从事扶贫开发事业。"可见，社会力量扶贫是精准扶贫资源配置的一种补充性吸纳机制，是精准扶贫的重要生力军，积极鼓励并高效引导社会力量参与精准扶贫的重要意义主要体现在以下几个方面：第一，社会力量参与有助于补齐政府扶贫的

"短板"。当前我国以政府为主导的扶贫模式，面临着"钱从哪里来、花到哪里去"的多重困境，引入社会力量能够有效缓解这些难题，尤其是通过教育和产业扶贫等模式，能够将就业创业帮扶落实到"点上""根上"。第二，有助于释放经济发展的潜能。鼓励和吸引更多非公企业到贫困地区投资创业，由被动"输血"变主动"造血"，既可帮助贫困人口提高收入，也可实现企业发展的战略延伸和可持续，释放贫困地区的市场潜力，形成新的经济增长点。第三，有助于形成促进和谐的合力。广泛动员社会各界参与精准扶贫，有利于促进不同社会群体和阶层的沟通交流，降低社会结构变动期的预期隐患，强化社会共同认知，促进社会和谐稳定，为提高国家治理能力现代化奠定坚实基础。

武昌区联合辖区内物业公司、阳光福利院、华联超市等多家组织和单位作为就业帮扶基地，为辖区内有就业能力和就业意愿的扶贫对象提供工作岗位。同时，辖区给予帮扶组织或单位社保补贴或税收减免优惠政策。

(四) 关注特殊群体，实施精准帮扶

习近平总书记指出，扶贫工作"要更多面向特定人口、具体人口，实现精准脱贫，防止平均掩盖大多数"。在建档立卡的扶贫对象中，不乏有一部分特殊群体，如残疾人、刑满释放人员就业创业需求，加强职业培训工作，提高刑满释放人员就业技能，积极推动人员，帮助特殊群体通过就业创业脱贫，不仅是国家扶贫开发事业发展的必然要求，也体现了全心全意为人民服务的宗旨，有利于维护社会的稳定。

武昌区针对残疾群体主要进行灵活就业残疾人社保补贴和残疾人创业一次性资金扶持两项帮扶。辖区内持残疾证的扶贫对象可根据《关于灵活就业残疾人实行社保补贴的通知》和《关于进一步做好残疾人创业扶持工作的通知》政策文件，分别申请享受200元/（人·月）和6000元/人（一次性）补贴。

武昌区历来重视刑满释放人员的安置帮教工作，根据"属地管辖和职能管理"原则调查摸底掌握刑满释放人员就业创业需求，加强职业培训工作，提高刑满释放人员就业技能，积极推动刑满释放人员就业安置和自主创业。

四、进一步完善武昌区就业创业精准扶贫机制的建议

(一) 武昌区就业创业精准扶贫面临的挑战

1. 就业帮扶配套政策精准性有待提高

从武昌区就业帮扶政策实践情况来看，存在着部分政策合理性程度不强，

脱离实际的情况，尤其是在创业帮扶政策的制定上，贫困群体很难受惠于创业帮扶政策设计带来的政策效果。根据武汉市《关于完善〈武汉市创业担保贷款管理暂行办法〉的补充意见》和《关于印发武汉市创业担保贷款管理暂行办法的通知》的政策文件内容，创业担保贷款的政策对象为城镇登记失业人员、就业困难人员（含残疾人）、刑满释放人员、化解产能过剩企业职工和失业人员、网络商户、建档立卡贫困劳动力等，也即精准扶贫的对象与其他城市就业困难群众享有的是同一套政策体系。但相较于一般的困难群众，精准扶贫的贫困群体的贫困程度更深、人力资本、社会资本存量更低，发展能力也更弱，在就业担保贷款竞争方面明显弱势。目前武昌区的创业担保贷款是一次性贷款 20 万元，贷款期限最长为 2 年，且必须是办理了营业执照的对象。较高的贷款金额、较短的还款年限和严格的贷款要求也让贫困户望而却步，就创业帮扶的实际效果来看，只有个别的贫困户享受到了创业担保贷款政策的支持，实现脱贫。

2. 福利依赖问题有待破解

低保制度的基本目标是解除贫困家庭的生活困境，而现行制度却演变成了一个综合性的社会救助体系，承载了过多的救助责任，也附加了除低保补助金外的额外福利。无论定量计算还是定性分析都表明，低保制度设计存在一片很大的灰色地带，即有部分劳动能力的低保人群通过“主动失业”来争取低保获得资格①，即为了享受由低保带来的其他附加福利如免费医疗、租金较少的廉租房等福利条件，有部分劳动能力的低保群体隐形就业或直接待业在家。由于武昌区目前精准扶贫对象即是武昌区低保人群，因此尽管在城市精准扶贫实施以来，在人力资源局的主导下开始了大量的就业扶贫工作，但是对就业后取消低保名额的顾虑还是影响了贫困对象的就业意愿。尽管武昌区为打消低保户的就业顾虑，对低保的退出机制采取了阶段性退出的设计，即就业后的 6 个月不计算其收入，6 个月以后计算其一半的收入，提供一个就业缓冲期。但由于贫困群众往往从事职业比较低端，薪资水平不高，相较其低保名额带来的附加福利，其往往理性地选择“主动失业”享受低保，这给就业扶贫带来了很大的阻碍。

---

① 韩克庆、郭瑜：《“福利依赖”是否存在？——中国城市低保制度的一个实证研究》，载《社会学研究》2012 年第 27 卷第 2 期。

3. 创业就业社会支持体系有待完善

目前武昌区就业帮扶社会支持体系主要有两个方面：一方面是依托辖区内的定点培训机构开展对贫困群众的培训服务；另一方面是辖区内的企业如世纪联华超市，通过给予企业相应的社保补贴、税务减免等优惠措施鼓励其吸纳贫困群众就业，但是这也都是在区人社局的主导下开展的，从积极寻求辖区内企业的支持和组织开展大小型的招聘会扩展贫困群众的招聘渠道到组织辖区内的定点培训机构开展技能培训，武昌区人社局在就业帮扶中几乎发挥着全能的作用。这不仅给区人社局工作带来了很大的挑战，同时由政府完全主导的帮扶措施也明显存在效率不足、质量不高的弊端。

另外从区人社局人员配给和工作要求来看，武昌区人社局的 10 位工作人员要负责全区 110 万人口的就业、创业、职业能力建设等基本日常工作，在城市精准扶贫的大力推进力度下，区人社局还要推动全区大部分困难群众的就业脱贫工作，由于这部分贫困对象绝大部分仅有部分劳动能力，且技能缺乏、职业素质较低，帮扶难度大。另外对困难群众的就业帮扶是一个全方位地提升其思想意识、就业技能和素质的过程，仅依靠政府的力量也难以提高帮扶的效率和质量，满足贫困对象多元化和异质性的就业需求。因此不管是从提高就业帮扶的效率还是创新就业帮扶的形式来看，扩大就业帮扶的社会支持体系，发挥市场主体和社会组织的作用提高服务效率就显得十分重要。

4. 就业跟踪问效机制缺位

目前武昌区就业、创业帮扶主要集中在如何搭建就业平台扩展贫困群众的就业渠道以及开展大量的职业技能培训提高贫困对象的就业技能和素质方面。应该看到两年以来武昌区在就业帮扶上取得了较好的成效，不管是在组织开展专场招聘会、开展技能培训班、与企业合作建立贫困群众的就业基地等方面都取得了明显成效，帮助许多的贫困群众实现了就业。但目前武昌区就业帮扶体系建设中明显缺乏对已就业的贫困对象进行后续的跟踪问效机制建设，就业帮扶止步于帮扶贫困群众实现就业。但是要真正实现就业帮扶的作用，做到就业脱贫，最关键的是要帮助贫困群众在推动其就业的基础上实现稳定就业，获得稳定的收入。因此建立已就业贫困群众的跟踪问效机制，以起到确保就业脱贫“最后一公里”的作用。

（二）进一步完善武昌区就业创业精准扶贫模式的几点思考

1. 加大扶持力度，提高政策供给精准度

公共政策作为政府治理的基本手段，政策本身的合理性、科学性、与实际情况的契合性程度是政策得以顺利执行的前提，也是政策目标能否实现的重要环节。公共政策实施的目的在于解决实际问题，因此，政策的制定也必须从实际出发，尤其是要符合政策目标群体的实际情况。就业帮扶作为城市精准扶贫的重要手段，其政策体系的设计必须着眼于以能够切实的帮助贫困群众脱贫为根本，提高政策本身精准度和合理性。

在就业帮扶政策体系建设上，武昌区已基本搭建了从就业“扶志”到“扶智”，再到搭建就业平台帮助贫困对象实现就业的较为完整的体系。但是作为就业帮扶中重要环节的创业帮扶体系建设，为提高其政策精准度，应该要将其从对武昌区全体困难群众的创业帮扶体系中抽离出来，设置一定的精准扶贫创业帮扶专项资金，针对精准扶贫对象的一些小型的创业项目，如网店经营、早市和夜市经营等技能要求适度、成本较低的小型创业项目提供一定的贷款资金支持。在创业担保贷款的金额设置上也应该进行梯度设置，以方便精准扶贫对象根据创业类型和自身的实际情况进行合理的贷款。

任何政策设计的最终目的都是以解决现实问题为导向，尤其在面对贫困程度最深、发展能力也最弱的城市精准扶贫对象时更应该要提高政策设计的针对性，才能帮助其改善贫困状况，通过自己努力和政策帮扶摆脱贫困。

2. 注重扶志和扶智相结合，化解“主动失业”困境

十九大报告对新时期打赢扶贫攻坚战强调指出扶贫要同扶志、扶智相结合。扶贫、扶志、扶智的结合，既是新时期打赢脱贫攻坚战的历史选择，也是实现贫困人口持续发展的必然要求。扶贫先扶志，扶贫必扶志。面对城市精准扶贫中有部分劳动力的贫困群众“等靠要”的懒惰心理、贫困的悲观心理以及在福利依赖下的“主动失业”，脱贫意愿和脱贫技能不高的情况，最关键的举措是要加大扶志和扶智的力度，激发贫困群众通过自身努力实现脱贫的意识，催生贫困对象的内生动力，充分发挥贫困群体在扶贫开发中的主体作用，逐步提高贫困户的自我发展能力，增强扶贫开发的可持续性。

扶志即扶思想、扶观念、扶信心，要淡化贫困对象的贫困意识，形成脱贫愿望、增强脱贫信心并树立脱贫斗志。① 扶智即通过职业技能培训提高贫困群众的就业技能和素质，帮助其通过就业提高收入，实现脱贫。目前武昌区就业扶贫依托辖区内定点培训机构开展了大量的送技能进社区活动，建立了较为完

① 张蓓：《以扶志、扶智推进精准扶贫的内生动力与实践路径》，载《改革》2017年第12期。

整的“扶智”帮扶体系，但在扶志建设上还应加大力度，要广泛宣传就业脱贫典型，为贫困群众树立就业脱贫的榜样，激发贫困群众的脱贫意识；另外还要积极组织帮扶人、志愿者给贫困群众送希望、送志气，帮助其树立自立自强的勇气和信念，改变享受低保维持最低生活保障的自我满足意识，提升其脱贫意愿。

3. 构建大扶持格局，完善就业帮扶的社会支持体系

2000年以来，我国国家贫困治理体系逐渐形成了“大扶贫”的工作格局，其核心即是充分发挥政府、市场与社会的协同体制机制，共同推动贫困的综合有效治理。多方联动的“大扶贫”工作布局对农村地区的脱贫攻坚起到了重要的推动作用，对城市精准扶贫工作的开展也有着积极的启示作用。不管是农村地区还是城市地区在扶贫开发工作中都必须改变全能政府的理念，充分发挥市场主体和社会组织在精准扶贫中的创新作用，树立开放式扶贫理念，才能更好地满足贫困群众多元化和异质性的需求。

为提高就业帮扶的成效，在充分发挥贫困对象在扶贫开发中的主体作用的同时，政府部门还应改变政府单向度扶贫模式，高度重视社会扶贫工作，主动联系社会企业、社会组织、高校志愿者等社会力量的参与。在就业帮扶社会支持体系建设上要加强宣传引导，立足于企业自身的实际情况强化企业的社会责任担当。继续加大与辖区内企业的合作，建立稳定的就业基地，扩展贫困对象的就业渠道；其次在贫困对象的“扶志”和“扶智”建设上，可以充分利用武汉市内丰富人力资源，鼓励和支持高校志愿者组织、退休人员和其他社会爱心人士到辖区内为贫困群众开展教育宣传工作，提高贫困对象的自我发展意识；另外，在市场经济条件下，为实现促进就业的目标，必须充分利用市场和社会力量，运用政府购买方式，创新公共就业服务的服务手段和方法，促进政府、社会与市场三者之间的协调与合作，使它们通过功能互补和资源整合发挥整体效应，更好地满足就业需求量不断增长以及就业服务需求多样化的需要。①

4. 建立就业跟踪问效，稳定贫困人员就业

2015年开始，中央层面自上而下发起了多轮“精准扶贫回头看”和“精

① 温俊萍：《政府购买公共就业服务机制研究》，载《中国行政管理》2010年第10期。

准扶贫再回头”的农村精准扶贫专项治理工作，以提高农村扶贫的精准度、对扶贫开发工作进行纠偏和调整，增添新的措施并巩固扶贫成果。在城市精准扶贫中，建立长效的“回头看”工作也是打赢城市脱贫攻坚战的应有之举。尤其在就业帮扶工作中，加强对已就业贫困群众的跟踪问效，建立相关的工作台账，解决贫困群众就业中遇到的困难是帮助其实现稳定就业和权益保障的必要措施。

实现就业是就业帮扶的重要目标，但是帮扶贫困群众实现稳定就业获得稳定收入和必要的劳动权益才是就业帮扶的最终目标，也是实现就业脱贫的必然要求。因此武昌区在目前就业帮扶体系建设中，还应该加强对贫困户的“精准扶贫回头看”工作，将稳定贫困群众就业，建立持续有效的就业跟踪问效机制作为一项系统工作纳入就业帮扶体系建设中去。通过实地调查走访或电话访问等多种方式了解贫困群众的就业现状、工作中遇到的困难；同时对就业后离职的贫困群众既要了解其离职原因做好也要积极开展帮助其再就业的相关工作；另外对于接纳贫困群众就业的企业，也要主动进行沟通、督察，对劳动合同的履行情况、是否按时为贫困群众缴纳社会保险、发放其工资等进行核查，有效地维护贫困劳动里的劳动权益，确保已脱贫群众稳得住、不返贫。

专题三：武昌区困难群众助学扶智帮扶机制研究

一、武昌区助学扶智帮扶的社会背景

十八大以来，以习近平同志为核心的党中央把脱贫攻坚纳入“五位一体”总体布局和“四个全面”战略布局，摆到治国理政的重要位置，从中央到地方各级政府高度重视脱贫攻坚工作。在脱贫攻坚过程中，形成了“精准扶贫、精准脱贫”的重要指导思想，为脱贫攻坚指明了方向。2013 年 11 月，习近平在湖南湘西考察时，首次提出了“精准扶贫”，扶贫要实事求是，因地制宜；要精准扶贫，切忌喊口号，也不要定好高骛远的目标。2015 年 6 月，习近平在贵州考察时，指出了扶贫开发“贵在精准，重在精准，成败之举在于精准”，并提出扶贫开发工作“六个精准”的基本要求，即扶持对象精准、项目安排精准、资金使用精准、措施到户精准、因村派人精准、脱贫成效精准。此后，“六个精准”的战略思想分别被写入《中共中央国务院关于打赢脱贫攻坚战的决定》和《十三五”脱贫攻坚规划》，成为现阶段脱贫攻坚的基本原则。“六个精准”的提出，明确了脱贫攻坚中“扶持谁”“谁来扶”“怎么扶”“如何退”等问题，为脱贫攻坚指明了方向。在精准扶贫战略的指引之下，农村脱贫攻坚取得了重大成效。党的十九大报告指出，农村贫困人口大幅度降低，人民群众的生活水平在不断改善，人民获得感显著增强，现阶段的脱贫攻坚为全面建成小康社会奠定了坚实基础。

在中国四十多年的扶贫开发过程中，教育扶贫一直在贫困治理体系中处于重要地位。教育与贫困有着难以割裂的关系，越是贫困的地区，教育水平愈发落后，人口受教育程度也越低。同时，受教育不足引起的知识文化水平低下，又导致新的个人能力不足与竞争力低下，以至于贫困人口没有足够的知识、技能去参与市场竞争，难以摆脱贫困，从而陷入贫困代际传递的恶性循环。从某种意义上来说，教育是脱贫攻坚的重要领域和重要手段，是提升贫困人口和贫困地区软实力的根本措施。教育扶贫关涉贫困人口可持续生计能力的获取，兼具扶志与扶智的双重功能，对于阻断贫困的代际传递，稳固贫困治理成效等兼具多重效用。教育扶贫实际上具有双重目标，一是“扶教育之贫”，主要是补齐教育短板。减少区域教育差距，推进教育平衡发展、促进教育公平等；二是“用教育扶贫”，主要发挥教育在脱贫中的功能，增进贫困人口的人力资本，帮助其建立更为可持续的生计，从而摆脱贫困等。

习近平总书记高度重视教育扶贫工作，提出了“扶贫先扶智”的理念，确定了教育扶贫的基础性地位。2015 年 10 月 16 日，习近平提出的“五个一批”减贫战略中把“发展教育脱贫一批”作为当下中国贫困治理的重要行动路径。2017 年 1 月，习近平再次指出：“要把发展教育扶贫作为治本之策，确保贫困人口子女都能接受良好的基础教育，具备就业创业能力，切断贫困代际传递。”① 可见，教育扶贫在习近平扶贫开发思想体系中处于重要地位。围绕教育扶贫，中央出台了多项政策促进教育扶贫的实施。2013 年 7 月，国务院办公厅转发教育部等部门印发的《关于实施教育扶贫工程的意见》明确规定，要加快教育发展和人力资源开发，实现“教育对促进群众脱贫、增收、促进社会经济发展等方面的作用得到更有力的发挥”②。2015 年 12 月，《中共中央国务院关于打赢脱贫攻坚战的决定》要求尽快落实教育扶贫工程的实施，保障贫困地区教育质量，保证贫困人口平等受教育的权力，阻断贫困代际传递。2016 年 12 月，《教育脱贫攻坚“十三五”规划》提出了“一个目标、两个重点、五大教育群体、五项重点任务”，力争实现贫困地区“人人有学上、个个有技能、家家有希望、县县有帮扶”。十九大报告强调，在脱贫攻坚过程中要“坚持大扶贫格局，注重扶贫同扶志、扶智相结合”。这些政策为教育扶贫指明了方向。

随着农村脱贫攻坚取得决定性进展，城市贫困问题也逐步被纳入议事日程，党的十八大、十八届三中、四中、五中全会精神和习近平总书记关于扶贫开发系列重要讲话围绕全面建成小康社会奋斗目标，把扶贫脱贫作为重大政治问题、重大发展问题、重大民生问题，摆在经济社会发展的重要位置强力推进。从经济社会发展的宏观战略来看，无论是农村贫困，还是城市贫困，都是

① 肖禹：《习近平：落实教育扶贫，切断贫困代际传递》（2017-02-23），http：//www. cpad. gov. cn/art/ 2017/2/23/ art_624_59661. html。

② 国务院办公厅：《关于实施教育扶贫工程意见的通知》（2013-09-11），http：//www. gov. cn/zwgk/2013-09/ 11/content_2486107. htm。

不可忽视的重要经济社会问题。在全面建成小康社会的背景之下，城市贫困问题也日益引起社会各界的高度重视。党的十九大报告指出，在2020年贫困人口和贫困地区要同步进入小康社会，因而推动城市贫困人口脱贫也是确保我国全面建成小康社会的重要举措。近些年来，武昌区紧紧围绕习近平总书记精准扶贫、精准脱贫的战略思想，以全面建成小康社会为目标，在城市精准扶贫方面作出了卓有成效的探索。其中，在教育扶贫方面，武昌区以“助学扶智”作为切入点，全面开展了针对贫困家庭子女的助学扶智工作，扶助对象涵盖了从幼儿园到大学的各类贫困学生，落实了学前教育生活补助、义务教育、普通高中、中职免学费、免住宿费，并按照标准发放每个阶段的国家助学金，落实专科以上学生的生源地信用助学贷款等。通过助学扶智精准扶贫，切实保障特困生接受教育的权利，推动贫困人口的教育公平，增强贫困人口教育脱贫能力，取得了突出的成效。

二、武昌区助学扶智的主要做法

习近平总书记提出，扶贫必先扶智，让贫困地区的孩子们接受良好教育，是扶贫开发的重要任务，也是阻断贫困代际传递的重要途径。相对于经济扶贫、政策扶贫、项目扶贫等，“教育扶贫”是直接导致贫穷落后的根源，牵住了贫困地区脱贫致富的“牛鼻子”。贫困地区的教育水平就是扶贫攻坚战中的最短板，扶贫攻坚就是要克服教育这块“短板”。不仅让脱贫人口能够“站起来”，而且要能够“走得远”，改变“底层上升通道受阻，一代穷世代穷”的局面，切断贫困的“代际传递”。助学扶智实际上正是教育扶贫的重要内容之一。简单来说，助学扶智就是通过助学的手段来扶智，将重点救助对象家庭子女、低收入困难家庭子女均纳入助学的范围，保证学生不因家庭困难而失学，从而达到促进教育公平，增强脱贫能力的目标。武昌区在助学扶智方面作出了有益的探索，对落实精准扶贫政策具有重要促进作用。

（一）武昌区助学扶智的政策体系

1. 武昌区助学扶智政策的内容

十八大以来，教育部认真学习贯彻习近平总书记关于扶贫开发的重要战略思想，全面落实精准扶贫、精准脱贫的基本方略，采取超常规政策举措，精准聚焦贫困地区的每一所学校、每一名教师、每一个孩子，启动实施教育扶贫全覆盖行动，先后组织实施了20项教育惠民政策措施，实现了贫困地区义务教育普及、学校基础设施建设、学生资助体系、教师队伍建设、民族教育发展、职业教育提升等领域的教育扶贫全方位覆盖，为2020年农村贫困人口全部脱贫、贫困地区同步建成小康社会奠定坚实基础。为进一步提高教育水平，努力实现教育公平，武昌区从国家战略的角度出发，构建了较为完善的助学扶智政策体系。

总体来看，武昌区助学扶智的指导政策主要包括三个层面：一是国家层面的政策。其中包括国家层面在脱贫攻坚、教育扶贫方面的系列纲领性文件政策，此外，还包括国家层面针对学前教育、义务教育、高中教育、中职教育、高等教育等不同阶段贫困学生的具体资助政策，如《普通高中建档立卡家庭经济困难学生免除学杂费政策对象的认定及学杂费减免工作暂时办法》就属此类。二是湖北省、武汉市层面的政策。针对教育扶贫和助学扶智，湖北省和武汉市出台了系统综合和专项资助政策，对助学扶智工作起到了具体指导作用。如2010年出台的《湖北省普通高中国家助学金管理暂行办法》，2014年出台的《湖北省农村义务教育阶段家庭经济困难寄宿生生活补助资金管理暂行办法》，2015年出台的《关于推进教育精准扶贫切实加强贫困家庭学生救助工作的实施意见》《湖北省中等职业学校免学费补助资金管理办法》《湖北省中等职业学校国家助学金管理办法》，2018年出台的《关于进一步落实异地在读建档立卡贫困家庭学生资助政策的通知》等；2013年武汉市教育局、市财政局出台的《关于武汉市学前教育政府助学金管理的实施意见》，2015年出台的《武汉市精准扶贫助学扶智工作实施方案》，2017年武汉市教育局出台的《关于进一步加强和完善教育扶贫资助管理长效机制建设的意见》，等等。三是武昌区级层面的政策。早在2007年，武昌区委、区政府就在全国率先制定了《武昌区贫困代际转移阻断计划》，在教育援助方面，免除孤儿和特困家庭子女在义务教育阶段和高中阶段的学费、杂费、课本费、作业本费，而且考取中专、大学者，可获得每年800~2000元的学费资助，直至毕业。孤儿除每人每月给予100元生活补助外，同时享受每学年200~600元的教育援助。2016年出台的《武昌区城市精准扶贫行动方案》，其中指出要通过“助学扶智阻断一批”，完善落实对贫困家庭子女的教育帮扶政策，落实学前教育生活补助、义务教育、普通高中、中职免学费、免住宿费，并按照标准发放每个阶段的国家助学金，落实专科以上学生的生源地信用助学贷款。2017年修改完善并出台了《武昌区人民政府关于加强困难群众帮扶工作的意见》，其中提到加大助学扶智力度，将重点救助对象家庭子女、低收入困难家庭子女均纳入助学扶智救助范围。

从具体政策来看，依据2017年5月出台的《武昌区人民政府关于加强困难群众帮扶工作的意见》，武昌区的助学扶智政策主要包括以下几个方面内容：

（1）全额资助公办幼儿园和普惠性民办幼儿园中家庭经济困难的幼儿保教费；确保安排城市精准扶贫对象家庭幼儿到公办幼儿园或普惠性民办幼儿园就读。

（2）属于救助范围的义务教育阶段学生补助生活费1500元/年；对普通高中学生免学费，资助书抄费，补助生活费平均2500元/年；属于救助范围的职业高中生，补助生活费2000元/年。

（3）对品学兼优的家庭经济困难的普通高中生和职业高中生实施奖励，标准分别为2000元/年和1000元/年。

（4）稳步推进生源地助学贷款，最大限度地保证符合条件的武昌籍高校学生应贷尽贷。

（5）对考入全日制普通高等院校的家庭经济困难家庭的新生资助路费，考入省内高校一次性资助500元、省外高校一次性资助1000元。

（6）通过国家统一考试录取，就读全日制大专、本科（含高职高专）院校，接受正式国民教育的本辖区重点救助对象家庭及低收入困难家庭学生（含非集中供养的孤儿），可以申请一年一次学费救助。

对符合入学救助条件的应届专科新生给予每人一次性资助3000元，应届本科新生给予每人一次性资助4000元；对符合入学救助条件的本（专）科生入学第二年至毕业每年给予2000元的学费救助。

享受残疾学生和特困残疾人家庭子女学费救助以及享受其他类别学费救助的对象不再重复享受此项救助；考取师范、军校等专业免交学费的学生不享受此项救助。

2. 武昌区助学扶智政策的特点

综观武昌区助学扶智政策，可以发现具有几个突出特征：

第一，助学扶智政策具有社会福利性质。助学扶智政策，首先是一种社会福利政策，所谓“社会福利政策”，是指国家和社会为社会福利状态所做的各种政策设计和制度安排，是指为促进人类幸福、疗救社会病态的慈善活动或政府行为，主要涉及社会福利的目标体系、社会福利的对象、社会福利的项目体系、社会福利的资金和服务供应体系等四个方面。武昌区的助学扶智政策可以被视为一种教育类型的社会福利政策与服务，它体现了一种政府责任或“社会义务”，体现了国家对贫困学生弱势群体的扶持，也体现了国家对教育公平、精神扶贫和社会公正的追求。武昌区的助学扶智工作，使困难群体的子女不因贫困出现辍学、弃学现象，并实现低保户子女毕业后顺利就业，贫困代际传递得到有效阻断。这是构建和谐社会的重要举措，促进教育公平和社会公平的有效手段。

第二，助学扶智政策具有教育性质和育人功能。“授人以渔”是助学扶智政策出台的一个重要指导原则。助学扶智政策体现了对困难群体学生的经济扶持，在执行过程中，也较好地发挥了对学生的引导教育功能。武昌区学生资助管理中心（以下简称“资助中心”）在助学扶智过程中，坚持“授人以鱼不如授人以渔”的理念，结合育人抓资助。学校请知名社会专家、教育专家对学生做专题报告，对于高学段的学生，进行励志、诚信、感恩教育。资助中心会通过一些展板、宣传画向学生传达诚信感恩、自强自立的理念。同时，资助中心提供勤工俭学岗位，实践教育，教育学生用自己的劳动获得应有的报酬，积累社会实践经验。

第三，助学扶智政策资助力度大、覆盖面广。武昌区财政支出全面保障助学扶智政策的落实，资助力度大。如全额资助公办幼儿园和普惠性民办幼儿园中家庭经济困难的幼儿保教费，对属于救助范围的义务教育阶段学生补助生活费 1500 元/年，对普通高中学生免学费，补助生活费平均 2500 元/年，对品学兼优的家庭经济困难的普通高中生和职业高中生实施奖励，标准分别为 2000 元/年和 1000 元/年，等等。在资助范围上，武昌区的助学扶智政策扩大了覆盖面。2017 年 5 月，武昌区依据《武昌区城市精准扶贫行动方案》要求，为进一步完善精准扶贫政策，关心困难群众，着力改善困难群众生活，出台了《武昌区人民政府关于加强困难群众帮扶工作的意见》，加大助学扶智力度，将重点救助对象家庭子女、低收入困难家庭子女均纳入助学扶智救助范围。

（二）武昌区助学扶智的主要措施

1. 完善机构建设

区委、区政府和区教育局高度重视学生资助工作的意义和重要性，成立了以常务副区长为组长，相关职能委办局长为组员的工作领导小组，教育局成立以局长为组长，相关科室负责人为组员的工作小组，切实加强学生资助工作的领导。为了做好助学扶智工作，武昌区根据《市人民政府办公厅关于做好我市生源地信用助学贷款的通知》（武政办〔2007〕146 号）文件的精神，于 2007 年 10 月 9 日向武昌区编制委员会递交请示设立“武汉市武昌区学生资助管理中心”。武汉市武昌区机构编制委员会于2007年9月28日对此进行批复，下发《关于同意成立武汉市武昌区学生资助管理中心的批复》。为了使学生资助工作管理更加规范，武昌区于2013年区编办正式下发《武昌区机构编制委员会关于同意独立设置武汉市武昌区学生资助管理中心的批复》文件，将资助中心独立成为区教育局二级事业单位，正科级规格。学生资助管理中心是为了做好助学扶智工作而成立的专门组织，主要负责对助学扶智的工作进行统一的管理和运作。落实以国家助学贷款为主要内容的高校资助家庭经济困难学生的政策；落实以“两免一补”（免书本费、免学杂费、发放寄宿生生活补助费）为主要内容的义务教育阶段资助贫困家庭学生政策；落实中等职业学校和其他中小学阶段家庭经济困难学生资助政策；负责外资贷款教育项目的执行及管理工作；承担教育部直属单位政府采购管理及具体项目的采购工作；负责完成国家助学贷款部际协调小组和“两免一补”部际协调小组交办的工作任务等。

此外，武昌区进一步加强了机构的建设。一是为学生资助管理中心配备专职人员，按照武昌区中心5名编制数配备工作人员，从学前教育到高等教育各块资助工作均有专人负责，人员稳定，且学历构成均达到本科以上程度。二是为学生资助管理中心安排固定场所，将资助管理中心办公地址选址在区教育局一楼，有100多平方米用于接待或受理学生贷款所需的接待大厅及办公室，三楼设置一间档案室及档案阅文室。三是设置独立账户。将学生资助管理中心的办公经费每年纳入财政预算，各类助学资金实行专账管理，独立核算，财务清晰明了，财会人员具有从业资格证书。四是为学生资助管理中心配备专用设备。配备了5台电脑、3台笔记本、2台打印机、2台扫描仪，并配备传真机、数码相机、固定电话、移动硬盘等专用办公设备。五是配备了专门的资助档案室。按照相关档案管理部门规定，结合市教育局印发的学生资助档案管理要求，安排专门的档案室用于所有档案的清理、分类、整理和归档工作。

2. 健全资助制度

制度建设是保证精准扶贫顺利实施的根本措施，从国家层面来看，目前已经形成了脱贫攻坚四梁八柱的顶层设计，从地方层面来看，脱贫攻坚的配套政策也相应出台。在助学扶智领域，从国家到地方层面也有系列指导性政策和文件。国家层面的政策一方面是从教育扶贫的宏观层面向为助学扶智指明了方向，另一方面是针对不同学段学生出台的相应资助政策。可以说，在助学扶智方面的顶层设计已经形成了较为完备的体系。地方层面的政策制度主要包括湖北省、武汉市和武昌区的相关助学扶智政策。近年来，湖北省和武汉市相继出台了系列针对农村和城市的助学扶智政策，将农村贫困家庭、城乡低保家庭等困难家庭子女的均纳入到资助范围，资助学段涵盖了从学前教育到高等教育的各个阶段。这些政策出台为湖北省内的助学扶智工作提供了重要的指导，有力推动了教育均等化、推动了教育公平、有效改善了困难家庭的贫困状态。此外，武昌区结合自身特征也出台了相应的助学扶智政策，例如2007年出台的《武昌区贫困代际转移阻断计划》中就涉及教育援助的内容，2016年出台的《武昌区城市精准扶贫行动方案》中指出要通过“助学扶智阻断一批”，2017年完善的《武昌区人民政府关于加强困难群众帮扶工作的意见》中专门就助学扶智的对象、范围、标准等作出了详细规定。从制度设计来看，武昌区的资助制度具有两个明显得特征：一是资助标准较高，一些资助项目相对于国家标准和省市标准而言，具有更高的要求；二是资助范围较广，例如将民办教育机构的学生纳入资助范围，将贫困边缘人群的子女纳入资助范围等。

武昌区在出台相应的资助政策之外，也加强了助学扶智管理制度的建设，为落实助学扶智政策提供了制度保障。一是在资金管理方面，武昌区学生资助管理中心和各学校均出台了相应的管理制度，确保资金专款专用。同时要定期接受相关部门的检查，并组织自查，确保资助资金的安全、精准使用。二是在程序管理方面，制定了一整套合理的工作流程，例如在资助对象的识别方面，在资助资金的发放方面，在资助信息档案的建设方面等都有明确的流程图和程序表。三是在操作管理方面，做到层层审核，层层把关，维护了贫困生资助工作的公正、公开和公平；严把信息关，及时发放文件、通知，检查通报，工作简报，搞好信息报送，有效保障了学生资助工作信息上下渠道高效畅通。

3. 加大宣传力度

加大各项政策的宣传力度是保障各类贫困家庭学生享有资助权利的基本前提。为确保党中央、国务院及各级党委、政府对贫困生资助政策落实到位，武昌区加大了贫困生政策的宣传力度。以强化宣传促进资助工作的开展，实现应助尽助的目标。

第一，充分利用学校的宣传平台。武昌区的助学扶智工作要求学校作为主要的宣传平台，广泛宣传从中央到地方各级政府出台的相关资助政策，保证每一个家长和每一个学生的知情权，从而使资助对象不留死角。每学期初资助中心给学校布置资助工作时，要求学校多种形式的宣传方法传播资助政策。例如运用公告栏、家长会、电子显示屏、告家长书等各种形式进行资助政策宣传，此外，组织学校参加资助征文、举办主题班会和国旗下讲话等活动，确保学生资助工作政策宣传到位。从宣传内容来看，学校根据各学段贫困生减免政策不同，统一制作有针对性的贫困生政策宣传专栏和宣传专题，包括减免对象、减免条件、办理程序咨询电话和举报电话，等等。学校宣传平台的利用是提高知情权、扩大资助面的重要手段。

第二，充分利用信息化的宣传手段。依据网络社会的特征，在助学扶智政策的宣传中充分利用信息化的手段，强化了政策宣传的效果。一方面在政府教育局网站建立了专门的资助工作网页，直观展示不同类型的资助政策；另一方面充分利用即时通讯传播工具宣传相关政策。在宣传政策的过程中，建立了学生资助工作 QQ 群、微信群，以及相应的微信公众号，更方便群众了解资助政策。在宣传过程中，还充分整合使用了多种宣传手段。如将学校宣传、社会、媒体宣传和自媒体宣传等方式结合起来，提升了宣传的效果。为了让全区学生家长尽快了解资助政策，还通过武汉教育电视台专门制作了一期关于资助政策的节目。此外，在宣传过程中积极协调街道、社区，发挥其协助宣传的作用。

4. 落实资助政策

“刚性执行”是习近平新时代中国特色社会主义思想的重要精神内核，是保证脱贫攻坚顶层设计在县域层面落地的重要保障。习近平提出，“要以钉钉子的精神抓好改革落实，扭住关键，精准发力，敢于啃硬骨头，盯着抓，反复抓，直到抓出成效”。“一分部署、九分落实”是对刚性执行的精辟概括。武昌区在深入把握“刚性执行”的精神内核基础上，全面落实助学扶智政策。

第一，强化领导责任，为政策落实奠定基础。在为做好经济困难家庭资助工作方面，武昌区委成立了以书记、区长为组长，常委副区长、分管区长为副组长，各职能委、办、局主要负责人为组员的工作领导小组，并形成两个月一次的工作例会制度、专题研究解决资助家庭经济困难工作。政府相关职能部门也充分发挥各自作用，财政部门负责资助资金的筹措和管理，教育部门负责组织保障贫困学生入学，有力地保障了学生资助工作的顺利实施。

第二，加大投入力度，为政策落实保驾护航。做好贫困生资助工作，确保各学段国家资助政策落实，保障贫困生平等接受教育的权利，资助资金保证是基础。近年来，武昌区委区政府不断加大贫困生资助区级财政投入，贫困生资助专项资金列入财政教育经费预算予以保证；2008—2018 年财政教育经费预算中贫困专项资金由 170 万元、240 万元、280 万元、320 万元，增加到 500 万元。贫困生专项资助资金的落实到位，保证了武昌区各学段贫困生资助政策落实，保障贫困生不因家庭困难而辍学。

第三，加大宣传力度，为政策落实营造氛围。为确保党中央、国务院及各级党委、政府对贫困生资助政策落实到位，武昌区加大了贫困生政策的宣传力度。在教育局门户网站建立了专门的资助工作网页、资助工作 QQ 群、制作贫困生政策宣传专版，在区中心办公场所的醒目位置设置宣传学生资助阵地；在学校根据各学段贫困生减免政策不同，统一制作有针对性贫困生政策宣传专栏，包括减免对象、条件、办理程序以及咨询电话和举报电话；利用报纸、电视台和教育网宣传武昌区学生资助工作，组织学校参加资助征文、举办主题班会和国旗下讲话等活动，确保学生资助工作政策宣传到位。

5. 完善运作机制

健全的工作机制是确保资助工作高校运转的关键，武昌区在助学扶智方面强调“三个机制”的完善，以此来推动助学扶智工作的顺利开展。

第一，健全了资助工作管理机制。武昌区先后出台了《武昌区学前教育政府助学金管理实施细则》《武昌区中等职业学校资助工作流程》《武昌区中职学校学生资助信息系统维护与管理办法》《武昌区普通高中国家助学金管理实施细则》《武昌区普通高中学校学生资助工作日常管理资料》等制度的建立，加大了对资助贫困生的工作指导力度。

第二，建立了队伍建设和建立考核机制。家庭经济困难学生资助工作一直以来备受社会关注，学生资助工作政策落实到位与否，在一定程度上影响到“办人们满意教育”的工作落实。为此，更加注重加强资助工作队伍建设，建立健全学习制度和月会议制度，加强政策学习和工作研讨，提高政策水平。每年将学生资助管理工作纳入区教育局工作要点和绩效管理考核体系，制定了考核细则，定期对各学校进行考核评估。

第三，健全了监督管理机制。坚持资助信息和受助学生信息公示公开制度，接受社会和师生监督。坚持资助评审制，申请资助的学生一律由班级、学校评审组审查确定，然后到区资助中心评审小组进行评审通过。坚持专项督查制，每年对各高中学校、中职学校开展资助专项监督检查，通过检查结果，督办、整改重点问题。设置举报电话、邮箱，建立完善了国家资助资金投诉举报受理的工作机制。

（三）武昌区助学扶智的典型案例

学生资助是国家“改善民生”的重要政策之一。在国家政策的监督下，已经有大批的贫困学生受到国家资助，得以让他们能顺利地完成学业。从2010年春季，武汉市实施政府奖学金到现在的国家助学金以来，湖北省武昌实验中学即开始了助学扶智工作，以保障家庭贫困学生顺利完成高中学业。2015年市教育局派专项审计小组到湖北省武昌实验中学，检查结果属于问题最少的学校，分数第一，被市教育局评为“资助管理先进单位”。

湖北省武昌实验中学的助学扶智工作具有自身特色，既重视对贫困学生的经济帮扶，同时也关注学生的心理健康发展，以使学生得到全面的发展。具体来看，湖北省武昌实验中学助学扶智的突出特色表现在以下几个方面：

1. 健全资助制度，按照制度操作

湖北省武昌实验中学于2010年4月制定了《湖北省武昌实验中学政府助学金实施办法》，随着政府助学金转变为国家助学金，助学金级别提高，拨款和资金下发方式变化，于2011年9月制定了《湖北省武昌实验中学国家助学金管理实施细则（暂行）》，规定国家助学金申报和发放，由校长室统一领导，学工处具体负责，教务处和总务处协助。

2. 明确主体责任，严格资助过程

第一，政策措施，广而告之。通过多种途径如学校专栏、简报、校园网站等媒体和招生简章、新生入学须知、会议等渠道，向教职工、学生及家长宣传国家、省和学校资助贫困生的政策、措施。第二，调查建档，摸清实情。每年军训时，学校开始了解新生家庭情况，积极宣传政府资助政策，而且开展党员教师、班主任走访贫困学生家庭活动，准确掌握真实情况。学工处对申请助学金的学生按照政策及学校的资助细则对每一份申请进行认真审核，听取班主任对学生的情况介绍及家庭走访记录，确定资助对象的真实性。特别注意发现因怕在同学面前丢丑而故意隐瞒实情的情况。第三，审核认定，不出差错。先由班主任把握第一道关，审查并核实申报资助的学生的信息是否真实，审核过关的名单上交学校资助工作办公室建立家庭经济困学生档案。资助工作办公室工作人员对各班上报的家庭经济困难学生资助名单与申请材料进行审核、认定，在每年10月再由学校评审小组审核，确认无误后公示。第四，公示公开，公开透明。为了使该项工作切实做到公平、公正，贫困学生名单确定后，对贫困学生名单进行了为期一周的张榜公示，并公示举报电话及信箱，主动接受广大师生及社会的监督。公示期间，未收到任何举报信息。公示结束，通过的学生名单，并及时将最终结果上报区资助管理中心审核。第五，放款资助，无缝对接。学工处资助管理人员到中国邮政水果湖支行统一办理银行卡和存折，银行人员到校送卡，受资助的学生在资助办公室核发、领取银行卡，同时学校电话联系家长确保资助落实。发放工作结束，将学生的申请表、个人资料、证明材料、上报的受助学生明细表、打款凭证装订入档保存。

3. 整合多方资源，爱心回馈社会

一方面，整合多方资源为贫困学生提供资助。2010 年春至 2017 年春武昌实验中学的贫困人受国家助学金、中央彩票滋蕙金、大学路费、中南电力资助，合计受助 521 人次，金额 39.75 万元。学费减免 200 余人，金额约 15 万元，校内宏志生资助 18 人次，金额约 1.17 万元。学校组织的军训、学农、春游等活动的活动费及平时补课费、校服费都实行了减免。另一方面，让贫困学生的爱心回馈社会。例如与团委组织“开展阳光义卖，帮扶一所农村小学”活动，连续 6 年在水果湖步行街开展阳光义卖活动，贫困学生志愿志积极报名参加，2011 年至 2016 年，武昌实验中学的爱心送到了咸宁、黄冈等几个贫困乡县。2011 年募集善款 8 千余元，到咸宁帮扶明德小学；2012 年募集善款 1.3 万余元，志愿者社团到黄冈团风马曹庙镇百福寺小学进行献爱心慰问活动，2013 年募集善款 1.24 万元，2014 年 2 万多元，贫困学生志愿者到黄冈团风马曹庙镇百福寺小学进行献爱心慰问活动，学生们用他们义卖得来的钱，为贫困山区小学生购买了他们喜爱的学习生活用品，同时带领孩子们开展了丰富多彩的户外娱乐活动，通过与贫困山区孩子的了解沟通，志愿者们更加懂得了感激、感恩与珍惜，做到了受助于社会的同时能用爱心回馈社会。

4. 注重心理辅导、强调感恩教育

湖北省武昌实验中学将资助工作与德育相结合，跟踪关注贫困学生及其家庭，针对不同性格以及家庭环境的学生采用不同的教育方法，解决学生生活中的家庭情感问题，学习压力问题。让学生阳光成长，快乐学习，家庭和谐。实行贫困生导师制度。在创造条件解决他们的经济困难的同时，高度重视、密切关怀他们的心理健康，做好贫困生的思想教育工作。在班级导师制结对中，贫困生都是班主任重点结对对象。经济帮困是目标，精神解困才是最终目的。通过导师制谈心、走访、辅导和团队等活动，走进学生家庭，走进学生心灵。

三、武昌区助学扶智的经验与启示

近十年来，武昌区通过助学扶智，确保家庭经济困难学生顺利入学并完成学业，保障了广大学生尤其是家庭经济困难学生的切身利益、促进了教育公平，同时也增强了贫困人口摆脱贫困的能力。总体而言，武昌区在教育扶贫（助学扶智）方面积累了丰富的经验，同时也带来了深刻的启示。

（一）整合各类政策，完善资助体系

从政策设计方面来看，武昌区在助学扶智方面的基本思路是以国家资助政策为主，地方资助政策为辅，形成了自身的精准扶贫政策体系。

1. 认真落实各类国家资助政策

党的十八大以来，习近平总书记站在治国理政和实现中华民族伟大复兴的战略高度，就推进和实现教育公平，提出了一系列新思想、新论断和新要求，为发展中国特色社会主义教育指明了方向、路径和方法，是实现教育现代化、全面建成小康社会的强大思想武器。习近平总书记指出，教育是民族振兴的基石，教育公平是社会公平的重要基础，既关系国家的经济繁荣和社会进步，也关系到人心向背和民众福祉。可以说，国家层面在致力于推动教育公平方面作出了各种有益探索。对各类学生进行资助，“不让一个学生因家庭经济困难而失学”，是我国教育公平迈出的重大步伐。国家层面出台了系列针对学前教育阶段、义务教育阶段、普通高中教育阶段、中职教育阶段以及高等教育阶段学生的资助政策。例如在义务教育阶段全面免除城乡义务教育阶段学生学杂费，对农村学生和城市家庭经济困难学生免费提供教科书，对家庭经济困难寄宿生提供生活补助，同时推行农村学生营养改善计划；在普通高中教育阶段，建立了以政府为主导，国家助学金为主体、学校减免学费等为补充、社会力量积极参与的普通高中家庭经济困难学生资助政策体系，等等。武昌区在助学扶智方面的一个重要经验就是认真落实国家各项有关的资助政策，做到了应助尽助，政策上不打折扣。

2. 灵活应用创新地方资助政策

在认真落实国家层面相关的助学政策基础上，武昌区灵活应用了地方政策，并结合区内教育贫困问题的现状进行了创新和完善，更好服务于贫困家庭

子女的就学。从地方层面来看，湖北省和武汉市先后出台了各类有关助学扶智的政策，其中包括2009年出台的《武汉市中等职业学校市政府励志奖学金管理暂行办法》、2010出台的《湖北省普通高中国家助学金管理暂行办法》、2012出台的《普通高校家庭经济困难新生入学资助项目暂行管理办法》、2013出台的《省教育厅关于做好2013年普通高中中央专项彩票公益金滋蕙计划助学项目的通知》、2015年出台的《武汉市精准扶贫助学扶智工作实施方案》、2017年出台的《市民政局办公室关于实施2017年全市困难家庭大学生助学工程的通知》，等等。系列地方政策的出台，为武昌区的助学扶智工作提供了有力的引导。除此之外，武昌区基于精准扶贫的需要，也出台了相应的政策，例如2017年出台的《武昌区人民政府关于加强困难群众帮扶工作的意见》中也指出“落实助学扶智政策”“加大助学扶智力度”等，进一步明确了助学扶智的对象、助学扶智的项目、助学扶智的标准等，特别是在资助标准方面全面超越国家和省市相关标准。

3. 逐步完善助学扶智资助体系

武昌区的资助体系从最开始的不完整，逐步走向完整。一方面，实现了资助全覆盖。一是覆盖了所有学段。从2012年开始，武昌区已经对各个学段的贫困家庭子女资助实行全面的覆盖，其中包含有学前教育、义务段教育、普通高中、中职（职业高中）以及大学生生源地贷款，所有教育阶段的学生都能够享受到助学政策。二是覆盖了所有学校。实现了公办和民办学校的全覆盖。特别是将学前教育阶段和中职教育阶段的民办学校也纳入助学扶智的资助范围，充分体现了教育的公平性。三是覆盖了所有贫困对象。资助范围全面覆盖了家庭经济困难的学生，充分保护每一个学生不因家庭经济困难而失学。另一方面，构建了复合型资助体系。形成了普惠、助困、奖优相结合的复合型体系结构，普惠以免学费为主，体现了公益性；助困以国家助学金、国家助学贷款、困难补助为主，体现了公平性；奖优是以国家奖学金、励志奖学金、学业奖学金和校内奖学金为主，体现了激励性。

（二）坚持政府主导，保障资助能力

从我国40多年的扶贫开发历程来看，政府在扶贫开发中起到了重要作用，政府主导是扶贫开发得以顺利推进的重要保障。在社会和市场力量的扶贫意识还不够突出，扶贫手段还不成熟的时期，由政府主导扶贫更便于操作，更易体现成效，而且政府主导是扶贫开发的政治保障和可持续性保障。武昌区在助学扶智方面坚持政府主导，极大提升了保障资助的能力。

1. 强化政府的主导作用

在助学扶智方面，政府给予了大力支持，既包括资金支持，也包括政策支持，特别是政府出台的指导性意见，是助学扶智工作的依据和根本。区委、区政府成立由区委书记、区长为组长的城市精准扶贫领导小组，下设领导小组办公室，统筹推进精准扶贫工作。各街道、各部门党组织认真落实精准扶贫主体责任，与包户党员干部签订了责任状，层层压实工作责任，推动城市精准扶贫工作扎实开展。在助学扶智方面，武昌区根据《市人民政府办公厅关于做好我市生源地信用助学贷款的通知》（武政办［2007］146 号）文件的精神，于2007 年 10 月 9 日向武昌区编制委员会递交请示设立“武汉市武昌区学生资助管理中心”。2013 年区编办正式下发（《武昌区机构编制委员会关于同意独立设置武汉市武昌区学生资助管理中心的批复》，将区中心独立成为区教育局二级事业单位。

2. 提升保障资助的能力

一是全面提升教育扶贫意识。区委、区政府和区教育局高度重视学生资助工作，成立了以常务副区长为组长，相关职能委办局长为组员的工作领导小组，教育局成立以局长为组长，相关科室负责人为组员的工作小组，切实加强学生资助工作的领导。二是全面落实资金保障。建立起了以政府财政拨款为主，积极倡导和利用社会资助、网络众筹等多渠道融资的方式，落实扶贫资金保障。三是建立严格的救助资金监管。确立专人专门负责中心专户和行政户，要求该岗位工作人员有会计资格证。严格按照指标文请款、层层审批、发放，专款专用。每一个款项、每一个数据、每一个签字、每一张支付令都要仔细核对，认真对待。家庭经济困难学生，无论在哪个学段，无论是在哪所学校，都享受相应的资助政策，就学全程中有政府的资助和保驾护航，资助保障能力显著提高。

（三）加大投入力度，提升资助效果

增加投入是脱贫攻坚的重要保障。2017 年 2 月 21 日，习近平在中共中央政治局第三十九次集体学习时再次提出要强化扶贫资金的投入。在武昌区的助学扶智行动中，加大投入力度，提升资助效果是一个基本经验。

1. 加大财政投入力度

武昌区聚焦城市贫困问题，动员各方力量向城市精准扶贫聚合。做好贫困生资助工作，确保各学段国家资助政策落实，保障贫困生平等接受教育的权利，资助资金保证是基础。在扶贫资金投入方面，加大财政资金对助学扶智的支持力度。近年来区委区政府不断加大贫困生资助区级财政投入，贫困生资助专项资金列入财政教育经费预算予以保证。以2008—2015年为例来看，财政教育经费预算中贫困生专项资金由170万元、240万元、280万元，增加到320万元，呈现逐年增长的态势。

2. 提升财政资助标准

武昌区在助学扶智资助标准上不断突破国家层面和省市级层面的资助标准，为贫困学生提供了更为有效的就学支撑。例如在学前教育阶段实行学前教育保教费全免。根据《武昌区学前教育资助制度的规定》，为贫困家庭子女上幼儿园减免杂费和保教费，在每生每学期发放500元政府助学金的基础上，根据各幼儿园物价局批准的收费标准，为每生补齐每学期保教费，全年减免补助10个月，补助金额每生每年3000~6000元。在义务段教育阶段执行的是区内政策，区内助学扶智的标准和范围都较国家和省市层面的政策要高。在2006年率先对义务段贫困生实行了免费入学，而且免杂费、全额资助课本费和作业本费。此外，资助范围已经扩大到了除了低保户之外的低保边缘户。在普通高中阶段，武昌区高中贫困生资助对象不断扩大，资助标准也在不断提高。从2014年起，普通高中贫困生减免学费，2016年秋季开始普通高中不仅减免学费，还免除了学杂费等相关费用，此外大幅度提高高中国家助学金标准，从2017年秋季开始，将国家助学金标准从人均1500/年，提高到人均2500/年。

（四）强化精准识别，做到科学资助

2015年中央扶贫工作会议上，习近平提出要解决好“扶持谁”的问题，确保把真正的贫困人口弄清楚，把贫困人口、贫困程度、致贫原因等搞清楚，以便做到因户施策、因人施策。可见，对贫困人群的精准识别是精准扶贫工作落到实处的前提条件。解决了扶持谁的问题才能真正为贫困人口提供有效帮扶。武昌区在助学扶智方面力求对贫困对象的精准识别，把贫困学生纳入资助体系，做到应助尽助和科学资助。

1. 依据政策精细核查

在助学扶智工作中，哪些人具备资助资格具有一整套完整的识别标准。从目前武昌区助学扶智的对象来看，主要包括两大类：其一是根据《武汉市精准扶贫助学扶智工作实施方案》所确定的经市、区扶贫部门精准确认的我市农村建档立卡贫困家庭在校（园）就读学前教育、义务教育、普通高中教育、中职教育、本（专）科教育和研究生教育的学生。这部分贫困家庭学生的认定主要由扶贫部门认定。其二是依据《武昌区人民政府关于加强困难群众帮扶工作的意见》所确定的“困难群众”子女（包括重点救助对象、低收入困难对象和其他部门认定应享受相关政策的其他救助对象）。这部分对象主要由民政等相关部门认定。教育部门在识别助学对象时主要发挥精细核查的作用，根据各项的政策要求来核实，并要求受资助对象提供相应的证明材料。

2. 运用大数据精准识别

信息管理是城市扶贫必要手段。随着“大数据时代”的兴起，武昌区建立“精准扶贫”大数据信息管理系统，利用“互联网+”构建大数据平台，对贫困对象进行动态化监管，提高系统的精确性、准确性，避免贫困人员认定的滞后性、静态性的缺陷。推动扶贫工作由“粗放管理”向“精准管理”转变。通过利用大数据技术将海量的扶贫信息进行有效地分类、整合、分析及利用，从而提高扶贫瞄准精度，改变了传统的扶贫管理模式，也为其他地方探索城市扶贫新手段提供了有益借鉴。在助学扶智方面，大数据的应用也较好地推动了精准帮扶。通过大数据核查，能够更加直观地显示拟资助对象的相关信息，避免资助对象的不精准，也让助学扶智更加科学。

（五）强化监督管理，确保阳光资助

《“十三五”脱贫攻坚规划》指出，建立健全扶贫资金、项目信息公开机制，保障资金项目在阳光下运行，确保资金使用安全、有效、精准。在助学扶智方面，同样需要强化监督管理，做到阳光资助。武昌区在助学扶智方面的监督管理经验主要体现在以下几个方面：

1. 规范资金管理

资助资金对每个受助学生来说，是每个受助学生完成学业的有力保障。武昌区要求各学校完善制度，细化管理，确保资金专款专用。同时，区学生资助管理中心定期都要组织检查组，对全区学生资助工作进行专项资金检查。检查

组通过查看学校办学规模，清点班级学生人数，审查学校收支账目，随机走访资助学生等措施，全面检查各级财政下拨助学金的发放情况，有效地对国家资助金进行规范管理。

2. 规范管理程序

区学生资助管理中心认真落实资助计划，合理下达资助名额指标，建立健全了贫困生资助信息档案。对每次资助工作布置，都召开专门的会议，发放专项文件和通知，明确分配原则、明确受助指标、明确时间安排、明确操作流程。

3. 规范操作管理

在落实资助政策时，做到了严把五关，即严把申请关，学校组织贫困生申报，一律由学生或者家长提出书面申请，且有居委会和街道签署的意见；严把条件关，保证低保家庭子女优先、孤儿优先、残疾优先、单亲优先、因突发事件导致的家庭贫困的子女优先，对象公示，标准公示，接受全社会的监督；严把兑现关，统一时间，按时兑现，并实行学生领款签字名册存档备查；严把审核签字关，学校上报贫困生各类信息名册一律实行“签字负责制”，做到层层审核，层层把关，维护了贫困生资助工作的公正、公开和公平；严把信息关，及时发放文件、通知，检查通报，工作简报，搞好信息报送，有效保障了学生资助工作信息上下渠道高效畅通。

此外，武昌区在助学扶智方面还带来了一些其他启示。首先，做好助学扶智要有大局意识。武昌区将城市贫困问题纳入到扶贫攻坚的架构之中，高度重视，体现了超前的意识，充分认识到城市贫困问题是贫困治理的重要领域。武昌区将助学扶智纳入到精准扶贫的体系之中，从精准扶贫的高度谋划助学扶智，体现了教育扶贫的重要地位，拓展了助学扶智的格局。其次，做好助学扶智要有政策创新。顶层设计为助学扶智指明了方向，但是顶层设计多为纲领性文件，与地方实践之间仍然存在不相匹配的地方，需要地方结合实际进行创新。最后，做好助学扶智要有畅通的运行机制和科学的执行机制，政策的落地有赖于良好的工作机制。

四、武昌区助学扶智的困境与建议

武昌区在助学扶智方面取得了积极的成效，在确保家庭经济困难学生顺利入学并完成学业，保障和改善民生、促进教育公平，保证贫困生享有平等接受教育的权利，提升贫困人群的脱贫能力，促进精准扶贫等方面都发挥了积极作用。但是在进一步完善助学扶智工作中也还存在着一些困境。

（一）武昌区助学扶智的困境

1. 资助对象认定的程式化

当前关于助学扶智资助对象的认定都有一套严格的标准，目的是为了精准识别困难人群。但是在实际的推进过程中可能遇到一些问题和困惑。一是对家庭经济困难的认定过于程式化，有些与实际情况不符，缺少特殊情况的特殊处理方式，容易将一些特殊情况的困难家庭排斥在资助体系之外。二是大数据核查带来的一些矛盾。通过大数据核查能够较好识别贫困对象，但是大数据核查往往容易忽略一些特殊情况，“一刀切”的倾向明显，由此可能带来的追责风险让各个执行主体缺少主动作为的动力。大部分单位会选择保守且最严格的资助对象认定方式，从而有可能导致遗漏部分困难人群。

2. 特殊人群的覆盖不足

随着助学扶智体系的完善，资助对象的覆盖范围正在进一步拓展，但是一些特殊人群在资助方面面临着障碍。例如在确定流动人口子女资助资格方面具有一定的难度。流动人口子女通常没有就学地的户籍，而且远离户籍所在地，在资格认定上难以提供符合条件的证明材料，工作人员也难以对其所提供的材料进行准确核查。在刚性的识别政策之下，这部分人群往往难以获得资助资格。这些问题急需相应的政策指导。

3. 社会主体的参与不足

多元参与是城市扶贫的重要力量。贫困问题伴随着经济发展、社会进步而长期存在的全球性的社会问题，单靠依赖政府和市场的二元思维模式来开展扶贫工作存在明显的不足，需要动员社会各方力量共同参与，变“党政主治”为“多元共治”，变“注重消贫”为“预防返贫”，变“消极脱贫”为“主动脱贫”，将政府的部分职能转移给公民及社会，才能收到事半功倍的成效，也是城市精准扶贫发展的方向。但是目前来看，武昌区助学扶智的主体为政府，财政资金是助学扶智的主要来源，而社会力量参与较少。特别是在资助对象范围不断扩大之后，单纯依靠政府显然难以完全满足资助需求。如何找到社会力量的诉求与助学扶智之间的平衡点，鼓励和引进社会力量广泛参与是一个值得重视的问题。

4. 多主体的协调机制欠缺

将助学扶智纳入精准扶贫的体系之中就会出现更为复杂的组织架构，涉及各方主体的参与，也面临着各方主体的协调困境。一方面是政府内部组织之间的协调问题。在助学扶智工作中各部门的合作非常重要，需要扶贫部门、民政部门和教育部门等组织之间的配合；另一方面是政府与外部组织机构的协调问题，例如在核定资助对象时，教育部门需要得到来自社区、学校等组织机构的配合，而部分社区可能害怕担责而不愿意在学生申请资助表上盖章，给学生和家长造成了一定的困扰。此外，在多主体参与的助学扶智格局中，教育部门还需要与市场主体、社会主体、志愿者等广泛合作。目前来看，这种协调还比较碎片化，没有形成良好的协调机制。

（二）武昌区助学扶智的建议

1. 深刻认识助学扶智与城市扶贫脱贫的关系

习近平总书记扶贫开发思想以“四个全面”战略布局为统领，围绕全面建成小康社会奋斗目标，把扶贫脱贫作为重大政治问题、重大发展问题、重大民生问题，摆在经济社会发展的重要位置强力推进。开展助学扶智工作要深刻把握其与城市扶贫脱贫的关系。一是要深刻认识城市精准扶贫也是全面建成小康社会的重要举措。2020 年我国全面进入小康社会，也包括城市困难群体进入小康社会。城市精准扶贫与农村精准扶贫具有相同的目标，相似的标准和实现路径。二是要深刻认知助学扶智是教育扶贫的重要手段。教育扶贫包括扶教育之贫和用教育扶贫两层内涵，助学扶智既是弥补贫困人群教育短板的重要手段，也是提升贫困人群脱贫能力，阻断贫困代际传递的重要手段。三是必须将助学扶智放到精准扶贫的体系架构中来思考。助学扶智不是简单地对贫困家庭子女就学的资助，而是属于精准扶贫的重要领域，要深刻认识助学扶智与城市精准扶贫的关系，明确助学扶智在精准扶贫中的重要地位，明确以精准扶贫的要求来指导助学扶智，做到“六个精准”。

2. 通过加大宣传营造助学扶智的社会氛围

一方面进一步加大宣传力度，拓展资助对象的覆盖范围。目前助学扶智的相关政策已经渐成体系，还应该加大政策的宣传力度，让更多符合条件的资助对象了解政策，获得应有的帮助。从宣传内容上看，主要从三个方面展开重点选春，其一是助学扶智的理念，让更多的人认识到助学扶智的意义，让助学扶智演变成为一种普惠性福利的概念，让困难人群乐意去接受资助；其二是助学扶智的具体内容，让困难人群理解自身享有哪些权益；其三是助学扶智的操作流程，让困难人群明确如何获取资助。从宣传途径上来看，其一是将传统渠道和信息化渠道相结合，全方位展示政策；其二是将多种宣传载体相结合，如根据受众的区别选择学校平台、社区平台、公共媒体平台、自媒体平台等展开宣传。从宣传形式来看，要做到多种形式的结合，例如文本、图片、影像、讲解等各种形式要合理取舍。另一方面要通过宣传营造助学扶智的社会氛围。助学扶智是精准扶贫的重要组成部分，习近平总书记多次强调，扶贫开发要广泛动员社会力量的参与，助学扶智也同样需要营造社会参与的良好氛围。其一是要广泛宣传助学扶智的意义，宣传助学扶智中社会力量可以参与的路径等，要让更多人了解助学扶智，吸引更多社会主体参与到助学扶智中来。其二是要通过广泛宣传提升教育扶贫的意识，特别是要宣传助学扶智与精准扶贫、全面建设小康社会的关系，与助学扶智体系中的不同参与主体达成共识，获取更多支持。

3. 进一步完善政策以覆盖更多的特殊人群

助学扶智的覆盖对象正在不断拓展，最初的覆盖对象为建档立卡的农村贫困家庭子女，2015 年出台的《武汉市精准扶贫助学扶智工作实施方案》中将助学扶智对象限定为：经市、区扶贫部门精准确认的我市农村建档立卡贫困家庭在校（园）就读学前教育、义务教育、普通高中教育、中职教育、本（专）科教育和研究生教育的学生。2016 年武昌区出台的《武昌区城市精准扶贫行动方案》中根据现阶段实际，将全区城市最低生活保障线下的城市贫困人口即低保对象纳入本次扶贫行动的主要对象。其中指出，到 2018 年，通过助学扶智使武昌区低保户子女顺利完成各阶段学业，不因贫困出现辍学、弃学现象，并实现低保户子女毕业后顺利就业，贫困代际传递得到有效阻断。2017 年修改完善并出台的《武昌区人民政府关于加强困难群众帮扶工作的意见》中将重点救助对象家庭子女、低收入困难家庭子女均纳入助学扶智救助范围。从政策层面来看，助学扶智对象正在进一步扩大，越来越多的人享有助学扶智的权利。但是从实践层面来看，流动人群等特殊人群的覆盖范围和覆盖内容不足。缺少相应的针对性政策来解决特殊人群的助学扶智问题。因而，应该从政策体系的完善上着手，既保障普通困难人群的接受资助的权益，也要兼顾特殊人群的教育权利。此外，在政策设计上，武昌区应该基于国家层面、省市层面有关教育扶贫和助学扶智政策，结合自身的特点出台专项的、整合型助学扶智政策，更好地指导助学扶智工作的开展。

4. 结合大数据精准识别助学扶智的对象

精准识别是习近平精准扶贫思想的基础，是六个精准中的前置条件。如何准确识别助学扶智的对象也是精准扶贫中的关键环节。从现有的助学对象的识别来看，基本上做到了准确识别，也就意味着进入资助体系的对象基本上都是真正困难的人群。但是随着助学扶智覆盖对象的扩大，识别难度将会越来越高，识别工作量也会越来越大，因而需要运用现代信息技术的使用为精准扶贫提供更好的支撑。一是充分应用大数据来精准识别助学扶智对象。大数据在精准识别贫困对象方面具有不可替代的作用。通过大数据的筛选，能够更加准确地判断贫困对象的属性。但是现有大数据的应用方面还不够深入，例如还缺少不同地区大数据的联通使用，对于认定来自不同地区的困难人群助学资格比较困难。再者，大数据的内容还比较狭窄，难以客观反映困难人群全方面的属性，有时候容易形成误判。二是要尽可能避免大数据使用中的刻板刚性。尽可能出台配套政策，改变大数据使用中“一刀切”的现象，让一些真正困难，但是大数据又无法准确识别的人群进入到助学扶智的资助体系。

5. 构建多主体互动合作的协调机制

习近平总书记多次强调，扶贫开发需要动员社会各界的广泛参与。贫困的复杂性要求多元主体共治，特别需要构建多主体合作的网络。精准扶贫过程是多主体资源投入并相互协商、协作过程，强调各相关利益主体之间的合作，从制度层面上建构可持续的反贫困机制，这样不仅有利于消除收入贫困，而且有利于从能力、合作机制、治理结构等更深层面为贫困人群的脱贫建构制度基础。在助学扶智的过程中，也需要构建多主体的合作互动的协调机制，最大限度地整合资源、精简程序、提高效率，这是助学扶智工作取得成效的重要保障。现阶段，虽然不同的参与主体之间有一定的互动与合作，但是部分的互动合作是非正式的，互动合作的联结纽带并不稳固，甚至于教育部门与相关参与主体之间缺少有效的互动合作。构建互动合作的协调机制可以从几方面着手：一是制度层面赋予不同参与主体明确的角色，政府主体、市场主体、社会主体等在助学扶智方面都应该有准确的定位；二是要明确有利于沟通协调的工作机构；三是建立沟通协调的常态化工作机制。通过互动合作的协调机制的构建，最大化地整合助学扶智资源，畅通助学扶智的渠道，提高助学扶智工作的效率。

专题四：武昌区困难群众兜底保障机制研究

在全面建成小康社会中，社会保障兜底脱贫是脱贫攻坚这场战役的重要组成部分。2015 年 11 月，中共中央、国务院发布《中共中央、国务院关于打赢脱贫攻坚战的决定》（以下简称《决定》），《决定》提出“五个一批”的扶贫政策措施，其中“通过社会保障兜底一批”是“五个一批”扶贫政策中的重要内容之一。习近平同志在党的十九大报告中明确提出，统筹城乡社会救助体系，完善最低生活保障制度，完善社会救助、社会福利、慈善事业、优抚安置等制度。这些都是解除困难群体生存危机、维护社会底线公平的重要制度安排。今后一个时期，要强化基本民生保障，兜住民生底线，不断提升保障水平。这都表明打赢脱贫攻坚战，需要继续推进低保兜底保障与脱贫攻坚有效衔接，充分发挥低保制度的兜底保障作用，为困难群众兜底线、织密网、建机制。

兜底就是要兜住困难群众基本生活的底线，是加强对孤寡老人、丧失劳动力者等特殊人群的关爱保护。当前我们对兜底保障可以从以下几个方面理解：一是发展和政策干预之后进行的兜底保障。而最低生活保障（简称“低保”）是保障困难群众基本生活需求的一项基础性民生政策，低保是在开发和增收节支等措施不能奏效之后的兜底措施。二是对不同贫困对象类别的兜底。这个层面上，低保兜的“底”是那些最贫困群体，主要包括了劳动力不足或劳动力缺失者以及孤寡老人等，而一般有发展潜力的贫困群体则一般不属于低保兜底的范围。三是社会保障体系内不同制度支持顺序意义上的兜底。社会救助是社会保障体系中的底部，所以一般情况下要优先发挥社会福利、社会保险的作用。

与此同时，还有不少在低保线周围徘徊的居民，即低保边缘群体，他们的年人均收入虽然高于最低生活保障线标准，但是实际上他们的收入相对较低，生存环境与低保人群一样脆弱，抵御各种风险的能力与自我发展能力较弱。而与低保群体相比他们却较少得到机制和政策上的帮扶和救助。一旦遭遇重病、意外以及子女非义务教育阶段投入等，他们的实际生活往往比低保人群更艰难。所以在发挥低保兜底的同时，也需要构建社会救助与帮扶体系。

本章将以武昌区的兜底保障出发，分别从国家和地方层面对相关政策进行梳理和分析，理清与解读武昌区在低保兜底与帮扶救助两个层面的具体措施，重点介绍武昌区在医疗救助中的相关机制与优秀经验。并对武昌区在低保兜底与救助帮扶中的实践经验与问题进行归纳总结，进而对新形势下精准扶贫的政策发展提供相应的建议。

一、武昌区社会保障中的低保政策

2017 年 7 月武昌区依据《武昌区城市精准扶贫行动方案》要求，为进一步完善精准扶贫政策，关心困难群众，着力改善困难群众生活出台《武昌区人民政府关于加强困难群众帮扶工作的意见》。武昌区的一系列政策有力地保障了困难群众的基本生活，促进了整个社会的和谐与稳定。精准扶贫工作开展之前，武昌区低保人数在最高峰时达到 19000 余人，截至 2018 年 1 月，武昌区低保户还有 5405 户，7497 人。近年以来，低保总数在不断降低，低保户中已经一大半困难群众已经脱贫。低保政策在社会保障中的兜底作用不断凸显。

（一）作为兜底的低保政策

城市居民最低生活保障制度是国家对城市中的贫困居民，按照最低生活保障线标准给予基本生活保障的制度。这是适应我国社会主义市场经济体制而建立的新型社会救助制度。城市居民最低生活保障制度，是我国社会保障体系的重要组成部分。本节将梳理国家与地方层面社会保障中的低保政策。

1. 国家层面

为有效发挥城市居民最低生活保障制度在保障困难居民生活方面的积极作用，1999 年 9 月 28 日，国务院第 21 次常务会议通过《城市居民最低生活保障条例》并予发布，自 1999 年 10 月 1 日起施行。本条例共十七条，极大地推动了城市居民最低生活保障工作的开展，将城市居民最低生活保障制度纳入了法制化发展轨道。

首先，城市居民最低生活保障制度的基本政策框架，是围绕最低生活保障标准来制定的最低生活保障制度的具体规定以及保障工作的每个环节，均必须以最低生活保障标准为基础，无论是认定最低生活保障对象的资格，确定保障范围和保障人数，预算所需最低生活保障资金数量，还是最低生活保障工作的管理和运转，都必须围绕最低生活保障标准进行。

其次，城市居民最低生活保障制度，是对传统社会救济制度进行改革而建立的一项新型社会救济制度。传统社会救济制度最主要的弊病，就是缺乏科学统一的救济标准，钱多多救济，钱少少救济，工作随意性大。各地实施城市居民最低生活保障制度的实践证明，按照最低生活保障标准进行救济，既有章可循，又简便易行，基本做到了救济对象公平准确、救济金发放标准合理，大大提高了救济的效果，从而使社会救济工作走上了规范化和法制化管理的轨道。

归纳起来，城市居民最低生活保障标准具有以下几个鲜明的特点：

一是科学性。保障标准是由政府有关部门按照一定程序，经过广泛调查研究和严谨的科学方法而制定。

二是统一性。由于一个行政区域（市、县或区）只有一个保障标准，它适用于本区域内的全体居民，无论其就业与否、身份背景如何，在这个保障标准面前都一视同仁，这不仅较好地体现了社会救济的无歧视原则，也有效地克服了原来社会救济随意性大的弊病。

三是权威性。最低生活保障标准是由政府组织制定和调整，并通过文件或法令形式向社会公布的一项政策规定，具有法规的效力和权威性，这使救济工作能够实行民主化的管理，并易于接受社会和群众的监督。

《城市居民最低生活保障条例》指出，制定此条例的目的在于规范城市居民最低生活保障制度，保障城市居民基本生活。本条例主要包括条例实施的目的、准入对象的标准、审批的权力分配问题、资金的来源及预算问题、最低生活保障标准如何制定问题、根据不同对象给予不同补贴待遇、通过扶持就业和创业来改善低保户现状、关于准入和退出的监督管理工作等内容。

2. 省级层面

最低生活保障工作要以科学发展观为指导，以保障和改善民生为主题，以强化责任为主线，坚持保基本、可持续、重公正、求实效的方针，按照应保尽保、公平公正、动态管理、统筹兼顾的原则，进一步完善法规政策，健全工作机制，严格规范管理，加强能力建设，努力构建标准科学、对象准确、待遇公正、进出有序的工作格局，不断提高最低生活保障制度的科学性和执行力，切实维护困难群众基本生活权益。并且重点指出要加快推进低收入家庭认定工作，为医疗救助、教育救助、住房保障等社会救助政策向低收入家庭拓展提供支撑；全面建立临时救助制度，有效解决低收入群众的突发性、临时性基本生活困难；做好最低生活保障与养老、医疗等社会保险制度的衔接工作。对最低生活保障家庭中的老年人、未成年人、重度残疾人、重病患者等重点救助对象，要采取多种措施提高其救助水平。鼓励机关、企事业单位、社会组织和个人积极开展扶贫帮困活动，形成慈善事业与社会救助的有效衔接。

3. 市级层面

2018 年 5 月 2 日，武汉市召开政府常务会议，会上武汉市提高城乡低保、特困人员供养等保障标准的议题获得通过，武汉市拟再次提高最低生活保障标准：城市低保标准从每人每月 670 元，提高到每人每月 715 元；农村低保标准从每人每月 500 元，提高到每人每月 580 元。

武汉市分别于 1996 年、2004 年，开始建立城市、农村最低生活保障制度，截至 2017 年，城市低保已经过了 14 次、农村低保已经过了 9 次提标。2017 年，全市累计全年发放低保金 10 亿余元。本次提高标准的还有城乡特困人员等对象。其中，城市特困人员、城市散居孤儿供养标准由每人每月 1340 元，提高到每人每月 1430 元，农村特困人员、农村散居孤儿供养标准由每人每月 985 元，提高到每人每月 1100 元，集中养育孤儿供养标准由每人每月 2145 元，提高到每人每月 2300 元。

4. 武昌区层面

构建精准扶贫长效机制，提高多元主体合作扶贫的能力，是基层社会治理的主要任务之一。近年来，武昌区认真贯彻落实上级的有关扶贫政策，坚持把城市精准扶贫与加强基层党组织建设、全面从严治党、创新社会治理、解决群众实际问题紧密结合，坚持提高社会保障能力与增强造血功能相结合，坚持政府、市场、社会“三位一体”，形成全社会共同参与扶贫脱贫的大格局，共同推进基层社会治理水平不断提高。

2015 年底，该区有低保户 7705 户、12779 人，年人均收入低于 580 元，他们虽然不是绝对贫困人口，但他们是相对贫困人口，长期生活在城市里，如果不能通过实施综合性脱贫措施帮助其摆脱贫困，将是城市经济社会发展的短板，也是和谐社会建设的潜在风险。中国社科院报告分析指出，如果当贫困群体在资源分配过程中长期处于无权无利、被忽视、歧视甚至遗忘时，他们改变现状的办法就可能是采取非正常行为来与其他群体抗争，若贫富矛盾激化必将造成社会的不稳定和不安全。最近几年国内出现的影响比较大的群体事件除了其他因素之外，还有两个特征：一是大多发生在城镇，二是参与者中多有与事件本身无直接关系的贫困人群。这也印证了中国社科院的报告分析。鉴于此，武昌区委、区政府决定对全区处于城市最低生活保障线以下的贫困人口实施精准扶贫工作，以激发脱贫内生动力、提升就业创业能力、实施贫困代际阻断为主要手段，创新城市精准扶贫工作举措，补齐城市经济社会发展短板。我们把城市精准扶贫工作作为重大政治工程、民生工程、民心工程来抓，各级党组织充分发挥红色引领和战斗堡垒作用，通过党员包户扶贫，密切党群联系，达到“凝聚群众、巩固基础”的目标。

2017 年 7 月，武昌区出台了《人民政府关于加强对于困难群众帮扶的意见》（武昌政规〔2017〕3 号文）这一政策性文件，提出了就业创业帮扶、助学扶智、医疗帮扶、高龄及困难老人生活、残疾人帮扶、民政兜底、养老医疗统筹、住房保障、精神扶贫、营造社会氛围等 10 个方面 25 条政策。其中有关低保政策的规定如下：积极响应武汉市 2013 年出台的 12 号文件，对符合低保条件的市民实现应保尽保。

（1）按照武汉市出台的相关政策性文件实施临时救助，做到应救尽救。并要求针对以下 3 类人员实施以户为核算单位，按 335 元/月的标准实施定额救助，这 3 类人员分别是：①符合《武汉市困难群众医疗救助实施办法》中规定的低收入困难家庭中的重症病人；②低收入困难家庭中的一、二级重度残疾人，三级精神、智力残疾人；③计生特殊困难家庭。

（2）加大因病致贫救助，对低保贫困户家庭成员医药费超过上年度收入 2 倍的病人，自费部分超过武昌区城镇常住居民人均可支配收入的 2 倍时，对其自费部分按照 50%的比例给予救助，年封顶线为 10000 元。

（3）为武昌籍居民购买民生保险，并规定了对发生保险事故的重点救助对象及低收入困难家庭转移、安置过渡性生活救助相关赔付标准。

那么，作为“城市精准扶贫”先驱者的武昌区相比较别的区在低保政策方面有哪些特色之处，有哪些先进经验值得去借鉴、有哪些潜力值得进一步挖掘就是我们要讨论的重要议题。具有武昌区特色的政策概括来说包括低保标准、精准扶贫对象的识别程序、精准扶贫对象的动态调整工作、“大数据”系统和社区网格员在扶贫工作中的应用以及最低生活保障审批权限下放街道等方面。

（二）武昌区低保兜底的政策特色

1. 对于低保家庭的兜底政策

（1）低保标准相对来说较高，以家庭为单位，670 元/月实行差额补助。这是因为武昌区得益于政策以及经济优势，有着相对雄厚的政府财政支持。进入2018年，每月累计发放低保金448万元。并且按照武汉市的惯例，每年低保补助金额都会提高标准，每次提高金额为上一年的8%左右。

（2）在精准扶贫对象的识别程序上，武昌区也具有自己的特色经验。武昌区利用常驻社区的网格员来对贫困对象进行识别。按每300户一个网格的标准，将全区划分为1700余个网格，每个网格配备一个专职网格管理员，负责各类政务服务和社会管理工作此举不仅实现了入户对象不漏不错不重，还能及时动态把握困难群众的需求。

（3）《城市居民最低生活保障条例》中指出，县级以上地方各级人民政府民政部门具体负责本行政区域内城市居民最低生活保障的管理工作。武昌区在此基础上，更是将城市最低生活保障审批权限下放给街道。推行街道一门式受理服务，有效弥补了以往社区受理和审批低保救助事项容易产生的漏洞，杜绝“关系保”“人情保”“骗保”等乱象。武昌区结合基层社会治理，对基层行政事务办事流程进行重构，推动区级部分行政权力下放。建立街道行政事务服务中心15个，推行“前台一口受理、后台协同办理、一窗多能、全区通办”的一门式政务服务模式。采取一收一移一放相结合的原则，赋予街道更多的审批权和主动权。

（4）在对贫困对象的经济条件的审核过程中，武昌区率先利用大数据时代便捷优势，成立了武汉市居民家庭核对中心运用大数据开展低保家庭经济状况信息核对工作，有效解决困难群众收入核实难、入户难的问题，提高低保对象认定的科学性和准确性。一方面，把好低保人员准入关。依托武汉市居民家庭经济状况核对系统，整合共享公安、人社、公积金、房管、交管、工商、农业、民政、残联、客管、国土、财政、地税、省直工商、省直交管等部门信息，对申请对象的经济状况进行评估与核对，形成查询核对报告，实现了低保、医疗、临救等社会救助事项“凡申请、必核对”“无授权、无委托不核对”。另一方面，动态清理违规对象。对于核对查出的各类疑似违规享受低保的信息，特别是涉及财政供养人员及其家属、有房有车人员、企业个体工商户人员、死亡人员等有关信息，综合运用入户调查、邻里访问、信函索证等方式进行调查核实。下一步还将银行、证券等信息纳入大数据比对，为进一步提高精准救助水平奠定坚实基础。

（5）在精准扶贫对象的动态调整方面，武昌区针对不同对象进行不同的审核办法。实行A、B、C分类施保、分类救助。A类为老弱病残对象，每年复核一次；B类为共同生活家庭成员中有下岗、失业、年龄偏大、身体不好，重新就业机会较少的对象，每半年复核一次；C类为共同生活家庭成员中有比较年轻、有就业能力的下岗、失业人员，按月复核。同时，开展定期核查动态管理，每年进行2次家庭经济状况信息核对，一年一审。对A类对象定期上门调查，半年入户一次；对B类对象定期上门调查，每季度不少于一次；对C类对象开展经常性工作管理，每个月走访调查不少于一次。这种做法大大提高了低保管理的针对性和效率。

武昌区低保兜底政策较其他区的一大特色就是其覆盖范围广。武昌区的低保补助对象不仅仅局限于低保人群，也把低收入人群和一些特别困难群体囊括了进来。

2. 对于非低保家庭的特殊困难人群的兜底政策

低收入群体指的是家庭的人均月收入低于2倍低保补助金额标准的，即人均月收入低于1340元。对于这个群体，武昌区虽然没有给予他们相应的低保金补贴，但是也为他们提供医疗救助方面的兜底服务。医疗报销比例相对于低保人群来说低一些，低保人群住院费用可以报销70%，那么，低收入群体则可以报销60%。

针对困难人群中的六类特殊人群每月增发20%（即134元）低保金，这六类人员分别是65岁以上老年人、未成年人、重症患者（此处“重症”应符合卫生医疗机构的规定标准）、一至二级肢体残疾和三级及以上精神残疾者、见义勇为者、失独家庭成员共六类人员。

这里重点指出武昌区对两类特殊人群作出的相对其他区具有特色的帮扶措施，主要是医疗帮扶方面的措施。

第一类是计划生育特殊人群，计划生育特殊家庭指的是独生子女、伤残或者死亡的这一部分的父母组成的家庭。（1）武昌区针对他们建立了绿色通道，他们都有一张全省通用的优诊卡。在公立医院或者定点的医院里面就诊时，凭借优诊卡不用排队长时间等候。并且医院派有专门的工作人员引导他们，整个看病就诊的流程非常便捷，服务也是非常到位。（2）为失独、独生子女伤残家庭购买护理保险。2016年9月起，实行住院费用报销。对于一般疾病，每人每天可以获得100元的补贴；对于癌症等相对重大疾病，每人每天可以获得150元的补贴。2017年10月起，为2900多名计生家庭人员购买综合保险，总花费145万元实行看病费用累计报销。年累计医疗费（含住院费用）经过社会医疗保险报销后，余下自费部分达到3000元及以上的人员，还可以按一定比例报销。从10月起，获赔人次已达500人次，获赔金额超过60万元。（3）单独针对失独家庭人员发放医疗代金券，每人每年850元，就医时，可以直接当做现金使用。2018年起，改为医疗爱心包，直接以现金形式汇入失独人员的银行卡中。（4）发放免费体检卡。针对计生家庭的父母以及伤残的子女发放免费的体检卡3500张，价值280元左右。他们可以持此卡前往社区卫生服务中心以及“七医院”进行免费体检。

第二类是针对精神病患者的监督抚养。（1）对于非住院的精神病患者的监护人每年有4280元钱的补助。监护人必须履行监护责任，给其应有的照顾。其他区的补助标准一般是2000元左右，武昌区相对来说补助标准是相当高的。（2）如果精神病患者需要住院治疗的在提供必要信息之后，由医院、街道和公安三方合作，帮助其安排住院。

（三）武昌区低保兜底的初步成效

在中央与地方相关文件的指导下，武昌区根据区域实际情况，因地制宜地实施了带有武昌区区域特色的相关兜底政策，取得了一定的成效，也存在一定的问题，下面本部分将着重介绍武昌区在低保兜底政策实施中所取得的经验与成效。

1. 低保人数大幅减少，总体成效明显

截至2017年12月31日，在武昌区精准扶贫的3407户低保户家庭中，已有1087户低保户进行了脱贫销号，其中家庭成员就业664户，占61%；残联替代帮扶23户，占3%；退休190户，占7%；大数据筛查65户，占6%；吸毒犯罪27户，占2%；死亡63户，占6%；其他49户，占5%。

2. 网格员和大数据的结合，提高了瞄准扶贫对象的精准度

网格员长期驻扎社区，对自己负责对接的贫困户的家庭情况相对来说比较了解，这非常有利于贫困对象的准入和退出动态调整工作的展开。大数据的使用也初见成效，相比之前的仅仅依靠入户调查、邻里访问、信函佐证等手段更加客观公正。目前武昌区新增低保对象100%通过居民家庭经济状况核对平台进行比对，在册对象每半年核对一次，每年对所有低保家庭进行一次全面复核。此外，在开展经济核对的基础上，通过大数据开展惠民政策落实监督检查，全面、深入检查低保、医疗救助政策落实情况，2016年、2017年核查出不符合政策数分别为1305条和59条，数量大幅减少。截至11月，信息核对14218户，反馈疑似超标对象3233户次，做到了保障对象动态管理，能进能出。粮道街的谢女士在政府的帮助下得以脱离贫困，获得重生。

【案例】

谢女士，29岁，家住武昌区高家湾社区，其父亲58岁，是原国棉六厂买断失业人员；其母亲56岁，农转非，无业人员。父亲和母亲没有文化，就业能力很差，长期无固定工作，只能靠打零工收入维持家庭生活，谢女士由于学历不高，没有一技之长，工作不稳定，平时以打零工为主，收入较低，收入难以维持家庭基本生活，以及缴纳全家的个人窗口的社保，导致整个家庭贫困。这个家庭的脱贫需求是谢女士处于就业年龄，社区为她推荐工作。社区主任书记和网格员针对谢女士学历不高，不好找工作的情况，对她进行心理疏导帮扶，不断地上门跟谢女士交谈，鼓励她好好学习，提升学历以及自身技能。每当谢女士家庭有困难的时候，街道和社区及时地给予谢女士家庭援助，使她们的家庭生活不断地改善。在谢女士自身的努力以及社区工作人员的帮扶下，2013年，谢女士取得了湖北大学的本科学历。2016年社区推荐谢女士报考了社区工作者的招聘，于2016年成功被汉阳区鹦鹉街夹河社区录取。谢女士有了稳定的工作，愿意取消低保，谢女士家庭对现在的生活很满意，对政府的政策很感激。社区对谢女士的帮助主要体现在提高其自身脱贫的能力，例如帮助其提升自身学历（取得湖北大学本科学历）、获得工作技能（社会工作者招聘）等。这恰恰也体现了武昌区"城市精准扶贫"中的一项特色——通过使贫困对象实现就业帮助其脱贫。只有真正提高贫困对象自身脱贫致富的能力，才能使得贫困对象返贫的可能性降到最低，才能真正让贫困对象心甘情愿地服从政府对其的脱贫"摘帽"。谢女士有了稳定的工作和收入，提升了自身价值，对未来有了自信心，这个贫困家庭也随之有了希望，愿意取消低保，是社区脱贫工作的成功之处。

3. 审批权下放街道，真正做到减环节、优流程、增效果

在减环节方面，第一，减少了审批环节，行政职能重心下移，区级审批项目减少，缩短了申请和受理审核的环节和时间，审批时限由30个工作日减少到15个工作日，提速率50%，解决了多次复核评议、层层把关审批、重复劳动浪费人力、办理时限过长等问题。第二，提升了对象核查效率，过去核查依靠工作人员两次入户才能完成，现在运用大数据比对和入户核实相结合的线上线下核查方式，入户只需要一次。从申请受理、调查核实、民主评议到审核审批，严格落实程序链条，保障对象准确率提高。

在优流程方面，实现了"街道一次办"、网格员代办和网络快捷办。建立街道“一门受理、协同办理”机制，全区 15 个街道行政服务中心承接了最低生活保障审批、1000 元以下临时救助审批、家庭 1 万元以下灾害救助等 82 项行政事务。社区公示网格员的姓名、手机号码等信息，居民可“预约”网格员上门代办低保申请。困难群众向街道提交低保救助申请后，街道行政服务中心通过网络审核一键式出表，区民政委运用网络开展数据比对，低保档案无纸化、电子化存储。建立云端武汉·武昌区政务服务大厅，开通办事指南和在线咨询功能，方便居民咨询政策和办事流程，后期还将开发在线申报功能，让居民办证网上办事更加便捷。

在政策实施上也取得了可观的效果。全区享受低保对象由 2008 年 1 月的 13953 户、33486 人降至 2017 年 11 月的 5517 户、7728 人，降幅达 60%。低保人数的大幅度下降，减少了低保金的经费支出，实现资金投入合理利用。审批权的下放，推动街道、社区责任精准到人，激发了各层级工作人员的积极性和责任心；信息化手段规避了“漏保”“骗保”“关系保”“冒领保”等现象的发生，提高了救助的靶向精准度；精准扶贫行动向贫困人口“赋能”，腾出有限的财政资金为困难群众购买大病医疗保险，促进救助保障体系更加立体、全面。

（四）武昌区低保政策实施过程中的问题

再好的政策在遇到现实时，都可能会出现这样一些问题或者不适应性。在武昌区低保政策实际实施过程中也出现了一些现实问题，主要包括数据更新、违法行为依然存在、审批权下放程序还未成熟以及政策执行人员队伍建设问题几个方面。

1. 数据信息的实时更新得不到保证，各部门信息交换不够及时

虽然在贫困对象信息核查方面武昌区具有大数据管理中心的优势，但其优势有时十分有限。一方面，是因为各部门的工作流程不一，信息管理办法不尽相同，致使它们之间协调合作不到位，信息不能够实现较为及时的交换和更新；另一方面，是由于申请低保的人员往往身份背景较为复杂，其相关经济信息一般不好进行核查，所以“骗保”的现象难免存在。其实，部门协作的欠缺不仅体现在信息的对接方面，还有一部分是交叉分工导致了责任“缺位”。

例如，2017 年，卫计部门想针对武昌区内有肾透析需求的困难群体进行特殊帮扶，把武昌区内大医院的优质医疗资源充分利用起来，给予困难群体相应的帮扶。于是，卫计部门的工作人员花了近半年的时间，针对有肾透析需求

的人群做了摸底调查，发现有肾透析需求的有四十多人，而进行了肾透析的困难群体经过医疗保障、医疗救助以及相关的优惠政策报销，最后需要自己支付的医药费用不足5%。如武昌区的胡女士，73岁，丧偶，无收入，月享受低保金804元，患尿毒症。2016年被确定为我区城市精准扶贫对象，由区人大办党员肖亚林进行结对帮扶。2017年先后四次住院，且多次进行肾透析门诊治疗，1—8月治疗费用86015.84元，其中基本医疗保险报销43903.49元，大病保险报销11996.18元，医疗救助23563元，胡女士在6月和8月住院还申请困难群众重大疾病医疗保险赔付1933.04元，临时救助1975元，实际支付2645.13元，自付比例占总金额的3%。

上述的类似案例比较多，因部门与部门之间信息不共享，数据不能及时更新，导致相关部门在某种程度上做着重复、无效的劳动，长此以往下去，势必会导致精准扶贫工作效率的下降。

2. 违法成本低，违法行为频频发生

670元/月的低保金虽然不高，但是被冠上“低保户”之名后，这个家庭的后续福利是十分可观的。比如家中孩童上学或是患病就医各个方面都能带来相应的政策优惠。所以导致很多低保户在家庭人均年收入达到标准后，仍然不肯摘下低保户的“帽子”。甚至还有一些人，不惜作出造假，出具假证明、作伪证等违法行为来进入到低保人群中来以谋取本不该属于自己的利益。这种现象频频出现的原因之一是，这些人作出违法行为之后的相关惩治措施不够到位，违法成本很低，最终导致不了了之。长此以往，就有更多的不法分子觊觎利益而作出违法违规行为。

3. 政策执行人员队伍建设不健全，网格员素质有待提高

基层工作的难度大，复杂性高。特别是面对身份背景较为复杂的低保人员的工作更是难上加难，导致工作人员在和困难群体接洽过程中的冲突时有发生，甚至产生肢体冲突以及恶性事件。再加上，基层工作人员的薪资待遇较低，进而每年都有大量的人员流失，这也成为政策执行过程中一个非常严重的问题。再好的政策都需要相关人员去做宣传、深入群众去沟通协调才能发挥其作用，才能真正造福人民，才能使得需要帮助的困难群众得到帮助，打赢脱贫攻坚战。有些网格员是来自于社区的志愿者，专业素质不尽相同，对相关政策的了解程度不一。在实际与居民对接的过程中，难免存在例如政策宣传不到位等问题。

4. 低保工作审批权下放尚未成熟，还未实现法制化

目前此项工作仅停留在探索阶段，并未在全国得以推广。因缺乏法律或政府规章等规范，在实际操作中，仍然存在街道审批后，民政部门备案“再审核”的现象，导致低保工作的法制化、信息化、智能化不够。

二、武昌区社会保障中的医疗救助与帮扶机制

在低保兜底的同时，在最低生活保障线周围还徘徊着很多低收入群体，他们虽然不是低保保障对象，但是他们的实际收入相对较低，抵御风险能力较弱，生存环境与低保人群一样脆弱，而与低保群体相比他们却较少得到机制和政策上的帮扶和救助。正是如此，按照十九大提出的兜底线、织密网、建机制要求，在为低保人群兜底保障的同时，也不能忽视低保边缘人群的救助。为低保人群兜底线的同时，也需要为低保边缘人群兜好底。正是在这种情况下，武昌区响应国家对扶贫脱贫的号召，实施了一系列的惠民救助政策，其中包括了对低保户和低保边缘人群实行医疗兜底政策，本节将重点介绍武昌区在医疗救助与帮扶方面的政策与实践。

（一）武昌区的医疗救助

1. 国家医疗救助

国务院为了加强社会救助，保障公民的基本生活，促进社会公平，维护社会和谐稳定，制定了《社会救助暂行办法》。其中有关医疗救助方面，规定救助对象为最低生活保障家庭成员、特困供养人员、县级以上人民政府规定的其他特殊困难人员。以补贴和补助的方式对参加城镇居民基本医疗保险或者新型农村合作医疗的救助对象以及经基本医疗保险、大病保险和其他补充医疗保险支付后，个人及其家庭难以承担符合规定的基本医疗自负费用的救助对象进行救助，医疗救助标准由县级以上人民政府按照经济社会发展水平和医疗救助资金情况确定、公布。申请医疗救助的，应当向乡镇人民政府、街道办事处提出，经审核、公示后，由县级人民政府民政部门审批。最低生活保障家庭成员和特困供养人员的医疗救助，由县级人民政府民政部门直接办理。除此之外，国家建立疾病应急救助制度，对需要急救但身份不明或者无力支付急救费用的急重危伤病患者给予救助，不断完善医疗救助制度。

2. 湖北省医疗救助

湖北省民政厅根据国务院颁布的有关医疗救助方面的规定，对其进行了完善，在救助对象方面，将低收入救助对象纳入救助范围，适当拓展到因病致贫家庭重病患者。具体医疗救助对象为最低生活保障家庭成员和特困供养人员，低收入家庭的老年人、未成年人、重度残疾人和重病患者等困难群众，发生高额医疗费用、超过家庭承受能力、基本生活出现严重困难家庭中的重病患者以及县级以上人民政府规定的其他特殊困难人员。认定办法由县级以上人民政府制定。

在救助方式方面，具体如下：对重点救助对象参加城镇居民基本医疗保险或新型农村合作医疗的个人缴费部分进行补贴，保障其获得基本医疗保险服务。其中，特困供养人员给予全额资助，最低生活保障家庭成员给予定额资助。具体资助办法由县级人民政府根据当地经济社会发展水平和医疗救助资金筹集情况等因素研究制定。对因患慢性病需要长期服药或者患重特大疾病需要长期门诊治疗，导致自付费用较高的医疗救助对象进行门诊救助，对门诊救助对象中的集中供养特困人员给予定额门诊救助，由供养机构统筹管理使用。重点救助对象在定点医疗机构发生的政策范围内住院费用中，对经基本医疗保险、城乡居民大病保险及各类补充医疗保险、商业保险报销后的个人负担费用，在年度救助限额内按不低于70%的比例给予救助。全面开展重特大疾病医疗救助、健全筹资机制、健全“一站式”即时结算机制、健全救助服务监管机制、健全社会力量参与的衔接机制以及加强组织领导。

3. 武昌区医疗救助

武昌区坚持脱贫攻坚战略，以公平可及、群众受益为目标，坚守底线、补齐短板，扩大医疗救助对象的范围，积极引导社会慈善力量等多方参与。将武昌区的医疗救助分为政府救助、重大疾病医疗补充商业保险和慈善爱心救助三大方面。具体分析如下：

（1）政府救助

在政府救助方面，主要是以家庭的困难情况、致贫原因两个因素将救助对象划分为了三类，即低保家庭和特殊困难家庭、低收入家庭、因病致贫家庭。

针对低保家庭和特殊困难家庭，在医疗救助方面主要是分为门诊救助和住院救助。在门诊救助这一项中，根据不同的病症，救助的比例也有所不同，其中恶性肿瘤（含白血病）放化疗、慢性肾功能衰竭需做透析治疗、慢性再生障碍性贫血、慢性阻塞性肺疾病Ⅲ级及以上，重症精神病（包括精神分裂症、情感性精神病、脑器质性精神病等）五类重特大疾病的自付合规门诊医疗费用，按100%的比例给予救助，年救助封顶线为1万元。其他重症慢性疾病的自付合规门诊医疗费用，按50%的比例给予救助，年救助封顶线为5000元。在住院救助中，规定一般疾病的年救助封顶线为2.6万元（含门诊救助金额），重特大疾病的年救助封顶线为5万元（含门诊救助金额）。在居民医保报销之后，对医保的自付合规部分，按70%给予救助。这在一定程度上减轻了低保家庭和特殊困难家庭的就医压力。

【案例】

李某，男，低保对象。因结肠癌术后肺转移化疗住院，费用总额20934.95元，自费费用2999.08元，医保报销9576.89元，大病保险3511.85元，纳入政府救助4847.13元（20934.95－2999.08－9576.89－3511.85），政府救助3393元（4847.13×70%），个人实付4453.21元。

针对低收入家庭，在医疗救助方面也主要是分为门诊救助和住院救助两方面。其门诊救助的标准和上述低保家庭和特殊困难家庭的救助标准相同。其住院救助的救助标准为：一般疾病的年救助封顶线为1万元（含门诊救助金额），重特大疾病的年救助封顶线为2万元（含门诊救助金额）。在居民医保报销之后，对医保的自付合规部分，按60%标准救助。可以看出，在住院救助方面，低收入家庭的救助的金额标准要比低保家庭和特殊困难家庭低，这主要是根据家庭的困难情况来决定的，体现出政策的公平公正。

针对因病致贫家庭，规定其认定标准为：家庭成员因突发重特大疾病发生高额医疗费用，其自付费用达到上年度该家庭可支配收入的2倍；或者家庭成员因慢性重症治疗时间超过两年，从第二年起，家庭当年总收入减去当年累计自付医疗费用后，实际人均月可支配收入低于武汉市城乡月最低生活保障标准；且家庭财产现状符合武汉市城乡居民最低生活保障条件的城镇家庭。对其医疗救助主要是体现在医疗费用方面，其自付合规医疗费用达到统计部门发布的上年度城镇常住居民人均可支配收入的1.5倍时，对超出的部分按50%的比例给予救助，年救助封顶线为1万元。与低保家庭和特殊困难家庭、低收入家庭相比，对因病致贫家庭的医疗救助的标准更加严格、比例降低，但这是与家庭的经济发展情况、家庭成员能力密切相关，因病致贫家庭属于暂时性陷入贫困状态，等到其渡过这段困难时期，家庭的经济状况自然开始改善，脱离困境。

【案例】

刘某为武昌区水陆社区居民，家庭人口一人，现年 75 岁，退休工资每月 1500 元，患恶性肿瘤。2017 年因癌症住院自付合规费用高达 7.2 万元。李某家庭 2016 年家庭收入 18000 元（1500 元×12），自付合规费用超过家庭上年度收入的 2 倍（36000 元）。经家庭财产现状核对符合本市最低生活保障条件，被认定为因病致贫对象，可享受因病致贫医疗救助政策。统计部门发布 2016 年武汉市人均可支配收入是 39737 元，本次可申请救助 6197 元｛［72000-（39737×1.5）］×50%｝。

（2）重大疾病医疗补充商业保险

武昌区民政委将重大疾病医疗补充商业保险的承保对象设定为武昌区低保家庭、低收入困难家庭、因病致贫等区人民政府认定的其他困难对象。承保内容包括重大疾病补充住院医疗保险、门急诊责任、燃气意外身故责任三方面。其承保病种之前有一定的限制，但在 2018 年 4 月 22 日之后，将所有病种全部纳入进来。这让更多的困难群体可以享受到这一政策优惠。其保额和赔付标准在三个承包内容方面也不统一，其中重大疾病补充住院团体医疗保险每人保额 10 万元；在发生保险事故后，经过社保、大病保险、政府医疗救助报销之后的剩余医疗费用（不含全额自费项目），保险人再进行大病补充医疗赔付，每次剩余医疗费 10%以上的部分全额赔付，每人每次赔付金额上限为 2 万元，全年累计赔付 10 万元。门急诊责任每人保额 2 万元，在发生保险事故后，经过社保、大病保险、政府救助报销之后的剩余医疗费用全额赔付，每人每次赔付金额上限为 0.5 万元，全年累计赔付 2 万元。燃气意外身故责任每人保额 1 万元，每人最高赔付 1 万元。

（3）慈善爱心特助

《国务院关于促进慈善事业健康发展的指导意见》中鼓励社会各界开展慈善活动、鼓励开展形式多样的社会捐赠和志愿服务、健全社会救助和慈善资源信息对接机制以及加大对慈善组织与慈善活动的管理和领导，来满足困难群众多样化、多层次的需求，帮助他们摆脱困境、改善生活，形成慈善事业与社会救助的有效衔接和功能互补，共同编密织牢社会生活安全网。为此武昌区政府对困难群众进行慈善爱心特助，具体包括：其医疗费用单据的自费费用超过 3000 元的，对其超出的部分按照 30%的标准给予慈善救助，全年累计最高 1 万元封顶。这使更多的困难群众受益，有利于社会生活安全网的构建，向实现人民幸福生活的目标迈进了一步。

（二）武昌区的医疗帮扶

党的十八大提出了2020年全面建成小康社会的宏伟目标，医疗卫生服务体系的发展面临新的历史任务，要在“病有所医”上持续取得新进展，实现人人享有基本医疗卫生服务。国务院办公厅关于印发《全国医疗卫生服务体系规划纲要（2015—2020年）》的通知，要求坚持健康需求导向、公平与效率统一、政府主导与市场机制相结合、系统整合以及分级分类管理的原则，对医疗卫生资源配置进行优化，完善医疗卫生服务体系，为构建整合型医疗卫生服务体系打下基础，为实现2020年基本建立覆盖城乡居民的基本医疗卫生制度和人民健康水平持续提升奠定坚实的医疗卫生资源基础。武昌区响应号召，对困难群众进行医疗帮扶，让更多的人民享受到基本医疗卫生服务。武昌区的医疗帮扶体现在基本医疗优惠政策、基本公共卫生服务、结核病相关免费检查治疗政策、落实计生家庭扶助政策四大方面，具体内容如下：

1. 基本医疗优惠政策

基本医疗优惠政策主要是武昌区根据国务院办公厅关于印发《全国医疗卫生服务体系规划纲要（2015—2020年）》的通知文件，为了让更多的困难群众享受到医疗服务而制定的优惠政策。这一政策的享受对象为具有武昌区户籍的低保和低保边缘人群。优惠项目主要是二十项免收费用、十八项费用减半、住院免门槛费、药品平进平出四个方面。免收费用的二十项为：平诊挂号费、急诊挂号费、门诊诊查费、急诊诊查费、门诊注射费、出诊费、健康咨询费、家庭病床建床费、家庭病床巡诊费、住院诊查费、住院注射费、住院护理费、普通病房床位费、病房取暖费、空调降温费、抢救费（抢救药品除外）、急诊观察床位费、会诊费（院内及对口医院）、病历、注射材料费。费用减半的十八项为：门诊检查费、住院检查费、门诊治疗费、住院治疗费、家庭病床治疗费、门诊手术费、住院手术费、放射检查费、心电图检查费、B超检查费、门诊化验费、住院化验费、中药熏蒸治疗费、普通针刺、穴位注射、灸法、拔罐疗法、耳针。住院免门槛费具体是指免除有医保的困难群众在社区卫生服务中心住院时，统筹基金支付之前，按规定必须先由个人负担一定数额的医疗费用（只有超过“门槛”的费用，才能由统筹基金支付）。药品平进平出具体是指在社区卫生服务中心看病时，使用者所需要治疗疾病的药品，中心多少钱购进的就多少钱售出，不进行加价。

2. 基本公共卫生服务

基本公共卫生服务主要是按照国家基本公共卫生服务规范，为全区困难群众提供免费的公共卫生服务。主要内容包括：建立健康档案、65 岁以上老年人体检、高血压、糖尿病等慢性病和重性精神病定期随访、孕产妇保健、儿童健康管理、预防接种（仅限于一类疫苗）、健康教育、中医药健康管理服务等。

3. 结核病相关免费检查治疗政策

武昌区民政委规定这一政策的享受对象为武昌区所有结核病患者（由武汉市结核病防治所、武汉市医疗救治中心、武汉市医疗救治中心武昌分院确诊）及疑似患者。这两种对象的免费检查项目有所不同，结核病患者在治疗过程中可享受治疗末次胸片 1 张和治疗随访第 2、5、6 月痰涂片 3 次（共 9 张）的免费检查政策；结核病疑似患者可享受拍 1 张免费胸部 X 线片、查 1 次免费痰涂片（3 张片子）的免费检查政策。结核病患者及疑似患者还可以获得一些免费药物，包括硫酸链霉素、异烟肼、利福平或利福喷丁、吡嗪酰胺和乙胺丁醇。除此之外，如果患者被武汉市结核病耐多药门诊确诊为耐多药结核病患者，可在该所耐多药门诊享受免费住院及治疗。

【案例】

王某连续咳嗽、咳痰 2 周，到武汉市第三医院就诊，医生怀疑其患有肺结核病，遂开具《肺结核患者或疑似肺结核患者转诊/推荐单》并嘱其到武昌区结核病定点医疗机构——武汉市医疗救治中心武昌分院就诊。武昌分院医生接诊并询问病情后，开具检查单为其免费检查胸片和痰涂片，在确诊后为其开了 FDC 片嘱其按医嘱口服，疗程一般 6—8 个月。区疾控中心将患者相关信息及治疗方案转至患者所在社区卫生服务中心，由相关社区卫生服务中心对其开展随访、督导管理，直至治疗疗程结束。

4. 落实计生特殊家庭扶助政策

计生特殊家庭是指独生子女发生伤残或者死亡的家庭。国家卫生计生委、民政部、财政部、人力资源和社会保障部、住房和城乡建设部五部委发出《关于进一步做好计划生育特殊困难家庭扶助工作的通知》，提出对计划生育特殊困难家庭要加大经济扶助力度，做好养老保障工作，提高医疗保障水平，广泛开展社会关怀活动。同时强调，各地要切实承担责任，加强组织领导，结合实际制定具体政策措施，进一步明确各有关部门职责，确保投入到位、工作到位、监督落实到位。为此武昌区对计生特殊家庭进行帮扶，具体内容如下：

第一，为计生特殊家庭开通绿色通道，即计生特殊家庭持有优诊卡在公立医院、定点医院看病时，不需要排队，会有专门人员引导其就医，看病流程便捷、服务到位。

第二，为失独家庭发放医疗补助金，由之前的代金券形式转为现在的现金形式，金额由之前的750元增加到现在的850元。2018年已发放了1405人次，共119万元。

第三，为计生特殊家庭中的父母购买护理保险和综合保险，护理保险是从2016年9月份实行，主要是指计生特殊家庭的妇女患病到二级以上医院住院进行按天补贴，一般疾病一天补贴100元，癌症一天补贴150元，癌症住院达到4天以上每天补贴400元；综合保险是从2017年10月份开始实行，主要是对计生特殊家庭中父母的医疗费进行保障，若计生特殊家庭去二级以上医院看病，一年累计医疗费用经社保报销后自付超过3000元，超过3000元部分则由保险承担，保险报销一次2万元封顶，一年10万元封顶，保险生效以来，武昌区共办理了2900人次，保费共145万元，赔付了500人次，赔付额已达到60万元。

第四，为计生特殊家庭中的父母以及伤残小孩发放价值280元的体检卡，共发放了3500张，他们可以拿着体检卡到社区服务中心、区医院免费体检，根据目前回收情况来看，只有30%的人做体检。

第五，武昌区民政委为计生特殊家庭开展发放首次慰问金、一次性抚慰金、进行节日慰问等工作，为其购买意外伤害保险、住院护理保险，发放850元医疗保健爱心包，进行免费健康体检，建立健康档案，保障其就医条件。

第六，做好计生特殊家庭帮扶工作，若计生失独家庭成员去世，则给予500元慰问金，为计生特别扶助家庭成员购买大病医疗补充保险。

第七，做好关爱女孩助学行动，对计生家庭中生活困难的初、高中女生每年资助500元，大学在读女生每年资助1000元；对计生家庭中生活困难的应届高考女生（被全日制普通高校本科录取）一次性资助5000元。

（三）武昌区医疗救助和帮扶的优秀经验

1. 医疗救助方面

（1）医疗救助覆盖范围大。与武汉市其他区相比，武昌区扩大了医疗救助对象范围，将武昌区户籍中低收入困难对象全部纳入医疗救助实施范围，全面落实《武汉市医疗救助实施办法》，实现医疗救助的精准及时，这使更多的困难群体获得医疗救助，在一定程度上缓解了困难群体的经济压力。对于搬离武昌区居住、户籍没有迁移的医疗救助对象仍然享有救助政策的权利。

【案例】

腾某，男，58岁，未婚，无业，现住地为武汉市洪山区张家湾街。系城市低保对象、精准扶贫对象，虽然其没有居住在武昌区内，但一直都可以领取低保金、享受武昌区的医疗救助政策。

（2）购买重大疾病医疗补充商业保险。在2018年4月22日之前，针对重大疾病，武昌区政府从财政资金中划出300万元资金为重点救助对象和低收入群体在保险公司购买了重大疾病医疗补充商业保险。即根据《武汉市医疗救助实施办法》第14条和第15条的规定，按照对应的比例进行门诊医疗救助和住院医疗救助。之后再根据武昌政规〔2017〕3号文《武昌区人民政府关于加强困难群众帮扶工作的意见》规定，即重大疾病补充住院团体医疗保险每人保额10万元；在发生保险事故后，经过社保、大病保险、政府医疗救助报销之后的剩余医疗费用（不含全额自费项目），保险人再进行大病补充医疗赔付，每次剩余医疗费10%以上的部分全额赔付，每人每次赔付金额上限为2万元，全年累计赔付10万元；门急诊责任每人保额2万元，在发生保险事故后，经过社保、大病保险、政府救助报销之后的剩余医疗费用全额赔付，每人每次赔付金额上限为0.5万元，全年累计赔付2万元；燃气意外身故责任每人保额1万元，每人最高赔付1万元。整体下来，这些困难群体基本上不会花费太多，缓解了他们的经济压力。对于普通疾病，如果参与了14万元的社保大额，也可以参与保险。自2018年4月22日起，该保险将所有病种都划入了救助范围，让更多的困难群体享受这一优惠政策。

【案例】

李某为武昌区积玉桥街凤凰社区低保家庭，2017年3月李某患恶性肿瘤住院，出院结算医疗本次费用10929.06元，个人自付费用2639.74元，社保统筹支付费用7957.12元，自费费用332.2元。其享受如下医疗救助：

政府医疗救助：根据武汉市医疗救助实施办法规定，经社保报销后，对自付合规费用的70%纳入政府救助，救助金额是1848元（2639.74×

70%＝1848）。

重大疾病补充医疗保险：个人自付费用－政府救助后的剩余费用按90%给予赔付。保险赔付＝（2639.74－1848）×90%＝713元。

（3）医疗救助不受社保报销比例变化的影响。根据困难群体选择的医院不同，社保报销比例也不一样，但是不管困难群体去哪个医院（除非定点医院），经社保报销后，剩余部分按照武昌区医疗救助政策规定，根据不同群体的困难程度以及疾病种类进行对应比例报销，同省跨区域不变，若跨省仍然想享受医疗救助，必须出具转诊单。这不仅尊重了患者的就医选择权，还缓解了他们的经济压力。

（4）实施慈善爱心特助。对于困难群体，其医疗费用单据的自费费用超过3000元的，对其超出的部分按照30%的标准给予慈善救助，全年累计最高1万元封顶。这一政策体现了政府对困难群众的关怀，更大程度地缓解了困难群众的就医压力，让困难群众享受到优惠的政策。

（5）审批权下放。国务院颁发的《社会救助暂行办法》和湖北省民政厅颁发的《湖北省社会救助实施办法》中有关医疗救助对象的认定办法中，由县级以上的政府审批。而武昌区是由各街道统计审批，这在一定程度上缩短了时间，流程简便，提高了工作效率。这会避免一些由于流程复杂、审核时间长而造成的意外事情的发生，让困难群体更快地享受到一些优惠政策。

2. 医疗帮扶方面

（1）落实基本公共服务，提供健康管理服务。武昌区全面落实基本公共卫生服务，对困难群众提供预防保健、疾病控制、慢性病管理等健康管理服务，并且每年为辖区内的所有困难群众免费提供一次健康体检，给予其健康指导。这在一定程度上使困难群众在身体健康方面提高重视，并及时就医。

（2）为困难群众提供“二十免、十八减半”和住院免“门槛费”的特惠政策。这在不同程度上缓解了贫困人群、边缘人群和失独家庭的经济困难的窘境。武昌区社区卫生服务中心根据年老体弱、行动不便等困难群众（急危重症除外）的需求，预约安排全科医生及护士上门提供适宜的医疗服务，体现出政府对年老体弱、行动不便等困难群众的人情关怀。除此之外，武昌区政府还探索完善困难群众在公立医疗机构实施肾透析治疗的补贴政策，鼓励患病的困难群众及时就医，有利于提高全区的健康水平。

【案例】

王某为武昌区低保户，2016 年 4 月 1—10 日因病再次在社区卫生服务中心住院治疗 10 天后出院，住院期间总体费用为 2417.26 元，个人自付费用为 931.1 元，从住院总体费用和个人支付费用扣除门槛费后，个人自付比例为 33%（731.1/2217.26）。通过对住院期间相关项目进行核算，免费项目个人支付金额为 84.20 元，减半项目个人支付为 54.45 元，药品费用个人支付 572.25 元。因此，王某此次住院减免总费用为：200+84.20+54.45×0.5+572.25/1.15×0.15=386.06 元（因政府办社区卫生服务中心全面实行药品零差率销售，所以无药品减免费用，王某的减免费用应为 311.43 元）。出院时，王某最终支付的住院费用为：931.10－386.06＝545.04 元（在政府办中心则需支付 619.67 元）。

（3）为重症精神病人提供免费的住院治疗。这一政策由武昌区率先在武汉市推行，武昌区每年从财政资金中单列 300 万元经费。对危险性级别为三级及以上的肇事肇祸、有肇事肇祸倾向的精神病患者，在其监护人自愿的情况下，由街道和辖区派出所联系综治委，经综治委审批同意后，可以到武昌区定点的五家精神病医院进行免费治疗。这五家是：湖北省人民医院、武汉市精神病院、武东医院、武科大和武昌医院的南湖院区，在这五家医院是免收一切费用。这为更多的精神病患者提供了良好的就医条件，拥有可能恢复正常人的机会。

【案例】

纺器社区居民裴某，女，单身，身患精神疾病多年，与哥哥一家人挤在一个破旧的 $28m^2$ 的低矮平房里。2017 年 5 月，裴某所住的房屋面临拆迁，裴某不知道听了什么在家大闹，什么人都无法靠近，什么话都听不进，还在家放火、往母亲床上泼脏水。其精准扶贫结对帮扶人员积极联系武昌区综合治理办公室、武昌区残联、杨园街道综合治理办公室、杨园街派出所等相关部门，最后根据精神病造事造祸紧急救助的办法，先让裴某入院治疗，紧急救助的办法可以减免部分治疗费用，减轻这个家庭的经济负担，同时也避免对社会造成危害。

（4）对精神患者的监护人实行奖励政策。在精神患者方面，若家庭监护人监护到位，精神患者没有肇事肇祸，一年内也没有去精神病院强制住院、享受免费治疗，则给予精神病患者监护人每人每年补助4200元。武昌区的补助标准是远超于武汉市其他区补助标准2400元的，这在一定程度上鼓励精神病患者的监护人做好自己的责任，增加对精神患者照料的时间与精力，让精神病患者体会到亲情的温暖。

（5）对计生特殊家庭进行一系列的医疗帮扶工作。武昌区落实计生特殊家庭首次慰问金、一次性抚慰金、进行节日慰问等工作，做好计生特殊家庭帮扶工作，对计生失独家庭成员去世给予500元慰问金，为计生特别扶助家庭成员购买大病医疗补充保险。这让计生失独家庭的父母感到有了一定的保障，一定程度上缓解了对他们造成的情感伤害，给予其一定的精神安慰与支持。落实计生家庭做好关爱女孩助学行动，对计生家庭中生活困难的初、高中女生每年资助500元，大学在读女生每年资助1000元；资助对象范围由武汉市要求的应届高考女生扩大到初、高中及大学在读女生，保障计生特殊家庭中的女孩上学获取知识的权利，为其缓解经济困难问题，与其他正常家庭的孩子一样获得上学的权利。在具体实行过程中，相关服务非常到位，比如护理保险和综合保险资料的收集，计生特殊家庭成员不用亲自走一趟，会有专门的帮扶工作人员进行上门服务，这为一些年老衰弱、行动不便的计生特殊家庭成员提供了便利渠道。

【案例】

杨某、张某为一对夫妻，户籍及居住地均在杨园街柴东社区，独生子于2016年1月因病死亡。2017年4月杨某因意外住院29天，自付合规费用2.3万元。

因杨某夫妻独生子死亡，该家庭被认定为计生特殊家庭，可以享受的各类特别扶助政策有：首次慰问金2000元，一次性抚慰金10000元。每年节日慰问金1000元（春节慰问金500元、端午节慰问金200元、中秋节慰问金300元），免费医疗爱心包850元，免费体检卡一张。

因杨某意外住院，可以享受的保险服务有：护理保险2900元（100元×29天）；意外伤害保险7500元（保额1.5万元，按照家庭人数均摊，1.5万元÷2=7500元）；意外伤害住院保险2000元。

（四）武昌区医疗救助与帮扶存在的困惑

1. 信息的准确性、时效性、动态性不强

武昌区为了让各个部门查询更多的信息，建立了家庭经济核查系统，这个

系统一定程度上提高了各部门的办事效率，但是由于各部门信息的采集时间的更新不足、信息采集时易出现误差，导致其信息的准确性、时效性、动态性不强。在实际工作中易出现争议、冒用、错评等现象。

2. 困难群体的违法成本低，惩罚手段不强

在遇到一些出具收入假证明的困难群体时，只是采取取消其低保、规定一段时间内不得申请的方式来惩罚，针对追缴则很难实施，因为这类群体本身就很困难，没有多余的费用来弥补之前的漏洞。正是由于违法成本低，在社会上出现了一些低保群体拿着低保证去做了一些违反城市秩序管理规则的事。

3. 基层队伍建设缺乏人才

一方面，基层工作人员的待遇低，很大程度上满足不了他们的需求；另一方面，大部分服务对象为困难群体，由于困难群体生活处境困难，压力较大，很难避免由情绪失控而对工作人员作出的伤害行为，这对基层工作人员存在一定的危险，安全得不到保障。最终导致基层工作人员流失严重，基层队伍建设缺乏人才。

4. 需求与供给存在一定的差距

居民就医是有选择权的，由于社区医疗服务中心的资源有限，一些居民会选择去一些具有较好资源但不是定点医院的医院去就医，比如同济、协和，这都不属于医疗救助与医疗帮扶范围内，所以报销方面就存在争议。

5. 宣传沟通不到位，群众信任度低

在基本卫生公共服务方面，很多时候需要入户，比如高血压随访、糖尿病的随访、精神病人的监护送药免费治疗，这仅仅靠社区卫生服务中心的医务人员与服务群体进行沟通是不够的。现在群众的警惕心较高，容易将医务人员误认为江湖游医。服务群体的依从性不一，有些很需要，也很感激，但有些服务对象不一定很配合，这些政策就很难百分百落实到位。

6. 政府内部资源平台的整合度不够

现在社区中的网格员与医生之间缺乏联系，医生进行上门探访服务时，对服务对象的信息不了解，容易问一些让服务对象很敏感的问题，比如：失独家庭中询问到孩子的情况就会使服务对象对医生产生反感，这不利于医生的工作开展。

7. 需求评估的精准性不足

在精准扶贫评估时，不仅需要了解他们的需求，还要了解其需求的合理性。对需求的合理性进行正确的分析和判断是一个重要环节。武昌区之前为困难群众肾透析这一块进行帮扶，最后经数据统计，武昌区需要进行肾透析的困难群体只有40多人。并且如果这些困难群体自己去医院做肾透析，经医保报销和医疗救助之后，困难群体所付经费不到全部经费的5%，即困难群体自己是有能力承担这一费用的。这就说明武昌区前期并没有对困难群体需求的合理性进行精准分析，导致对困难群体肾透析的帮扶并不会发挥太大作用。

三、武昌区兜底保障中的启示与建议

在当下精准扶贫的战略和政策框架下，武昌区基于医疗扶贫和低保兜底的政策属性和运行机制，有效地实现了扶贫政策、扶贫项目、扶贫资金等与扶贫对象之间的连接和互动，有效地达成精准帮扶的目标和要求。从我国扶贫政策发展历程及发展趋势来看，救济式扶贫依然是我国扶贫脱贫事业中的重要支撑。作为扶贫脱贫中的重要保障，救济式扶贫在武昌区扶贫脱贫过程中主要体现在医疗保障与健康促进、民政兜底与保险救助两个具体的层面，并且借助这两个层面的有效对接与整合，既发挥了医疗救助与帮扶在精准扶贫中的保障作用，也发挥了最低生活保障制度在社会保障体系中的兜底作用。

（一）武昌区兜底保障的启示

1. 低保群体兜底启示

（1）加快审批权的下放，提高服务效率

早前在低保筛选机制方面存在着一定程度的失灵，在对低保审核审批环节，工作任务重、工作量大，工作力量明显不足，加之低保经办人员的素质参差不齐，不同程度地存在人为制度曲解，低保制度在很多时候并没有惠及真正需要的人，许多本应该排除在外的人群进入了低保行列，这也导致了很多群众的强烈不满。随着当前审批权的不断下放，推动街道、社区责任精准到人，社区网格员充分发挥其作用，激发了各层级工作人员责任心和服务意识。大数据的广泛推行在一定程度上减少了“骗保”“关系保”“漏保”等现象的发生，提高了对救助对象的精准识别。在武汉市，除武昌区以外其他区对审批权均在区级层面审核，而只有武昌区审批权下放到了街道，这一举措大大提高了工作效率，加快了审批速度，缩短了审批流程。第一，减少了审批环节，行政职能重心下移，区级审批项目减少，缩短了申请和受理审核的环节和时间。第二，提升了对象核查效率，现在运用大数据比对和入户核实相结合的线上线下核查方式，入户次数减少，保障对象的准确率不断提高。

（2）大数据信息管理，权力在阳光下运行

大数据的信息管理方式在数据处理上误差率低，能够更加精确地识别贫困人口。而传统的粗放式人工采集数据的方式，数据偏差大，且对困难户真实情况很难核查，致贫原因、贫困类型也不能做到精确辨别。大数据在识别城市低保户的真实状况方面比传统数据采集手法有着巨大的优越性。只有精确识别出贫困群体及致贫原因，才能做到“对症下药”“对症落实”帮扶措施，做到“药到病除”。2015 年中共中央政治局会议上习近平总书记提出“以数据目标诠释精准扶贫开发理念，充分发挥数据精准定位、开发共享的应用价值”的重要指示。当前武昌区在大数据信息管理方面取得显著的成效，在城市低保户方面，通过大数据的管理有效甄别出“骗保”“人情保”数千人，保证了社会公平正义。进一步完善低保公示制度，让基层群众参与监督，部门之间信息共享，主管部门便于执法监督，避免让低保公示仅仅流于形式，保证权力在阳光下运行。

（3）精神扶贫与输血扶贫相结合

在推进精准扶贫的工作过程中，对城市低保户的精神扶助必不可少。从一定意义上来说，精神贫困比物质贫困更难脱贫。当前城市低保户中一部分有着“老赖”思想，安于现状，甘于贫困，“等靠要懒”。还有一部分人已经达到了脱贫标准，但是依然会想停留在低保制度的保护伞之下享受各种福利。如果说物质贫困是“硬贫困”，那么精神贫困就是“软贫困”，而“软贫困”是“硬贫困”的重要内因之一。习近平总书记在 2015 年减贫与发展高层论坛上说道：“把发展作为解决贫困的根本途径，既扶贫又扶志，调动扶贫对象的积极性，提高其发展能力，发挥其主体作用。”总的来看，精准扶贫的“扶”是精准帮扶，全面覆盖。精准扶贫的“扶”不仅限于物质扶贫，还包含了精神扶贫。只有物质扶贫和精神扶贫双管齐下，才能达到物质脱贫和精神脱贫。对于已经有了低保兜底的城市困难户，更应该把他们作为扶贫的重点，激发他们的内生动力，做到“扶贫”与“扶志”相结合。

2. 医疗健康帮扶启示

（1）精确对象、完善医疗保障制度，降低医疗费用负担

通过对贫困群众的入户调查、建档立卡，对困难群众进行精确定位。首先，建立完善退出机制，对贫困群众实行动态管理，建立精准扶贫动态管理机制。在退出机制方面，扩大大数据的使用范围，对贫困群众的资产信息、家庭信息等进行数据化管理。其次，完善医疗保险制度。通过资助参加城乡居民医疗保险保障贫困人口被纳入医疗保险保障网；完善居民基本医疗保险的费用审核、结算、报销等机制和计算机网络系统，探索建立居民跨地区就医的费用结算等机制，实行即时结算平台。

（2）规划医疗救助资金，合理提高救助标准

在保障贫困人群的医疗健康及可持续发展方面，基本医疗保险及城乡居民大病医疗保险方面的报销机制起着重要作用。首先，从制度入手保障各类医疗保险的资金安排，加强基金监管。其次，完善城乡医疗救助制度，在可持续发展、不影响财力负担的情况下，合理提高部分救助病种的最高救助限额，提升救助水平，减轻大病重病对贫困户的经济负担。完善医疗救助规则、简化医疗救助程序、建立一站式救助。

（3）织密协调各类保障制度之间无缝衔接

织密协调各类保障制度之间无缝衔接，做到基本医疗保险、城乡居民大病保险、商业保险、医疗临时救助等信息管理平台互联互享。形成基本医保、大病保险、医疗救助为核心的基本医疗保障链条，三条制度保障线叠加发挥综合保障效应，切实减轻困难群众在医疗费用上的负担，为消除因病致贫、因病返贫发挥重要作用。切实将基本医疗保险、大病保险、贫困救助从政策、经办等方面衔接起来，做到政策要衔接好、不中断、增强互补性。发挥基本医疗保险保基本，大病保险保大病，贫困救助保贫困，应急医疗保应急，临时救助保临时，慈善救助做慈善等各种社会保障政策的作用。

（4）提升基层医疗机构服务提供能力，满足贫困群体医疗需求

提升社区医疗机构诊疗水平。首先，中央和地方支持基层医疗机构通过配备必要的设备，改造硬件设施。鼓励和支持各相关的医学协会或学会、医生、社会力量社区卫生服务中心机构的培训。其次，发挥社区卫生服务中心在慢性病等疾病的防治方面的作用。如心血管疾病、高血压、糖尿病等，探索社区卫生服务中心的慢性病日常管理与大医院的急重症治疗结合的机制。最后，通过培养社区医护人员、提高基层诊疗能力，使患者得以及时医治和转诊，防止恶化，减少医疗费用负担。减弱病情恶化的风险。

（二）武昌区兜底保障的问题及建议

1. 低保兜底方面

城市低保户的脱贫退出是一个综合性、复杂性的问题。这不仅表现在对城市低保户的动态管理上，而且还表现在低保户的脱贫意愿上。从当前武昌区的现状来看，城市低保户的扶助脱贫工作还有很长的路要走。当前武昌区低保政策带来的不仅仅是670元的现金补助，而是贫困对象的低保身份给其带来了很多隐性福利。例如：在医疗救助方面，低保户的报销比例可以达到90%；教育补助方面，低保户家庭子女可以免除学杂费，并还有学费救助，本、专科阶段每年分别补助4000元、3000元；甚至在幼儿园的入学上，低保户可以优先就读公立幼儿园等。正是如此，在扶贫脱贫过程中，低保对象不愿脱贫的心理十分严重。

在对这些城市低保户进行扶助的同时，也需要对其改变低保户的思想水平，积极探索相关政策扶持城市低保户开展自救。若一直采取救济式的扶贫方式，只能对贫困起到暂时的缓和作用，久而久之将形成恶性循环，并不能使这些城市低保户实现脱贫。为此在对低保户的救助帮扶中需要注重帮扶方法的转变，正所谓“授之以鱼不如授之以渔”。

（1）积极创造就业创业机会，推动城市低保户自我救助

针对低收入群体就业积极性不高的问题，应积极开展就业、创业培训，在就业、创业中给予一定的技术指导。武昌区人力资源局在2017年共举办3场精准扶贫专项招聘会和6期精准扶贫技能培训班，共计500余名精准扶贫对象和就业困难人群参加。但与全区挑选出的3407户贫困家庭相比，贫困群体在就业创业方面并不是特别积极。对就业过程中欠缺相关技能的困难群体，可以联系用工单位展开职业技能培训，培训合格后直接到岗工作；对创业过程中有资金困难的，经有关部门审核后给予贴息小额贷款，推动城市低保户展开自我救助。在激发城市低保户的就业动力方面，继续采取一种“以奖代补”的模式，充分发挥他们的潜能。对重点救助对象本人及其子女在就业创业收入超过最低生活保障标准的家庭，以家庭为单位给予物资奖励，第一年1500元，第二年1000元，第三年500元。

（2）城市低保户要精准管理，动态考核

低保户的精准管理是社会公平的重要体现，也是精准扶贫制度的重要保证，只有实行精准管理、动态考核后才能保障其他人的合法权益。在对低保户的精准管理上要做到以下三点：首先，要充分利用大数据审核城市低保户的家

庭资产与家庭收入，建立健全城市低保户的家庭信息管理系统，通过大数据对低保户家庭实施动态化管理，对不同情况的低保户区别对待，保证扶贫扶在“刀刃上”。其次，政府的低保户的认定与退出上要做到在阳光下运行，接受公民的广泛监督。对低保户的帮扶方面，政府应按照国家《财政专项扶贫资金管理办法》，对扶贫资金的使用情况、扶贫项目等进行公开公示，还应引入第三方监督，保证扶贫资金的有效使用。最后，还要完善低保户的的准入退出机制，特别是在低保户的退出上，既要考虑低保户当前的实际收入情况，也要考虑低保户能否适应脱离政策保障后的生活状况。

（3）协调各部门之间信息互动，打通信息交换壁垒

虽然在贫困对象信息核查方面武昌区已经使用了大数据管理，在甄别贫困对象时发挥了重要的作用，但是大数据管理也有其劣势。其一，大数据信息管理有着信息滞后性，各部门的信息在交互的过程中滞后性比较明显，各部门信息更新频率不一，且提交到大数据管理系统的信息可能是半年之前的信息，信息之间不能及时交换与处理。其二，武昌区在使用大数据对贫困对象进行甄别时频率较低，对已经获得低保的贫困群众一年只有两次审核。其三，申请低保的人员往往身份背景较为复杂，其相关经济情况可能存在隐瞒、谎报等现象，当数据库中其信息较少时，传统的邻里访问、信函佐证等方法很难核查，所以“骗保”的现象难免存在。各部门之间信息交互不畅是大数据管理的一个显著缺点，信息交互的不畅导致了大数据审核的滞后性，所以当前急需协调各部门之间的信息互动，打通信息交换壁垒，让及时的信息在大数据管理系统的庞大网络中流动。

（4）加强基层工作人员队伍建设，逐步提高待遇标准

申请低保金的人员往往身份背景较复杂，素质参差不齐，又由于基层工作人员工作的特殊性，需要在工作对贫困群众进行上门的访问和家庭情况进行核查，基于法理对于经济条件已经达标的低保户应予以取消，可正是取消之后，一些激进的群众可能会作出严重的过激行为，这也使得工作人员的工作具有一定的危险性。与此同时，社区街道基层的工作人员待遇不高，工作人员的流失率很高。正是因为工作人员的流失率很高，导致了许多工作在沟通交接方面存在问题，不少工作虎头蛇尾，并没有真正做好。面对这一现实困境，当前首先要健全完善的激励机制。一是应结合能级管理活动的开展，通过岗位补贴、评先树优、重点培养等多种方式提高优秀人才的物质待遇和精神鼓励，使能干事、会干事、干实事的工作人员有用武之地，有实惠可得，真正建立起岗位、能力、责任、报酬相统一，物质激励、精神激励、政治激励相结合，评定、培

训、考核、奖惩、使用相促进的业务能级管理体系，调动全员学习积极性。二是从改革分配机制入手，解决干多干少一个样的平均主义现象。首先，科学评估每个岗位的难易程度，根据工作难易程度，对应确定不同岗位工资；其次，公开为每位工作人员确定选择工作岗位的机会；最后，通过考试、考评，使每个工作人员走上适合自身能力的岗位，既可以一人多岗，也可以一岗多人，释放工作人员的最大能量，使其获得与自己劳动对等的经济利益。

2. 医疗帮扶与救助方面

虽然当前医疗改革不断深入，“看病难”“看病贵”的问题有所缓解，但是依然没有从根本上得到解决。现行的医疗体制下，患者没有平等的话语权，在医疗方面只能被动消费，特别在贫困群体中“因病致贫”“因病返贫”的现象十分突出。针对低收入困难群体面对疾病时的脆弱性，精准扶贫既要在医疗帮扶内部帮助贫困群体早日摆脱疾病，提高其对生活的信心；也要在外部建立健全的医疗保障体系，提高卫生计生服务能力，为贫困人群提供更加优异的服务。

（1）打造“互联网+医疗”健康管理体系，打通医疗信息壁垒

2018年“两会”上，李克强总理针对宁夏代表团提出的“希望建立国家健康医疗大数据中心，纵向打通各类医疗卫生机构、部门、区域之间的信息壁垒”作出回应：要求有关部门要调整优化投资结构，把固定资产投资更多投向基础信息等领域，加快“互联网+医疗”，让优质医疗资源惠及更多基层群众。当前武昌区在“互联网+医疗健康”方面已经有了初步的发展，但是医疗刚性的需求却还在不断扩大，这也导致了医疗资源的供需失衡，这一缺口也为互联网与医疗行业的结合提供了切入点。在此背景下，武昌区更应该积极推动政策，推动互联网医疗的发展。

（2）积极协调专家社区坐诊

在基本医疗与基础医疗方面，武昌区三医院、七医院基本可以解决，但是困难群体有自我选择医院的权利，当其选择更好的医院时，报销比例会下降，当发生这些问题时，困难群体依然想去更好的医院，他感觉好医院会更好，同时又希望报销比例能够与区里面医院一致。针对这个问题，当前应该积极与大医院协调磋商，定期邀请知名专家来社区服务中心坐诊，为贫困人民就医看病提供便利，同时也把预防疾病工作做好。与此同时，针对群众普遍存在的共性疾病情况，可以采取专家开具健康教育处方的方式对困难群众进行指导。

(3) 扩大平安保险、商业保险购买范围

2017年武昌区政府投入专项资金300万元，为低保群体购买了商业保险。政府在予以医疗救助的同时，商业保险也发挥了兜底作用。商业保险在门诊范围内可以百分百报销，住院报销也达到了90%。城镇居民医疗保险、大病保险以及医疗救助“三重医疗保障”在医疗费用方面报销了一大部分，还剩一小部分没有报销，这一小部分对于贫困家庭而言也是一笔巨大的支出。而在购买商业保险之后，剩下的一小部分可以通过保险公司来报销，这样为低保家庭进一步减轻了医疗负担。通过医疗救助、临时救助以及商业保险，为低收入家庭拉起了一道又一道的保障线，低保户在医疗方面基本没有过多的花费，解决了医疗支出这一个重要问题。但当前这个商业保险的范围仅仅只有低保户购买了，其他贫困人群还尚未购买。未来在完善社会救助体系，发挥社会救助兜底线、救急难的作用的同时也需要逐步把低保户以外的其他贫困群体纳入商业保险的范围。政府为其购买商业保险，拉起最后一道保障线，若区级财政无法负担时，可以采取政府与困难群众各分担一半费用的方式来购买商业保险。

(4) 为贫困家庭建立健康卡

武昌区在当前积极推进精准扶贫工作的过程中，依然存在着很多难题急需解决，当前武昌区中有927户因病致贫的贫困户，其中重症家庭就有323户，超过了1/3，这些家庭都需要手术或者长期服药，仅仅依靠打零工以及低保金很难保证其生活，在脱贫方面困难很大。在当前的医疗救助与帮扶中，虽然早期已经进行了入户调查工作，并建立了一户一档，但其发挥的作用并不明显，当下有必要完善贫困对象的健康档案，对那些因病致贫的家庭建立健康卡，对健康状况进行数据化管理，掌握困难家庭中患者身体的状况。每次就医后对健康卡进行动态更新，并根据健康卡做好有针对性的“专家级”健康教育。

(5) 政府加大第三方服务购买力度

在当前政府服务不到的领域或者服务不好的领域，可以适当购买第三方服务，服务特殊家庭的特殊需要。2014年武昌区将购买养老（家政）服务的标准提高为25元/小时，随着近几年养老服务行业的高速发展，这个标准已经显得有些滞后了。当前我们需要整合各类社会资源，逐步提高养老（家政）服务标准，初步建立政府购买医疗健康服务体系。通过购买第三方服务既可以提高服务质量和水平，又提高了资金管理使用效率，促进了政府职能转变，也促进社会组织的发展。特别像失独家庭，在老人面临老无所有、老无所依的局面，可以通过政府为其购买的第三方照顾服务，在一定程度上缓解失独家庭的窘境。另外在一些计生家庭，可能不失独，但是子女患有其他重大疾病生活不能自理，在这些政府不便于管理的地方购买第三方服务，通过社会组织、社会力量来解决。

专题五：武昌区特殊困难群体帮扶机制研究

2015 年 11 月底，党中央召开了中华人民共和国成立六十多年来最高规格的扶贫决策会议并发布了《中共中央、国务院关于打赢脱贫攻坚战的决定》，会议和文件强调的核心政策概念即“精准扶贫”。之后，关于扶贫议题，习近平总书记的讲话、中央及地方发布的文件，均以此为核心，显示出扶贫思路和政策的重大转变。而在这场艰苦卓绝的攻坚战中，特殊困难群体又是我国精准扶贫工作的最后堡垒。

特殊困难群体一般指代具有特殊身份或特殊生理状况的困难人群，例如社区服刑人员、刑满释放人员、残障人员等。这类人群由于其社会边缘性的身份，通常具有弱势性和风险性两方面的社会特性。弱势性，是指特殊困难人群同时存在物质和精神的双重弱势。他们大部分人经济地位低下，收入、财产、消费及医保等状况都处于窘迫状态，有些特殊困难人群并不乐观的身体状况对其本就严峻的生存状态来说犹如雪上加霜，这都会使他们被排斥于主流社会之外，社会网络资源匮乏，政治资本不足。同时，也正是由于他们对社会风险的经济和心理承受力的相对弱势，与差距悬殊的其他群体生活在同一个社会，势必会有强烈的相对剥夺感和生活压力，因而极易产生对社会和他人的仇视和对抗心理，形成反社会人格，成为和谐社会的不安定因素。特殊人群的这些社会特性使得对该群体的帮扶工作具有复杂性、艰巨性和长期性。

武昌区是湖北省委、省政府所在地，全省的政治、经济、科教、文化和信息中心。全区下辖 14 个街道，140 个社区居委会，总面积 107.76 平方公里，常住人口 140.17 万人，2016 年人均可支配收入 43975 元。辖区内特殊困难群体包括残障人士、社区服刑人员、刑满释放人员等。截至 2016 年底，辖区内办证残疾人数量超过 7 万人，其中 11700 多人属于中度或重度残疾；辖区内每年接收 500~600 名社区服刑人员，每年接收刑满释放流动人员 1800~2000 人。这类特殊困难群体长期生活在城市里，如果不能通过实施综合性脱贫措施帮助其摆脱贫困，将是城市经济社会发展的短板，也是和谐社会建设的潜在风险。

构建精准扶贫长效机制，提高多元主体合作扶贫的能力，是基层社会治理的主要任务之一。近年来，武昌区认真贯彻落实上级有关扶贫的政策，坚持把城市精准扶贫与加强基层党组织建设、全面从严治党、创新社会治理、解决群众实际问题紧密结合，坚持提高社会保障能力与增强造血功能相结合，坚持政府、市场、社会“三位一体”，形成全社会共同参与扶贫脱贫的大格局，共同推进基层社会治理水平不断提高。在对扶贫对象精准定位的基础上，武昌区率先使用“精准共治”的新型城市精准扶贫机制，针对特殊困难人群动员对口社会力量，采取“需求精准”“专业精准”“对接精准”“回访精准”等帮扶办法，多方位、多层次、立体化、长效化的帮助特殊困难群体，使其脱离贫困线。

一、武昌区特殊困难群体帮扶机制的建构

在近三年的城市精准扶贫实践中，武昌区不断推进特殊困难群体的帮扶工作，也逐渐探索出独特的特困群体帮扶机制：以不断建设健全帮扶政策体系为基础，引入多种社会力量，同时以就业、教育、扶智等为主要内容开展特困群体的帮扶工作，并在贫困对象识别、帮扶政策落实、特色项目开展等环节紧抓“精准”，尝试建构具有武昌区特色的特困群体“精准共治”机制。

（一）完善特殊困难群体帮扶政策体系

政策体系是引领特殊困难群体帮扶的方向标，同时也是特殊困难群体帮扶的制度性保障。为了更好地解决残障群体与刑释人员群体问题，各机关单位都出台了较为多元化的帮扶政策，以求切实改善特殊困难群体的生活。武昌区相关部门以构建特困群体社会保障体系与服务体系为重点，关注他们最关心、最直接、最现实的切身利益问题，在生活、就业、教育、医疗等层面进行政策规划，不断改善特困群体生存的物质基础与社会环境。在精准扶贫政策思想引导下，武昌区特困群体的帮扶政策建设成效显著，也形成了较为完善的帮扶政策体系，这为特困群体保障体系与服务体系的建设提供了指导思想。

1. 联结宏观微观政策，加强残障帮扶政策引导

在宏观政策规划层面，武昌区政府高度重视与关怀残疾人和残疾人工作，积极推进着残疾人事业的发展，并将残疾人事业纳入全区经济和社会文化发展总体规划，批转了《武昌区残疾人事业发展“十三五”规划》。在 2016 年 11 月召开的区第十二次党代表大会报告中明确提出：加大残疾人帮扶力度，妥善

解决困难群众的实际问题。在2016年12月召开的区第十五届人大一次会议上的政府工作报告中明确指出：完善社会救助体系，做好因病、因灾致贫群体和残疾人帮扶工作。在2016年12月召开的区政协十四届一次会议上将《关于加强残疾人公共服务体系建设的建议》列为政协三号建议案，充分体现了对残疾人事业的关注和重视。①

在具体政策制定层面，五年来，武昌区委、区政府先后出台了一系列关于残疾人康复、创业、就业、教育、医疗、扶贫、社会保障、社会救济等方面的政策和措施，加快推进着残疾人社会保障和公共服务体系建设。在国家精准扶贫政策思想引导下，武昌区残疾人联合会制定并实施了十三项针对残疾人的精准扶贫政策：一是困难残疾人生活补贴政策；二是重度残疾人护理补贴政策；三是灵活就业残疾人社保补贴政策；四是就读中专以上学校残疾学生和特困残疾人家庭子女学费补助政策；五是0~14岁残疾儿童康复项目补贴政策；六是低保家庭精神残疾人服药补贴政策；七是贫困精神残疾人住院补贴政策；八是残疾人机动车燃油补贴政策；九是为一级肢体、一级智力残疾人购买家政服务政策；十是残疾人特殊困难临时救助政策；十一是听力、言语残疾人信息补贴政策；十二是残疾人创业一次性资金扶持政策；十三是残疾人乘车卡政策。这十三项帮扶政策较为全面地规划了残疾人的帮扶工作，保障了残疾人的各项补贴权益，为残疾人事业发展创造了更好的政策环境。

宏观的政策思想指导与具体的帮扶政策制定，共同建构了残障群体的帮扶体系，充分展示了武昌区残疾人社会保障体系与公共服务体系建设取得的成果，也保证了残疾人帮扶工作的顺利开展。

2. 依据多元帮扶政策，加强刑释人员帮扶政策引导

过渡性安置与帮教是我国对刑释人员群体实行的主要帮扶救助政策，这项政策由各级党委、政府统一领导，并依靠相关部门和社会力量得以执行，且在实践中被不断调整与完善。其中司法部代表国家组织、指导各级司法行政机关开展对刑释人员群体的过渡性安置帮教工作。② 司法部以“管理者”与“协

① 梅皓（武昌区残联理事长）：《不忘初心，砥砺前行，为开创新时代武昌区残疾人事业新局面而努力奋斗》，武昌区残疾人联合会第七次代表大会上的工作报告，2018年1月23日。

② 李冰：《我国对刑释解教人员建立过渡性帮扶、救助制度》，载《人民调解》2006年第4期。

调者”的身份开展工作，负责与其他帮扶部门进行协调，并处理较为重要的问题。在武昌区刑释人员群体帮扶工作中，区司法局是牵头协调单位，并依托于其他兄弟单位的帮扶政策开展工作，从而形成了“联结型”帮扶体系。

在具体政策执行中，武昌区司法局多扮演着监督者、协调者的身份，而民政局、财政局、人力资源局等帮扶单位，也作为配合者参与刑满释放人员的帮扶工作。如按照民政局的临时救济政策，对于所有刑满释放人员，只要进行申领与登记，就可以享有每月300元、连发6个月的临时救济费；再如对于刑满释放人员的就业培训，也需要与人资局进行合作。因此，武昌区司法局对刑释人员群体的帮扶工作，多依据其他帮扶单位出台的相关政策文件，再依据相关政策对其生活、就业等层面进行帮扶。

（二）增强特殊困难群体帮扶社会合力

在当下“全民参与”的时代，已经有着更为广泛的社会力量参与到帮扶工作中，这也提高了服务体系建设的水平与效率。武昌区特困群体帮扶工作中，较为积极地引进各种社会力量，尤其大力扩展专业性帮扶工作，以提高专业化帮扶水平。同时，也借助社会力量，积极打造特色服务平台，发展特色帮扶项目。这些多元社会力量共同推进了特困群体帮扶工作的开展，也在实践中取得了良好的效果。

1. 凝聚多元社会力量，共同参与精准帮扶工作

在武昌区特殊困难群体帮扶工作中，政府主导与社会参与的有机结合是其重要工作方式之一。在专业化、个性化、多元化社会服务体系建设中，社会力量推动着特困群体帮扶体系的发展。在残障群体帮扶中，武昌区残联积极引入专业化力量。五年来，通过招标引入了楚馨、博雅、爱心天使、爱熙四家社会工作服务机构及近50家社会组织，面向武昌区残疾人提供助残社会服务。同时积极鼓励引导社会资源参与到残疾人事业发展中，采取爱心企业、爱心人士冠名资助、志愿服务团队项目化服务等方式推进残疾人服务社会化发展。另外，助残志愿者也是多元社会力量之一，他们积极推动助残志愿者活动，发挥“吴天祥小组”“党员助残”“大学生助残”等品牌化作用，推动助残志愿服务活动。武昌区已经形成以“方俊明志愿服务岗”为核心的助残志愿群体，在专业社工指导下，形成了“楚联精英志愿服务队”“红背心助残志愿服务队”“爱之翼残疾人理发队”等多个助残志愿服务品牌。

在刑释人员群体帮扶中，政府、社区、社会组织等也共同参与了其帮扶实

践。政府是主要的政策制定者，统筹着社会帮扶力量。司法局作为刑释人员群体的居中协调机构，负责进行反馈与协调，具有不同功能的社会力量便根据实际情况承担职责。例如有条件的街道社区部门可视情况提供居住场所，对于患病人员提供社区救助。再例如，有一些社会爱心企业可以为刑释人员群体提供工作岗位，社会上一些退休老干部、爱心人士、公益组织等也愿意从亲情关怀角度对其进行心理帮扶。在这些多元社会力量的共同参与下，特困群体的帮扶工作也得以有序开展，其社会服务平台也得以不断发展壮大。

2. 创建特色服务平台，合力打造特色帮扶项目

在多元主体的共同参与中，其专业化帮扶力量不断提升，特色服务平台也得到了建设与发展。在武昌区残障群体服务平台建设中，“阳光家园”是较为典型的特色服务平台。五年来，武昌区已建成运营17所残疾人阳光家园，同时重点建设了三所阳光家园：一是紫阳街阳光家园，它打造了15分钟“菜单式”服务圈，提供了多样性的服务项目，形成了“网络化呼叫服务、多元化志愿服务、规范化托养服务”的紫阳模式；二是徐家棚街阳光家园，它已打造成为了“理念领先、管理先进，功能完备、设施齐全，辐射周边、对接家庭”的“国内一流”街道层级残疾人综合管理服务基地；三是水果湖街青鱼嘴社区阳光家园，它进行了工作理念的创新，成功打造残疾人远程网络服务平台、婚恋平台、无障碍标准化平台、职业实训平台、信访维权平台及休闲娱乐平台“六个平台”。武昌区是全省首个阳光家园建设全覆盖城区，同时阳光家园集综合服务、日间照料、社区康复、辅具适配、职业实训、辅助性就业、志愿服务为一体，坚持党建带残建，创建了具有特色的助残服务平台。在武昌区刑释人员群体帮扶工作中，对社区服刑人员进行心理矫治服务也是其特色项目之一。司法局雇佣了“武汉华夏心灵教育咨询公司”提供心理矫治服务，服务方案中包含心理健康指数测评及心理评估建档、心理正常对象一对一咨询辅导、明显心理症状和人格障碍对象个案跟进等内容。这是武昌区对刑满释放人员心理矫治的探索性尝试，也是刑释人员群体精神帮扶的突破性进展。

（三）健全特殊困难群体就业创业体系

加强特殊困难群体就业创业培训及安置工作，是维护社会稳定、建设和谐社会的重要举措，体现着社会的发展与进步。武昌区政府历来重视特殊困难群体的安置问题，将其作为社会管理创新的重要内容，并积极探索特困群体的长效帮扶机制，建立健全就业创业体系。在就业创业培训与就业安置层面，区政府出台了较多帮扶政策与文件，尝试在就业创业项目平台、激励机制、技能培训、政策落实等多个方面共同推进就业创业体系建设。

1. 健全就业培训体系，不断完善创业帮扶机制

在残障群体帮扶工作中，五年来，武昌区不断建立健全残疾人就业创业体系。在就业创业基地建设中，已经建成武昌区残疾人网络就业基地、武昌区残疾人汉绣培训就业基地、武昌区残疾人手工艺术品及营销培训基地等；在创业项目帮扶中，扶持有发展前途的项目，帮助解决创业初期资金不足等问题，提升了创业成功率；在技术培训方面，通过网络技术的培训及推广，帮助了许多不能出门的残疾人实现了就业。并与深圳残友集团、武汉阳光职业培训学校、“互帮网”等合作，组织各类职业技能培训班，开展远程和现场网络技术培训，培训人员有1771人次。另外，在2015年12月至2016年12月期间，湖北省工会干部学校联合武昌区总工会开展了“服务民生送技能”免费培训活动，采用“定岗”推荐就业和“订单”培训相结合的方式，对社区弱势群体进行了就业培训帮扶，其中帮扶对象就包括家庭成员（直系亲属）有重疾或意外致困人员、有提升技能需求的、需要就业帮扶的人员。

在刑释人员群体帮扶工作中，武昌区自2010年1月1日以来，对全区刑满释放人员进行登记造册，对其就业技能、培训意愿等内容进行摸底。① 且司法局联合区综治办、区人力资源局、区公安分局等多个部门，共同负责刑满释放人员的就业培训组织工作。在具体就业培训开展方面，从2012年开始，社区服刑人员和刑满释放人员单独成班开展就业培训，并提供免费午餐；而后在2016年左右，通过综合考虑变换了制度设置：虽然提供免费午餐，但要先进行费用的预缴，如果后期顺利毕业则报销80%，如果成功上岗则完全报销，这也是一种就业激励制度。在创业帮扶层面，2012年1月1日以后的刑满释放人员，且具有武昌区户籍的自主创业者，在办理营业执照及税务登记证后可申请创业补贴，有为期三年的补助期限，每年补贴2000元。但由于自主创业对于个人能力与经济条件有较高要求，刑释人员群体中创业人数占比仍然较少。

① 《武昌区关于加强刑满释放、解除劳教人员就业培训及安置工作的意见（试行）》（武昌综办字〔2012〕17号）。

2. 遵循政策指导规划，稳步推进就业安置工作

在特殊困难群体就业安置中，也有着较为多元的安置途径。首先，就业信息推送已经实现了信息化运作，可在网上看到通知公告，由此特困群体可与用人单位进行双向选择，以此来推动特困群体的就业。在残障群体就业安置工作中，《中华人民共和国残疾人保障法》鼓励用人单位提供更多岗位，促进残疾人分散就业。武昌区大力推进残疾人多形态就业，着力发展辅助性就业，重点推广网络就业，集中安残、社区安残、按比例安残多管齐下，推动了残障群体的就业安置工作。同时，由于有些残障群体缺乏劳动能力，一些公司便将残疾人挂靠在公司名下，有些直接发放工资，有些代缴社保费用。

刑满释放人员的就业存在很大问题，虽然其具有劳动能力，但很多企业岗位需要出示无犯罪记录证明，因此其大多无法自主就业，需要政府帮助安置。在刑释人员群体就业安置工作中，主要有两方面的帮扶内容：一是对无业人员实行临时救助。自 2012 年 1 月 1 日起，对于具有武昌区户籍的刑满释放人员，自向区司法局报到之日起，暂时没有找到工作者，若符合条件则可办理低保，若不符合低保办理条件，区民政局则按照每人每月 300 元的标准予以救助，救助期限为半年。二是对接纳安置工作实行政府补贴。自 2012 年 1 月 1 日起，凡在武昌区注册的企事业单位，接纳了具有武昌区户籍的刑满释放人员和社区矫正人员，并与之签订正式劳动合同的，由区人力资源局按月每人补贴企业 500 元，补贴自签订劳动合同之日起，为期三年。而对于相同前提条件下的解除劳教人员，也是由区人力资源局按月每人补贴企业 500 元，补贴自签订劳动合同之日起，为期二年。

（四）建立特殊困难群体社会教育系统

在特困群体帮扶机制的建构中，教育体系的完善是其重要实践探索之一。特殊困难群体虽处于社会弱势地位，但理应享有公平的社会教育，包括学校教育、心理教育、职业教育等。同时，随着“扶智”“培智”等策略的提出，武昌区也在努力开展探索性培智工作。培智工作也是完善社会教育系统的关键环节，提高着社会的自发性“造血功能”，帮助解决特困群体的教育与工作问题，下面也将展开阐释特困群体的社会教育机制建构。

1. 完善多元教育机制，注重开展心理疏导教育

在学生教育层面，武昌区目前已经做到对各个学段的贫困家庭子女实行全面覆盖资助，其中包含学前教育、义务段教育、普通高中、职业高中与生源地贷款五个大项。面对特殊困难群体，武昌区也在教育帮扶政策基础之上，对其开展了针对性帮扶活动。

在残障群体帮扶中，五年来，武昌区采取了多种途径缩小残健社会教育公平：鼓励普通幼儿园接收残疾儿童，并全额资助公办园和普惠性民办园中家庭经济困难的幼儿保教费，对贫困家庭中的残疾儿童进行补助；对义务段公办开放学校辖区范围内的符合随班就读条件的三类残疾学生，采取零拒绝的招生政策；实行政策对象普高阶段免费教育，做好政策对象的认定、审核及免除学杂费工作。同时，在基本教育费用减免基础之上，也实行了一些辅助性政策：在免除普通高中阶段学费以外，补助其生活费；将特殊教育培训工作纳入教师教育培训体系，开展特殊教师专业培训；发放“武汉城市一卡通”乘车卡，每学年充值1000元，以解决区培智中心学校142名智力残疾学生出行交通困难问题。另外，武昌区建设了湖滨街小学，作为专门的区培智中心学校。另外对于残疾学生的上学问题，目前在改革推进残障学生的随班就读教育，并额外进行资金帮扶，旨在能够使其和正常人一起在学校接受教育。而对于社区矫正和刑释人员的社会教育帮扶，主要体现在服刑人员子女教育帮扶与刑满释放人员心理教育两个层面，均依托于国家政策进行具体帮扶工作。由于刑释人员的潜在风险性，对其进行心理疏导具有重要意义，也能预防重新犯罪等不良行为。

2. 开展培智帮扶工作，努力推动职业教育发展

培智工作，其核心在于培养智力，既培养其自力更生、积极劳动、主动脱贫的能力。对于特殊困难群体，残障群体缺乏劳动能力与技术，刑释人员群体则大多缺乏积极劳动的意愿，这些短板均可通过培智工作有所改进。因此，培智工作是特困群体帮扶中的重要尝试。在残障群体帮扶中，武昌区设立了培智中心学校，并在培智中心学校中增设了职业教育，确立了保洁、理货、手工制作、日间居家养老服务和安保服务5个职业大样本，满足着全区智力残疾学生培训就业愿望。在刑释人员群体帮扶中，也采取了类似职业培训方式，培养开发个体劳动力，进而促进刑满释放人员的就业安置。这些探索性培智工作是特困群体帮扶机制中的重要组成部分，推动着特困群体帮扶的工作进展。

二、武昌区特殊困难群体帮扶工作的实践成效

自武昌区开展城市特殊困难群体帮扶工作以来，在区委、区政府的正确领导下，在省、市各部门的关怀指导和社会各界的大力支持下，在广大特殊困难

群体和帮扶人员的共同努力下，武昌区积极创新城市精准扶贫帮扶路径，开拓出“精准共治”的地方特色机制。通过精准识别和精准对接的方式，为特殊困难群体的个性化需求提供专业技术服务，积极鼓励社会力量参与基层治理，坚持以特殊困难群体最关心、最现实、最直接的利益为着力点，在特殊困难群体生活保障、康复服务、劳动就业、权利保障等方面取得了明显成效。

（一）特殊困难群体的基本生活得到有效保障

相比过去，武昌区在近五年的扶贫安置工作中，针对全区特殊困难人群共出台、贯彻精准帮扶政策 20 余项，建立起了稳定的特殊困难群体工作经费保障机制，特殊困难群体事业经费和工作经费纳入区级财政预算，并逐年增加，为做好特殊困难群体工作提供了有力保障。具体来说，在刑释人员的接纳和安置这部分，武昌区司法局联合武昌区人力资源局进行联合帮扶，通过联系爱心企业和提供公共服务性岗位的方式已经顺利解决近百刑满释放人员的就业问题，使正常其生活得以维持。残疾人帮扶工作上，自 2012 年开展扶贫工作以来，区残联已发放 0～14 岁残疾儿童抢救性康复训练补贴 1465 人次，对 385 人次贫困精神残疾人进行住院补贴；向 4900 人次特困精神残疾人提供服药救助。这每一项政策都体现着政府的温情和关切。据不完全统计，武昌区内特殊困难群体各项政策补贴加起来将近 1500 元，这与武汉城市最低工资标准 1750 元相差不大。随着物质支持和政策关怀标准的提高，特殊困难人群的生活收支得到有效保证，生活水平得到显著提升。

【案例】

华锦社区居民 F 女士，现年 53 岁，是智力三级残疾人，且经常发病，需长期服药，需人长期陪护。丈夫汪某，男，现年 65 岁，无工作，无退休金，现长期在家护理妻子，无法再就业。他们有一个儿子，25 岁，待业在家。作为华锦社区残疾特困家庭，全家享受武汉市城市最低生活保障待遇。华锦社区根据对其家庭情况分析，认为其家庭致贫原因主要是由于 F 女士残疾且精神状态不稳定，需人长期陪护，家中无就业人员所致。社区对口专干讨论决定以低保政策兜底为主，辅助以解决子女就业阻断贫困，配合医疗救助扶持、残疾人同步共享等多项举措，保障其家庭的正常生活，并最终帮助她脱离贫困。通过一段时间的工作，针对 F 女士家庭帮扶的目标已基本实现。F 女士及其丈夫虽然因残疾及年龄等原因无法实现就业，但通过低保兜底政策仍能保证其家庭生活的基本需求。同时按照各项惠民政策为其办理了一系列医疗救助、残疾人福利政策等待遇，配合区街及社区持续关注，特别是帮助其独子最终实现就业，使其家人充分感受到党和政府的关心与帮助，其生活幸福感不断增强。现在F女士家庭生活状况得到明显改善，F女士及家人情况良好，人员情绪稳定，对最终实现脱贫目标充满信心，家庭幸福感增强，特别是丈夫汪某经常在社区说，家庭最大的变化是儿子就业后明显懂事了，孝顺了，也知道为家庭而努力，自己觉得生活有目标，有奔头了。

（二）特殊困难群体的康复需求得到“精准”满足

武昌区充分发挥社会力量的治理作用，通过针对性地引入专业社会组织和机构，结合辖区内特殊困难人群的实际需求，采取点对点标本兼治的“精准共治”模式，从根源上解决特殊困难对象的“贫困”顽疾。

【案例】

Z女士因为交通肇事被刑事拘留。入狱前，她在一家私营企业担任管理工作，事发过后的很长一段时间都难以接受犯罪的现实。除了儿子，她拒绝与外人交流，而且对外有着强烈的排斥感，内心极度封闭。后来，在进行社区矫正期间，武昌区司法局本着对特殊困难群体的帮扶和人文关怀，尝试通过借助专业社会组织（华夏心理）对她进行了为期三个月（十次）的心理治疗，包括催眠、疏导等专业技术手段的运用，终于使她放下了心理负担，慢慢走出封闭的小圈子。现在，Z女士开始主动与司法局的专干和社区对口帮扶人员打招呼，并且也不会再对自己的刑期问题感到难以接受。前段时间她还笑着跟司法局的专干说，服刑期结束后，她想出国游玩一趟，现在正在规划中。

在帮助刑满释放人员回归社会这一问题上，通过与“华夏心理”心理治疗机构的合作，对辖区因为服刑原因而产生心理障碍、社会障碍的人员提供一对一专业的心理治疗服务，并采取长效跟踪服务的方式，彻底治愈对象的心理障碍使其重新回归社会，治疗过程才圆满结束。此举尽管仍在试点，但已取得相当不错的成效。除了Z女士外，辖区内还有数个典型案例，治疗对象在结束心理治疗过程后，大多都能重拾积极乐观的心态，勇敢地面对生活、规划生活。

在残疾人服务这一块，前文也提到，武昌区已建成运营17所残疾人阳光家园，使全省首个阳光家园建设全面覆盖城区。通过充分引进社工机构、大学生志愿者、社会爱心企业等社会力量共同参与到对残疾人的帮扶工作中来，实现了15分钟“菜单式”服务圈，提供了类别化多样化的服务项目，形成了“网格化呼叫服务、多元化志愿服务、规范化托养服务”的紫阳模式、“理念先进、管理先进，功能完备、设施齐全，辐射周边、对接家庭”的徐家棚模式，更有受到省、市残联领导高度称赞的“全省最好，楚天第一园”的青鱼嘴模式。这些成就既体现了党和政府对残障人士的温暖关怀，又必将激励武昌区在下一阶段的扶贫工作中继续奋勇前进。

（三）特殊困难群体劳动就业率显著提升

开展辖区内特殊困难群体帮扶工作五年来，建立健全残疾人自主就业创业支持体系。已建成武昌区残疾人网络就业基地、武昌区残疾人手工艺品及营销培训基地等多个就业创业基地并投入使用；开展武昌区社会治安综合治理委员会办公室、民政局、司法局、财政局、人力资源局五个部门的联动工作，加强刑满释放、解除劳教人员就业培训及安置工作，并已取得突破性进展。截至2018年3月底，武昌区已经实现对辖区内特殊困难群体的数字化、网格化帮扶。每当辖区内有爱心企业、政府公共服务性岗位等可以为特殊困难群体提供就业机会的信息发布，这类就业信息会在云端对这类精准扶贫对象的实际情况进行评估的基础上精确发送到最可能需要的人手中。

在依法落实残疾人按比例就业这块，武昌区按照《中华人民共和国残疾人保障法》要求，鼓励用人单位提供更多岗位，促进残疾人分散就业。五年来实现就业748人，自主创业73人，创业扶持72人，社保补贴748人。同时还涌现出10余名创业明星和创业先进个人。

【案例】

水果湖街青鱼嘴社区精准扶贫对象李某，虽然身体残疾，但他希望克服一切困难积极要求就业，凭自己的劳动脱贫致富。通过参加水果湖街针对城市精准扶贫对象及困难就业人员举办的免费技能脱贫培训班，李某掌握了一技之能，他要求劳动致富的愿望更强烈了。社区工作人员针对李某的实际情况，多方与招聘用人公司取得联系，积极推荐李某就业。在招聘现场过程中，李某虽与多家物业公司进行了面谈，但均因其肢体残疾问题未达成就业意向。即使这样，李某仍然身残志坚，对生活充满信心。水果湖街劳动保障所及社区工作站把李某作为重点帮扶对象，对其嘘寒问暖，关怀备至，专门在社区为李某开办了一个电器维修点，让其利用所学的技能维持生计，同时利用一切有利条件积极向适宜的企业推荐李某就业，使李某对今后的生活信心更足，对党和政府的关爱感激更深。李某决定，如果以后还有这样帮扶困难群体的招聘会和技能培训都要参加，要通过自己的劳动来获取人生的价值。

（四）特殊困难群体的合法权利及诉求得到维护

武昌区五年来坚持依法维护特殊困难群体合法权利，通过打造维权信访工程，构建区、街、社区三级信访服务网络，认真处理来信来访 2656 人次，做到了办理率、办结率、回告率、满意率 100%。同时充分发挥法律维权示范岗的作用，征集残疾人法律援助律师志愿者百余人，配合有关部门打击了数起侵害、遗弃、侮辱、虐待特殊困难群体的恶劣案件。

我们尊重这些特殊困难人群的权利，给予他们更多的补贴，比如残疾人的燃油机车补贴、听力、语言信息补贴等，这都是其他普通帮扶对象没有的。我们尊重他们利益诉求的表达，专门开设信访举报中心，每天接待十余人次的信访举报人员。总的来说，尽管每年都有近百人的上访，但大多数都能得到妥善解决。辖区内大部分的特殊困难群体还是十分认可我们的工作的，并觉得自己的权益得到了国家和政府的重视和尊重。（访谈资料 WW20180417DJ①）

从武昌区残联陈理事的话语当中，我们可以看到，武昌区积极开拓特殊困难群众利益诉求表达渠道，充分倾听特殊困难群体的声音，积极营造和谐稳定、相互尊重的氛围。同时，对帮扶对象而言，他们感受到了国家和政府实事求是和以人为本的帮扶态度，认可政府的工作，并感受到自己的合法权益得到了有效保护和尊重。

（五）特殊困难群体帮扶机制的实践经验得以丰富和完善

通过全面推进城市精准扶贫工作，重点帮扶特殊困难群众，让此项目融入了“多元、互联、共治”的治理理念，一方面充分发挥党政主导的核心作用，

① 引自访谈资料，首字母和第二个字母代表访谈地域在武汉市武昌区，数字为访谈时间，字母 D 为访谈对象姓氏的缩写，J 为职务“局长”缩写。文中案例涉及的对象均以化名处理。

促进了党员能动性。例如，通过前期的党员入户调查工作，基层干部的群众意识得到普遍提升；社区干部组织和发挥辖区内各类资源的能力明显提升；党员干部能够熟练掌握与贫困户沟通的技巧，解决特殊困难群体热点、难点问题的能力明显提高。辖区单位党员干部主动深入社区，积极参与城市精准扶贫行动，实现了扶贫党员与困难群众、社区干部与辖区单位干部的双向互动。另一方面政府引入社会组织作为供给主体，依托专家智力支持和各街道社区资源，进行研究、分析、指导和介入。此外，积极动员社会大众力量参与到扶贫队伍中，形成“政府、社区、社会组织、社工、高校团队、社会力量联动”机制。通过多元主体的共同参与，使得精准扶贫手段更加丰富、精准扶贫技术更加专业、精准扶贫对象更加清晰、精准扶贫效果更加显著。

三、武昌区特殊困难群体帮扶工作的实践经验

在新时代中国特色社会主义思想指导下，武昌区认真贯彻党的各种会议精神，努力加强特殊困难群体帮扶的组织建设、队伍建设、思想建设和作风建设，推进特困群体社会保障体系与服务体系建设。并在顶层设计、社会服务、创业就业、社会教育等层面开拓进取，进行了一系列的探索性与开创性工作，不断优化社会管理环境，推动着特困群体帮扶的机制完善。武昌区在建设创新型城区和国家中心城市核心区的过程中，推动“精准共治”机制建设，对特困群体帮扶事业也在持续、健康、稳定中不断发展。武昌区在特殊困难群体帮扶工作中，积累着独特的城市精准扶贫实践经验，具有较高的示范推广价值，影响和推动着我国城市精准扶贫机制的建设。

（一）加强统一思想指导，提高全民助困认识

城市特殊困难群体帮扶工作，具有维护社会稳定、促进社会和谐发展的重要意义。因此，首先要在思想上认同特困群体帮扶机制的建构，弘扬其社会建设意义，提高全民助困认识。实施精准扶贫贯彻落实新一届中央领导集体对扶贫开发思想的部署，是科学扶贫的重要基础，也是实现“真扶贫”的有效途径。同时，实施精准扶贫是完善扶贫开发治理体系的迫切需要，是加强扶贫开发治理能力建设的必然要求。正是在精准扶贫思想引导下，相关部门单位应紧紧围绕中央决策部署，紧跟区政策引导，充分认识特困群体帮扶的重要性与必要性，将精准扶贫工作作为社会管理创新的重要举措。也只有在统一思想的领导下，各部门切实履行职责，相互沟通交流、密切配合，才能形成工作合力，

共同探索长效工作机制。另外，全民共同参与扶贫工作也十分关键，要加强宣传教育和思想引导，及时准确传达中央“精准扶贫、精准脱贫”的政策精神，提高贫困群众对脱贫攻坚的思想认识，帮助贫困人口树立脱贫致富的信心。只有民众认识到精准扶贫的重要性，才能激发全民参与助困的热情，才能形成全民助困的良好社会氛围。消除贫困是实现“全面小康”的重要前提，实现共同富裕是社会主义制度的本质要求。扶贫开发治理体系要以促进社会公平正义、增进贫困人口福祉为出发点和落脚点，营造公平和谐的社会环境，促进形成全民助困的良好社会氛围。

（二）坚持贯彻党建引导，加强领导组织建设

在特殊困难群体帮扶中，应坚持党的建设，发挥其引领作用，推动城市精准扶贫工作。具体来说，应坚持全面从严治党的要求，将其贯穿队伍建设始终，切实加强机关党建工作，保证领导组织的先进性。要坚持党建引领，深入学习治国理政新理念与新思想，学习贯彻党的十九大精神，切实加强思想政治建设。同时要凸显党建工作的思想政治教育功能，要落实从严治党要求，着力实施“红色引擎工程”，注重制度建设，充分发挥党组织的领导核心作用。在特殊困难群体帮扶中，应认真落实区委、区政府各项政策部署，坚持以人民为中心的发展思想，构建特殊困难群体社会保障体系和服务体系，不断深化改革创新。各机关单位协助政府不断推出新的帮扶政策，切实保障特困群体的基本生活。另外，要加强党员意识、责任意识教育，充分发挥党员先锋模范作用，推动党员积极主动联系服务困难群众、示范带领精准脱贫。发动全区在职党员对全区困难群体进行对接，进行帮扶，促进党群关系和干群关系的密切。这不仅能够加强党员自身教育，也能培养党员干部的人民情怀，同时也让人民群众更加了解党员干事，促进干群关系和谐。

（三）调动个体生存活力，拓展社会造血功能

“授人以鱼不如授人以渔”，只有将输血功能转化为造血功能，充分调动个体积极性，才能切实提高特殊困难群体的生存能力。在个体层面，要努力提升特殊困难群体的生活、就业积极性，培养其努力生活的积极态度，改变“我吃低保我光荣”的观念。同时要创设一种全民助困、温暖友爱的社会氛围，让特殊困难群体感受到社会的关注，从而提高生活的信心。另外，特殊困难群体帮扶不应过度依赖于国家兜底政策，而应从激发个体生存欲望、培养个体生存技能等角度出发，建立长效的帮扶机制。如在就业帮扶机制建设中，进

行职业技能培训，扩展职业发展平台，提高个体就业技能等便是较为有效的途径。同时也可通过项目扶贫等方式使政府、企业、高校、社会组织共同参与扶贫，充分调动贫困人口的积极性、主动性、创造性，发挥其脱贫主体的积极作用。因此，精准扶贫工作中“造血功能”十分重要，只有广泛调动个体积极性，使其主动适应社会、拥有社会生存技能，才能变输血为造血，让特殊困难群体积极脱贫。

（四）凝聚多元社会力量，推动全民扶贫发展

多元社会主体中蕴含着巨大的社会力量，这些力量能够有效推动特殊困难群体的帮扶工作。在具体帮扶实践中，应以政府为领导核心，动员社会各方力量，由此联合多元帮扶主体，共同参与特困群体的帮扶工作。通过社会参与，可以更加广泛地动员社会各方面力量参与扶贫开发工作，这也有助于形成“大扶贫”的扶贫攻坚格局。同时通过加快反贫困主体多元化发展，重视贫困主体的参与，才能形成“政府宏观指导、个人主导参与、社会共同合作”的有效治理格局。多元社会主体蕴藏着巨大的社会帮扶力量，具有不同的功能与职责，在密切的分工与配合中，可以有效促进特困群体的问题解决。具体来说，相关单位部门、社区、社会组织、慈善组织等有着不同的专业领域，他们在特殊困难群体帮扶中扮演着不同的角色，也在特困群体心理疏导、就业安置、创业培训等方面发挥着不同的作用。在多元社会力量的凝聚中，发展多元化帮扶力量，支持各项社会公益活动，完善帮扶管理模式，才能促进特困帮扶在基层的活跃，才能推动社会文明的发展与进步。

（五）注重城市精神扶贫，开展各项扶智活动

党的十八大以来，习近平总书记高度重视贫困问题的解决，在多次对贫困地区的考察调研时，提出了“扶贫先扶志”“扶贫必扶智”等重要论断。在城市精准扶贫中，精神扶贫是尤为重要的内容，决定着城市精神文明的发展。城市特殊困难群体具有弱势性与特殊性，蕴含着一定的社会风险，因此要尤为关注其精神与心理健康问题。武昌区在特殊困难群体帮扶实践中，就开展了较多的心理帮扶项目，对特困群体的精神层面进行了一定的积极引导。对于特殊困难群体，应积极提供引导与教育服务，树立贫困群体的主体意识，才能使其主动脱贫、积极脱贫。只有城市特困群体的精神贫困问题得以解决、城市精神文明稳定有序，城市才能向着更加和谐美好的方向发展，因此，城市精神扶贫工作具有战略发展意义。此外，各项扶智活动也是精神扶贫中的重要环节，只有

让特困群体主动发展生存能力、掌握生存的技能，才能从根本上有效帮扶特困群体。只有贫困主体形成积极自主的脱贫精神，并转化为内在驱动力，才能推动新的生活方式和价值观念的形成，才能有效推动特困群体的“本质性”脱贫。

四、武昌区特殊困难群体帮扶工作的现实困境和完善路径

城市困难群体的脱贫是打赢城市精准扶贫攻坚战的最后战役，对于城市精准扶贫工作有着非同寻常的意义。武昌区前一阶段“精准共治”的工作虽然也取得了一定的成果，但问题和形势依然严峻。这其中既有法律、政策的不完善，社会力量参与的不充分，还有扶贫对象自身的观念、能力的缺失。要系统解决这些问题，需要采取综合、全面的治理手段，开展多层次、多角度、宽领域、广合作的帮扶工作。只有通过宏观政策制度、中观社会介入和微观个人素质提升的三方联动，才能较为系统、全面和立体地解决根本顽疾，从而夺取城市精准扶贫攻坚战的伟大胜利。

（一）武昌区特殊困难群体帮扶工作面临的困境

武昌区精准扶贫工作已经开展近三年，作为城市精准扶贫工作的先锋军，其在探索性扶贫工作中也面临着许多困境。与农村地区相比，城市的自然环境与人文环境均更具特殊性，因此，城市精准扶贫工作也有着独特的难点，如政策在执行社会阻力大、内生性动力明显不足。同时，在“精准化”扶贫实践中，武昌区在政策细化、兜底保障、精神扶贫、社会支持等层面，其精准力度仍有待加强。

1. 城市政策执行社会阻力大，政策偏离现象严重

无论在城市地区还是农村地区，特殊困难群体帮扶政策都有不尽完善之处，仍需不断建设健全。由于城市与农村的长期二元分割，其社会传统与人文环境均有着较多不同之处，因此其帮扶政策在执行中也受到不同因素的影响。城市偏向于法理社会，人情观念较为淡薄，在政策执行过程中会受到较多的社会阻力，如在特困对象的识别中无法获得较多的“他人评价”等，这些都增加了对象精准识别的工作难度。这也要求在城市精准扶贫工作中采用更多的信息技术手段，增加识别与监管力度，才能实现网格化的精准定位。相比之下，农村偏向于礼俗社会，社会关系网络更加密切，动员村集体也较为容易，这也

提高了特困对象识别效率，增加了识别的精准性。由此可见，在城市特困群体的精准扶贫工作中，政策执行的社会阻力更大，尤其增加了特困对象的精准识别难度，因此也容易引发政策偏离现象。

同时，若暂不考虑城乡环境差异，在我国特困群体帮扶工作中，依旧存在政策执行力度不足的问题。如在我国刑满释放人员社会保障政策执行方面，就存在许多问题：政策文件对其社会保障规定过于原则，实践中不便于落实和执行；缺乏监督和约束机制，文件形同虚设，没有真正落实到位；政策性法规不配套，缺乏可执行性和现实操作性。① 再如残障人士就业政策实施中也存在许多偏离现象：以保障代替就业，残障人士就无法通过真正就业而融入社会，便偏离了制度的预期目标；以缴纳残障人士就业保障金代替残障人士就业安置义务，便无法促进残障人士平等参与社会生活，偏离了政策目的，政策实施效果也让人无法满意。② 同时，各项扶贫相关政策分散在不同部门，财政、金融等各项政策不配套，无法形成有效的扶贫合力，也使得政策的执行力度总体不足。综上可见，在城市特困群体帮扶政策执行中，存在着更多的社会阻力，偏重技术治理的施政路径在具体执行中容易出现政策偏离现象，从而影响着城市特困群体帮扶工作的“精准性”。

2. 城市开发式扶贫优势不足，内生性动力不明显

中国的精准扶贫工作最初在农村地区开展，而后才逐渐在城市地区开展，因此农村精准扶贫工作具有较大的借鉴性。但相比于农村地区，城市缺少土地，也缺少较多产业拓展的空间，这也成为城市精准扶贫工作的“先天性不足”。农村精准扶贫工作中，开发式扶贫是其优势特征之一，如引进农作物、修缮度假村、开发旅游等多元方式。这些开发式扶贫措施都依靠了土地等自然资源，凸显了农村地区的产业扶贫优势，也推动着农村在资源开发中逐渐脱贫。相比之下，虽然城市的第二、三产业较多，尤其是近些年来服务业迅猛发展，但其可利用开拓的空间也相对较少。具体来说，城市资源大多已经被开发利用，形成了较为固定的资源分配格局，因此可开发利用的空间较小。如在城市特殊困难群体安置中，由于城市土地资源匮乏，其住房与就业安置都无法利

① 霍珍珍：《刑释解教人员社会保障的现状原因及对策》，载《中国司法》2012 年第 5 期。

② 黄晨熹、周榕、胡清泉：《社会组织吸纳残障人士就业问题及对策研究》，载《福建论坛（人文社会科学版）》2018 年第 2 期。

用土地优势，而在农村地区就可以依靠土地安置特困群体。

另外，在城市扶贫工作中，由于人口密度大、人口流动性强，特殊困难群体寻找与定位也更为困难。在城市中，具有劳动能力者均可通过劳动脱贫，因此目前的城市精准扶贫对象大多为老弱病残，缺乏劳动能力，并依靠低保生活。尤其是一些重度残疾人，他们缺乏基本的劳动能力，也只能作为政府的兜底保障对象。此外，城市受市场化经济影响，处于一种更高的社会竞争张力之中。在资源本就有限的社会环境中，其扶贫工作依赖于资源的再分配，处于较高的路径依赖状态中。如在城市就业扶贫工作中，过度依赖岗位安置，无法提供更为多元的就业渠道，实际就业中也普遍存在就业路径窄、质量低、稳定性差的问题。因此，城市的开发式扶贫优势明显不足，缺乏社会活力与内生性动力，使其精准扶贫工作缺乏帮扶特色，也增加了城市特困群体精准扶贫工作的阻力。

3. 特殊困难群体司法保障条例有待细化

我国虽然已经初步形成了一个以宪法为核心，符合国情的特殊困难群体权利保障的法律框架，如《监狱法》中对服刑人员及刑满释放人员的保障权益有着明文的规定；《残疾人保障法》规定了残疾人保障的各项权利；2017 年国务院常务会议修订通过了《残疾人教育条例》……这些都说明，迄今为止已经初步形成了一个较为完整的特殊群体权益保障法律法规体系，但针对不同类型如社区服刑人员、服刑人员子女、残障人士中更为特殊的智力残疾和精神残疾人员等，立法则稍显粗糙。这类特殊人群的生存权益保障，尽管法律条文均有规定，但并不具体。如《残疾人保障法》规定“禁止基于残疾的歧视”，但并未对歧视行为进行界定，也没有对歧视行为发生后明确细化的处罚条例。再如，目前除《监狱法》第 37 条作出“对刑满释放人员，当地人民政府帮助其安置生活”的原则性规定外，尚没有专门的法律法规。而且《监狱法》这一规定也没有具体的实施标准，现实中难以真正操作。这就使得辖区内对特殊困难群体的帮扶覆盖不可能做到一一对应、无微不至。

4. 辖区特殊困难群体的帮扶政策有待完善

武昌区尽管采取了部门联动的方式对特殊困难对象进行帮扶，但在政策执行过程中，政策的目标对象发生了偏移。例如，司法局联合人力资源部对特殊困难人群展开职业技能培训，但开班效果并不理想。一方面，很多培训对象出于尊严、面子等多种因素的考虑不愿配合帮扶工作；另一方面，许多培训对象并非抱着学习知识技能的目的参与培训，许多人仅仅是为了那几顿“免费的午餐”。同时，武昌区通过动员社会力量对辖区内的特殊困难群体进行“精准共治”，但这些社会爱心企业、社会团体在介入工作完成后却面临着层层的审计监察和纷繁复杂的财务申报程序。正因如此，武昌区有许多爱心企业和社会组织在进行几次“精准共治”后，尽管效果不错，也不再继续参与对特殊困难群体的帮扶工作了。另外，在对武昌区进行实地调研的过程中我们发现，各部门尽管都在不遗余力地开展城市特殊困难群体的精准扶贫工作，但部门政策整合程度依然不够，缺乏统一标准和明确责任，难以形成进一步的联动机制。例如，现阶段“精准扶贫”对象的定位主要以“低保户”为主，然而还存在许多“低保边缘户”和遭受重大变故致贫的特殊困难群体，在帮扶政策上仍存在较大松动和不确定性。同时，以个人收入还是家庭收入为主要评判依据，现阶段还较为模糊，并没有统一的标准和政策指导。

5. 辖区内特殊困难群体的“扶志”“扶智”工作仍有待提升

精准扶贫关键是要针对深度贫困人口“扶志”与“扶智”。“扶志”与“扶智”就是要增强贫困人口脱贫的内因和内部动力。习近平总书记指出扶贫要同扶智、扶志结合起来；强调“智和志就是内力、内因”，这是在扶贫问题上对唯物辩证法的娴熟运用。扶贫要加大内生动力培育力度，没有内在动力，仅靠外部帮扶，不能从根本上解决贫困问题。因此，实施精准扶贫，要注重与“扶志”“扶智”紧密结合，切实形成脱贫的内生动力。① 由于武昌区特殊困难群体多为社区服刑人员、解教释放人员以及残障人士，因此他们自身劳动技能偏低，缺乏自主谋生、自主择业的必要技能和条件。尽管当前司法部门联合人力资源部门开展了许多针对此类人群的就业指导和技能培训，但效果依然不明显。一方面，实际开展的技能培训工作缺乏分类管理和个性化对接，使得尽管做到了培训信息“网格化”推送、培训课程内容丰富，但缺乏统一组织和长效机制，使得许多特殊困难人群的专业技能难以在短时间内从根本上培养起来，几次培训后实际效果并不理想，有的干脆退出了培训课程。另一方面，很多特殊困难人士自身观念不正、素质偏低，认为国家、政府对自己的帮扶理所应当，从而出现“养懒”现象。在调研中，我们发现，武昌区这类“养懒”现象较为严重。部分部门负责人反映，许多特殊困难群体就业观念弱，宁愿在家吃低保也不愿走上工作岗位，甚至还有部分帮扶对象对政府部门的帮扶政策

① 刘合光：《精准扶贫与扶志、扶智的关联》，载《改革》2017 年第 12 期。

十分挑剔，认为政府为其推荐的工作“并不体面”或者“标准太低”。有的帮扶对象参加就业培训很难做到耐心与专注，能够坚持参加完一整套就业培训课程的帮扶对象少之又少。这说明，尽管武昌区各部门的帮扶工作在有条不紊地开展深化，但在扶贫工作中对扶贫对象的宣传教育和耐心引导工作还有待加强，对“扶志”与“扶智”的工作还需要进一步探讨和深化。

6. 刑满释放人员社会保障体系有待完善

尽管当前我国对刑满释放人员重返社会作出了诸多的努力，如将符合条件的刑释人员纳入低保救助体系、发放临时救助补贴、发放接纳刑释人员就业企业补贴等。但这些临时性、兜底性的政策关怀难以从根本上解决刑释人员自身可持续发展的问题。长期的监狱服刑、社会大众的污名化与标签化等都使得刑释人员难以通过“个体奋斗”的方式顺利实现社会融入。同时，由于刑释人员服刑的缘故，其服刑前的工龄被扣除，这无疑使得社保缴纳本就困难的刑释人员难以达成法律规定的社保缴纳年限，其正常退休后的养老金领取显得难上加难。

在社会力量帮扶层面，武昌区借助社会专业组织的力量对刑释人员群体进行“一对一”深度定位帮扶，尽管取得了不小的工作成效，但工作成本较大，仅靠地方政府的财政支持难以形成长效机制，因此短期内难以有效推广和铺开。同时，尽管目前社工机构作为第三方社会组织能够提供社区矫正等针对社区服刑人员和刑满释放人员的专业对口服务，但这一领域的专业服务仍在起步阶段，加上这类服务本身具有较高的风险性和较强的专业性，社工自身也缺乏足够的专业训练和实践经验，因此难以从根本上满足服刑人员和刑满释放人员的实际需求，难以对这类群体进行有效地增权和赋能。因此，如何吸引更多社会力量的加入，尤其是社会公益组织、社会爱心企业的大力支持，如何培育和发展素质过硬的专业人才这是后一阶段工作应该重点关注和讨论的问题。

（二）武昌区特殊困难群体帮扶机制的完善路径

1. 改革“技术治理”路径，坚持“以人为本”的群众路线

所谓技术型治理是指在不改变现有的治理体制和制度的前提下，将技术控制的手段植入社会治理活动中，通过标准化、网格化、数字化等短期性策略与方法，实现地方社会稳定的一种治理方式。这种技术型治理模式，在地方政府的社会治理实践中不同程度地存在，甚至成为普遍现象。从前文对现阶段问题的描述中我们可以看到，宏观层面上，当下正在勃兴的技术型治理模式，尽管一定程度上提升了社会管理的精细化水平，却无法有效回应精准扶贫工作中深层次的问题。技术目标和技术手段的使用尽管在政策效率方面成果突出，但弱化对制度环境及社会共享观念的适应，在一定程度上忽视了对基层群众和特殊困难人群的现实生存状况和实际需求。

政策设计应从“任务定位”逐步转向“信任包容”。特殊困难人群具有弱势性、风险性等特征，这就使得其自身对政策的理解和回应存在一定的滞后和断裂。在强调复杂程序和政策结果的“强势”帮扶政策下，掌握更多信息和资源的群体可能更容易获得政策的关怀，而特殊困难群体在自身条件资源贫乏的背景下，多数人只能望而却步甚至拒绝配合帮扶。由此才会造成诸如精准指标“抢”不到、用着“苹果”手机吃低保等现象的屡屡发生。因此，坚持“群众路线”和包容性治理逻辑是下一阶段特殊群体帮扶政策转变的题中之义和可行路径。包容性治理是一种强调机会平等、合作共治，注重发展机制的兼容性、发展成果的共享性以及发展条件的可持续性的一种治理模式。针对特殊困难群体，人文关怀和政策包容尤为重要。例如，针对现行的帮扶政策中，有时间限制的政策规定，如特殊困难群体社会保险缴纳存在六个月中断等待期，可以根据实际需要分阶段减少特殊困难人员等待时间，进一步加大对困难人群参保费用的减免力度等，充分体现政策对待特殊困难人群的包容和人本主义关怀。在这种治理方式转变的基础上，下一阶段的城市特殊困难群体帮扶工作应着重围绕人民群众的切实生活需求，针对不同困难群体，做好工作审核，简化申请手续，完善帮扶复审体制机制，加大走访力度，贯彻“从群众中来到群众中去”的工作方针，只有这样才能深入了解最真实的现实状况，从而真正做到“精准”扶贫。

政策执行应更具灵活性和人文关怀。对于参与“精准扶贫”的社会爱心企业、社会团体等社会组织力量，可以适当简化后续财务申报的手续和审计程序，降低社会企业申报成本，保持社会组织参与社会治理的积极性。同时，在地方自主治理层面，可以依据地方实际情况，在符合国家大的政策环境和政策背景的基础上，开展具有地方特色、符合地方能力的特殊困难群体帮扶工作。现阶段，随着国家户籍管理制度的进一步开放，城市流动人口数量和规模都有着大幅的提高。下一阶段辖区城市特殊人群的帮扶工作还应该逐步考虑辖区内的非本地户籍的特殊困难人口。尽管这部分人群户籍并不在辖区范围内，因而其应该享有的保障体系也难以进行统合和管理。但这部分困难群体在生存、教育、就业方面也的确存在着迫切的需求。从人本主义的角度出发，给予其一定的政策帮扶和社会求助既是国家和政府应尽的责任，同时也是社会精神文明和社会责任感的题中之义。这就需要各有关部门做好沟通与合作，完善登记和人口信息管理工作，同时也应尽快完善当前特殊困难群体的帮扶政策，以开放包容的政策目标导向对这部分流动人群进行关怀。

2. 强化社会组织自我“造血”功能，激发社会组织参与精准扶贫的热情

扶贫资金问题是扶贫工作中必须要解决的关键问题。一是充分发挥民间团体、社会组织、社会爱心企业等自身的资金和资源优势，形成资金筹集的合力，为精准扶贫提供强大的财力保障。二是加强各社会组织多渠道、高效率的对外资金筹集和资源聚合能力。既加强对政府渠道财政资金、信贷资金的利用，又发挥社会组织自身的资金筹集能力，通过在全社会发起募捐、建立扶贫基金会、企业捐赠资金、彩票公益金等形式筹集用于精准扶贫项目的公益资金，提升资金筹集力度。例如，可以加大对武昌区“阳光家园”工程的拓展，通过爱心企业定点工作投放和社工机构的介入协调，既保证了企业劳动力最优配置的利益需求，又能在社工机构介入的前提下保障残障人士的人生安全和权益不受侵犯，实现社会力量和残障人士帮扶的双赢局面。三是构建社会组织金融扶贫体系，增强扶贫项目的贷款，推动小额信贷等小微金融机构，筹集精准扶贫项目专项基金。同时，加快各扶贫项目资金周转速度和效应，提升资金利用率。因地制宜培育专业化扶贫项目，加快扶贫资金的周转和循环力度，保障资金供给效率，提升扶贫效果。

3. 完善立法保障体系，系统规定特殊困难群体的各项权益

建立以社会救助为基础，社会保障为主体的刑释人员基本保障体系。应把社会救助的建立和维护放在刑释人员社会保障的优先位置，建立以“三无”等特殊困难刑释人员为对象，以维持最低生活为目标，以生活救助和最低生活保障为核心的社会救助体系。通过法律条文的方式，对刑释人员的社区照顾衔接予以规定，责任到社区，从而避免“三无”刑释人员因信息管理问题被拒之于社会救助体系之外。在刑释人员的社会保障问题方面，国家应出台相关法律法规，以此来规范国家、社会保险职能部门、企业和就业的刑释人员之间的权利义务，并对解决服刑人员及刑满释放人员子女的社会照顾问题进行更加细致、可操作化的规定，从而在一定程度上解决服刑及刑满释放人员的后顾之忧，真正将这类特殊人群纳入法制化、规范化的国民保障体系当中。

细化对残障人士权益保障的法律表述。修订法律或地方性实施细则应该从人权保障、人人平等、相互尊重的角度出发，更加突出对残障人士中智力、精神残疾者的权利保护。普通人与残疾人，特别是智力和精神残疾者不在同一起跑线，后者无力与普通人一起竞争职业，获得生活保障，也无法与普通人一样融入社会。“一般权利”保障的文本表述并不能解决实际存在的歧视和差别对待现实。因为视力障碍而被拒之门外的“石志刚事件”①，因为智力障碍而被学校“特殊对待”的“崔鑫案件”② 仍屡见不鲜。尽管《残疾人保障法》明文规定“禁止基于残疾的歧视”，但“歧视”本身就较为宽泛，残疾人对所谓“歧视行为”的维权举证也较为困难。如果只是在立法中原则性地强调对残障人士的权益保障，而没有精准化的法律法规作保障，智力和精神残疾者要提高经济和社会地位，实现社会融合则只能是镜花水月。

4. 拓宽部门联动规模，构筑联合帮扶模式

“精准共治”要求帮扶工作精准到地区、精准到对象、精准到手段和方法。前一个阶段武昌区针对特殊困难人群采用定向治疗、专业对口的方式，取得了对城市人口精准帮扶困难的重大突破，但在帮扶审批、执行、监察等程序和社会组织介入的成本问题上仍有较大的提升空间。通过调研，我们发现对于辖区内特殊困难人群的帮扶工作其主要责任部门是区司法局和区残联，并最终交由辖区各社区街道进行统一工作和具体执行。但特殊困难群体其本身的特殊性决定了这类群体的实际需求具有复杂性和多样性。这就使得一两个部门并不能够完全兼顾到这类困难群体的所有必要需求。例如，刑满释放人员的社会保险问题、残障人士的医疗保障问题等，都不是司法部门和人力资源部门能够单独解决的问题。甚至还有可能造成因为权限和职责范围的有限部门间相互推脱责任的现象发生。因此，在下一个阶段的工作中，应该加强各个部门的联动，拓展部门联动的规模。在困难人群的生活保障、救助医疗、职业培训等各方面形成合理协调、分层指挥、有效跟进、共同监督、统一考核的共治局面，形成工作到部门，责任共承担的“精准共治”长效机制。

5. 加强特殊困难群体职业培训测评中心建设，深化个性化的“精准”帮扶指导

司法局、残联分别作为政府组织和群众性组织，是联系政府与特殊困难群体之间的桥梁和纽带。就业作为特殊困难群体摆脱贫困、实现美好生活愿望的

① 徐钟慧：《盲人办卡遭拒起诉银行是否涉嫌歧视残疾人》，载《新京报》，2017 年 2 月 19 日。

② 李长江：《为让先天智障儿受正常教育母亲与儿同桌上课 5 年》，载《西安晚报》，2013 年 6 月 30 日。

最主要手段，在脱贫攻坚工作中占据着十分重要的位置。特殊困难群众由于其身份或者生理上的特殊性，在求职过程中迫切需要专业的就业指导、职业训练等服务。然而，不同类别的特殊困难群众，其就业需求又各不相同。针对这一点，武昌区在前期的精准扶贫工作中，通过网格化、数字化的技术手段，已经实现了对辖区内精准扶贫对象的个性化分类服务。下一阶段的工作是要加强区内特殊困难人群劳动服务机构和各类特殊困难人群就业能力测评中心建设，通过这类劳动服务机构、就业能力测评中心等级机构，利用专业化优势，提供诸如能力评估、工作安置、职业咨询、职业规划等实用性服务，对不同类型、不同需求的特殊困难人群提供有组织、有规模、有产业的个性化“精准”就业对接和指导服务。

6. 完善刑释人员社会、养老保障，健全社工专业人才培养体系

对于刑释人员的社会保障和基本养老问题，应该从补齐工龄与养老安置两个层面完善帮扶机制，这也需要政府拨出部分专项资金开展针对性帮扶活动。对于因消除工龄而导致未达到社保年限的刑释人员，可将其消除的工龄作为参考工龄，通过折算的方式帮助其补齐工龄；对于因工龄不足而导致未达到社保年限的刑释人员，其老年生活无法通过领取养老金的方式得到保障，这便需要多方力量共同参与其养老帮扶活动。社区、街道、居委会等相关部门应在主动了解其养老困难的前提下，从养老安置的角度帮助其解决养老问题，如动员其亲属进行赡养、为其提供廉租房、开展送衣送粮活动等。也只有从“养老兜底”的角度出发，对其衣食住行进行帮扶，才能切实保障他们的基本养老问题，使他们真正能够融入社会。

在社工对口帮扶层面，由于目前我国社会工作整体上仍处于起步阶段，社会大众对社会工作的职业认同度并不高，社会工作从业者的数量并不乐观。同时，由于国内社会工作人才的培养机制还有待完善，使得社会工作专业人才在面对和处理专业性较强的服务需求时，常常感到力不从心、能力不足。这也是当前社区社工服务难以满足社区服刑人员、刑满释放人员需求的根本原因。因此，要进一步健全和完善社会工作人才的培养体系，提高社会工作的社会认同度。在社会工作的专业教学和培训中，更多地强调社工的专业价值，发挥社会工作净化心灵、乐观向上的专业功能，同时积极吸取国内外优秀的培养经验，注重社工专业能力、实践能力的积累和培训，从而提升社工的专业服务实操能力和水平。

专题六：武昌区城市扶贫扶志机制研究

党的十八大以来，以习近平同志为核心的党中央高度重视扶贫开发工作，并为坚决打赢精准脱贫攻坚战提出了一系列的新思想、新策略和新方法，这不仅为当前的精准扶贫工作提供了行动指南，更为今后的扶贫工作提供了发展方向和前进的动力。武昌区政府为响应国家精准扶贫的号召，实施了一系列的惠民政策，对全面实现脱贫工作作出了巨大的贡献。具体来说，武昌区政府在扶贫的过程中不仅注重实施住房、教育、医疗和就业等多方面的政策福利来保障贫困群众的基本生活需求，而且还特别重视利用精神扶贫来激发贫困群众内生动力，从贫困群众的内在机制出发，达到物质与精神同步脱贫。

在既往研究中，学者们多从“精准扶贫”下手，即更多地研究实质性的物质救助帮扶工作，较少探讨贫困群体精神或心理方面的贫乏与不足。近年来，政府扶贫工作力度不断加大，扶贫优待政策措施落实到位而全面，部分贫困群众在有能力脱贫致富的情况下，其脱贫意愿越来越低，想要通过不劳动而获取政府的帮扶和救助，依赖性增强，“等靠要”的思想严重，严重影响了扶贫工作的进程。故此，精神扶贫工作迫在眉睫，需要被重视和发展。精神扶贫是解决精神层面上的问题，通过从思想上引导、从教育上支持、从文化上倡导、从价值上引领、从人文上关怀等工作促使贫困群众自食其力，激发群众的内生动力，达到致富脱贫。

武昌区政府通过组织开展扶“思想”、扶“业”、扶“志”、扶“智”以及树立脱贫典型等主要做法，不仅为武昌区的精准扶贫工作提供坚实的精神基础，而且在整个扶贫事业中发挥着至关重要的作用。

一、武昌区扶贫扶志的主要做法

（一）加强理论学习与督导，提升党员干部的扶贫信念

党的十八大以来，习近平总书记关于开展扶贫工作进行了许多具有战略性

意义的讲话，形成了习近平总书记关于扶贫工作的重要论述。其中，习近平总书记在论述当前我国如何战胜精神贫困时提出了一系列的经典良句，例如："干部群众是脱贫攻坚的重要力量，贫困群众既是脱贫攻坚的对象，更是脱贫致富的主体。要注重扶贫同扶志、扶智相结合，把贫困群众积极性和主动性充分调动起来，引导贫困群众树立主体意识，发扬自力更生精神，激发改变贫困面貌的干劲和决心，靠自己的努力改变命运"；"只要有信心，黄土变成金"；"人穷志不短，扶贫必扶智"；"摆脱贫困首要并不是摆脱物质的贫困，而是摆脱意识和思路的贫困"；"扶贫必扶志，治贫先治愚"；"脱贫致富不仅要注重富口袋，更要注重富脑袋"等。这一系列的讲话精神在扶贫开发过程中不仅具有非常重要的理论指导价值，而且对于如何开展扶贫工作也提供了强大的动力和新的发展方向。

武昌区政府遵循"两学一做"的指导原则，以认真学习习近平总书记系列讲话精神为重点，深入开展了一系列的学习活动，不仅有利于提高党群干部的思想素质和政治觉悟，而且还可以使讲话精神激发党群干部在扶贫工作中的热情，进而内化为党群干部的自身动力。因此，只有让党群干部先在思想上实现脱贫，才能真正有助于贫困群众实现精神上的脱贫。武昌区政府的具体做法主要分为以下两个方面：

1. 理论学习

武昌区政府为深入贯彻落实精准扶贫工作，以认真学习党的十八大以来全会精神和习近平总书记的系列讲话精神为重点，并与"两学一做"的学习教育相结合，融入到全区党群干部的学习内容之中。例如开党员大会、党员小组会以及专项党课等来强化党群干部的理论知识和提升其思想觉悟。并且始终坚持深入学习、反复学习、原原本本学习的原则，真正地领悟到习近平总书记的扶贫讲话精神。通过扶贫理论知识的学习，既强化了党群干部的理论武装，也从整体思想上改变了党员对贫困群众的看法，更新了党员参与扶贫工作的内容，更坚定了党员干部扶贫的思想信念。

2. 实践督导

通过认真学习党的十八大以来的全会精神和习近平总书记的关于一系列扶贫讲话精神，武昌区政府制定了"一户一策"政策，规定落实党员干部结对帮户责任，开展党员干部走亲结对活动，利用三方联动、居民议事会、班长议事会、警民恳谈会、网络对话、微信平台，实行点对点对接、面对面的帮扶，帮助困难群众算好“四本账”（收入数字账、致贫成因账、政策措施账、帮扶成效账）等活动。一方面使党群干部将学习的扶贫思想运用到了实践中来，另一方面通过实践进一步强化他们的理论知识储备。

通过对扶贫思想和理论知识的学习，部分党员干部可能还存在对政策和讲话精神了解程度不够、责任意识淡薄以及缺乏长期的扶贫攻坚意识等，这使得扶贫工作开展的效果不尽理想。针对这一问题，武昌区政府制定了督导的方法来给予解决。具体来说就是将各单位支部、党员开展城市精准扶贫工作纳入“两学一做”支部生根工程，开展督导检查，不定期抽查走访各单位低保包户情况，督导“一户一策”工作落实。通过现场督导与组织调度相结合、全面检查和精选典型相结合、重点督导和全面检查相结合等多种督导形式，既对存在的问题及时更正，有效促进扶贫工作的开展，还建立健全了激励约束和监督管理机制，将党员干部开展扶贫工作满意度情况作为年终考核的重要方面。这样一来不仅防止了部分党员因思想作风问题而出现的扶贫工作效率低下，还能在实际的工作中及时地对部分党员的思想偏差进行指正和引导，进一步强化党员干部的思想觉悟，有助于他们在思想上尽早脱贫。

（二）实施就业创业策略，开展“造血式”扶贫

实现脱贫的根本在于精神，只有在精神上自立自强，才能真正打赢扶贫攻坚战。武昌区政府响应时代的号召，在满足贫困群众物质需求的同时，根据贫困群众致贫的原因、贫困程度、个体实际意愿与需求，提供了一系列的具有针对性的扶贫方法，例如搭建就业平台、开展技能培训和实施创业扶植帮助等，这同时也是一条创新性的扶贫之路，从原来“输血式”的救助变为“造血式”的扶贫发展，不仅解决了贫困群众的就业问题，提高了经济收入，从源头上脱贫，摆脱了贫困，更使贫困群众意识到了自身的潜力，激发了他们的内生动力，重新唤起了对生活的热情，无论在实际行动中还是在思想上都变得自立自强。具体来说主要分为以下几个方面：

1. 搭建就业平台

第一，就业推荐。就业推荐对象主要是指针对有意愿并缺乏一定能力来通过就业脱贫的贫困对象。在一般情况下，主要包括年龄较大的贫困对象、下岗工人、刑满释放人员及残疾人等，这些困难群体相对缺乏一定的就业渠道与就业机会，由于自身条件难以被企业接受从而实现就业或因被“标签化”而被社会淘汰。2017 年武昌区政府一方面通过在各街道，包括杨园街、水果湖街、

白沙洲街、中华路街等开展多场现场招聘会，尽可能提供一些低专业要求的岗位，为有需要的贫困群体搭建多渠道就业平台；另一方面，在建立一户一策的基础之上，通过社区的工作人员入户调查，了解贫困对象的实际就业需求和个人实际情况，把有需求及有意向就业的贫困对象汇总到街道，再通过街道联系人力资源局，人力资源局根据每个贫困对象实际情况进行岗位工作安排，例如提供了保安、保洁、家政服务、餐厅服务员、物业管理等一批适合精准扶贫对象的岗位，然后再根据贫困对象的个体需求进行人职对接，从而满足他们的就业需求。在此基础上使其认识到自己的能力，进而助其增强脱贫信心，实现自立自强。

例如，武昌区积玉桥街王某，男，48 岁，中专文化程度，身体部分残疾；妻子郑某 43 岁，初中文化程度，无一技之长，打零工无固定收入；其女儿王彩（化名），16 岁，读高二。王某是家里唯一的顶梁柱，但是由于身体的部分残疾，多次寻求工作都被拒绝，所以一直处于失业状态。目前一家三口和年迈的父母共同居住在 30 平米的平房里。王某一家此时面临最大问题是经济困难问题。由于缺乏经济来源，以至于全家人的生活都难以维持。其最大的需求就是解决王某的就业问题，增加经济收入，缓解家庭困难，重新点燃整个家庭对未来生活的希望和热情。因此武昌区通过以下措施改善了王某家庭的困难和问题：其一，社区根据相关政策，帮助王某一家进行低保补贴申请，缓解了整个家庭因经济问题而带来的生活压力；其二，考虑王某身体条件的限制，人力资源局以及社区的有关工作人员多次详细了解王某的身体条件，并多次与其交流沟通，询问其就业意愿。王某本人也表示自己很想通过就业来摆脱贫困，但是因自己身体的问题，害怕遭受打击，同时希望政府可以帮助找到一份合适的工作。在政府相关人员的多渠道联系中，为王某在湖北省武汉市某有限公司寻求到一份适合的送检员的稳定工作。最后通过政府与公司的沟通交流，同意王某就职。现在其家庭经济得到较大改善，王某一家老小十分感谢政府扶持，对未来的生活充满了希望和自信。

从上面案例中我们可以清楚地看到，鉴于王某的身体原因，相关政府人员通过与公司联系直接提供工作帮助其就业，不仅增加了经济收入，减轻了家庭压力，缓解了家庭生活经济困难，满足了他们的基本生活需求，加速他们摆脱贫困，而且通过就业使全家人对未来的生活都充满了希望，更增加了对生活与自身的自信。这种帮扶方式不仅仅是一种从物质层面上的满足，更是对精神层面上的灌溉。

第二，公益性岗位。公益性岗位是政府的一种援助性岗位，属于岗位兜底安置，其中包括管理型和服务型。在市场上竞争能力较差而又难以实现就业或不愿意到企业就业的精准扶贫对象及其子女，政府会单独拿出一些政府内部临时性工作岗位面向精准扶贫对象。公益性岗位的目的是帮助贫困对象临时过渡贫困或者艰难的环境，当贫困对象通过公益性岗位的工作学习到一定的技能时，政府通过把贫困对象推向市场的方式实现其独立自强生存。武昌区所提供的公益性岗位也采取像其他事业单位面向社会公开招聘的模式，但是其限定的对象是精准扶贫对象。2016 年武昌区政府面向精准扶贫对象共开设接纳了 8 个社区公共服务干事岗位、49 个安保人员和流动人口协管员的工作岗位，很好地解决了一批特殊贫困群众的就业问题。

2. 技能培训

提供技能培训主要是针对有意愿并且有能力通过学习相关的技能来实现就业的贫困对象，这些困难群体相对缺乏就业技能、学历较低，难以通过自身的现实条件来更好地就业脱贫。在提供就业技能培训方面，武昌区人力资源局首先在各社区针对贫困对象的需求进行调查摸底，然后根据贫困对象的职业技能需求情况安排技能培训班的开展，贫困群众可以向户籍所在地的社区提出申请，社区将符合条件的人员向街道劳动保障所进行上报，街道劳动保障所通过向区人力资源局汇报后，共同制定出培训方案，通过后便可开班进行培训，还包括积极地进行后续宣传和后期的跟踪帮扶工作。在职业技能培训的补贴方面，自愿参加职业技能鉴定且符合条件的城市贫困劳动力，可按 200 元/人的标准给予补贴。除了参与人力资源局开展的技能培训外，贫困群众还可以通过在全市范围内选择一卡技能培训定点机构参与报名和培训，按照规定可以享受 400~4000 元/人的培训补贴。

2016 年 11 月初武汉市武昌区人力资源局内部自行安排或与华联超市、醉江月等企业合作，针对电子商务、物业管理员、育婴师、家政服务、面点糕点、足部按摩师、电子计算机维修等专业，分别在武昌区就业创业实训培训基地、紫阳街、白沙洲街举办了三期精准扶贫技能培训班，培训人员达 150 余人。在技能培训结束后，经考核合格发放了结业证书、职业资格证书，并根据培训情况甄选和安排出与所学专业对口的岗位直接与精准扶贫对象对接就业。另外在 2017 年 5 月，武昌区人力资源局联合武昌江南职业培训中心，分别在中华路街、首义路街、水果湖街、白沙洲街办事处，针对特殊需求的贫困对象免费开办 4 期精准扶贫技能培训班，共 197 名精准扶贫对象和就业困难人员参加了培训。该次技能培训班根据贫困人员的意愿、实际需求、工作能力和市场需求，根据简单易上手、方便就业的特点，开展特定的创业就业的技能培训，让各辖区就业困难人员在短时间内掌握一门技能。

例如，郑某，男，58 岁，初中文化，低保家庭，居住在粮道街 148 号，下岗买断多年，现阶段处于待业状态；妻子董某，47 岁，一直无业，由于身体状况不好（患有严重的肾病），需长期治疗现待业在家，无收入；儿子郑小明（化名），22 岁，高中文化，一直不好就业，目前全家仅靠低保金维持生活。郑某家庭存在的问题包括：一是郑某文化水平低，难以找到适合的工作，一直处于待业状态；二是妻子董某身体患病，需要长期治疗；三是儿子也一直处于待业状态。针对郑某家庭的情况，武昌区通过提供就业培训使贫困对象摆脱贫困，逐步实现自信自强。第一，社区根据武昌政规〔2017〕3 号文《武昌区人民政府关于加强困难群众帮扶工作的意见》，考虑郑某的就业意愿，社区领导以及其他工作人员，通过多方面收集就业信息，为其推荐了工商协管员的工作、城管协管员的工作等。经过前期的就业培训，郑某最终通过了工商协管员的考核，顺利上岗。虽然工资待遇不是很高，但是工作性质比较稳定，还能够缓解家庭经济问题；第二，社区针对董某的实际情况，帮助申请了大病医疗报销以及其他方面的医疗福利，并联系了相关医院，目前郑某妻子的病情有所改善；第三，2013 年社区领导等进行了家庭入户走访，核实了郑小明的家庭实际情况，通过与郑小明的谈话，了解到，郑小明因就业压力大，有参军的意愿，由社区向街道推荐，并如愿安排当了两年的兵；第四，2015 年郑小明退伍回来之后，社区对他进行了精神方面的疏导，并鼓励他考取了大专文凭，他最终也顺利通过了招聘考试，并于 2016 年 11 月在中华路工商所就业，解决了他的就业及经济问题。

技能培训的目的是通过为贫困对象提供相关的技能培训，使贫困对象学习到一门新技能，从而适应更好的工作岗位。一方面为贫困对象在实现更好就业以便更快脱贫提供了良好的渠道；另一方面，贫困对象在学习了新的技能后，能对自身发展有更好的憧憬与期待，在心理上达到更好的自信自强，为以后的脱贫和发展起到一定的推动作用。

3. 扶植创业发展

扶植创业发展推动贫困对象脱贫的工作是指政府通过对有意愿创业的贫困对象进行一系列的创业帮扶，扶植出一批依靠创业达到脱贫致富的群众队伍。城市的扶植创业发展推动贫困对象脱贫的工作从扶植的创业类型、创业途径以及创业补贴途径上与农村的扶植创业发展工作存在较大的区别。农村通过对农业投资者给予各产业的直接补贴、提供政策性农业保险、农业科技服务和技术指导、小额信贷资金支持、农村土地承包权有序流转以及加工龙头企业，激发与支持农村发展农业船业。城市的扶植创业发展工作主要是通过政府提供创业培训或培训补贴、小额信贷资金支持、一次性创业资金补贴以及场地和水电等的优惠和补贴等的帮扶培育和发展城市精准扶贫对象的创业道路。

武昌区政府有一种特殊的扶植创业发展方式。一些社区开展了社区内的产业基地孵化工作，通过发展和开发本社区的特色产业，然后将产品委托给特殊的贫困对象，如因残致贫的贫困对象，让贫困对象将产品卖出后，再向贫困对象拿回产品的成本价；或者通过传授一些特色产品的手艺，一方面贫困对象制作手工艺品，另一方面，社区工作人员负责组织销售渠道和客户的来源，帮助特殊的贫困对象获得额外的收入。

（三）激发内生动力，增强脱贫信念与意志

习近平总书记强调：扶贫先扶志。所谓“扶志”就是对贫困群众扶思想、扶信念、扶意志、扶志气，帮助贫困群众树立起摆脱困境的斗志和勇气。具体来说就是要解决贫困群众因贫困所产生的心理问题，通过各种形式的帮扶去增加贫困群众脱贫的勇气以及鼓励和动员他们战胜贫困的信心，从而摆脱“等靠要”的落后思想，突破自己的心理障碍，助力摆脱贫困。因此只有不断地通过各种形式为贫困群众输送“精神食粮”，改变不劳而获的不良风气，培养和造就勇于面对困难的信心和意志，才能充分调动贫困群众的主观能动性，激发其内生动力，从而摆脱贫困。

武昌区政府在“扶人先扶志”思想战略的指导下，开展了一系列的精神帮扶活动，为贫困群众送去了充足的“精神食粮”，增强了他们脱贫的信念和意志，加速了摆脱贫困的进程。

1. 组织开展教育宣传

为了增强贫困群众脱贫致富的信念和意志，武昌区政府通过多种教育宣传的形式为他们送去了“精神食粮”，极大地调动了脱贫的主观能动性，激发了他们脱贫的热情和内生动力。

第一，直接宣传。为了加大精神扶贫在整个扶贫开发工作过程中所起的作用，武昌区政府最为直接的做法就是组织宣传。一方面通过政府引导，社区助力的模式在每个社区内进行组织宣传关于党的扶贫政策，例如张贴宣传海报、发放宣传单以及电话访谈等方式，时刻使贫困群众意识到扶贫政策对他们的支

持，从而激发一种脱贫光荣的社会氛围；另一方面在“一户一策”的基础上，工作人员以入户的形式向每一位贫困对象详细介绍党的民生政策和脱贫攻坚的一些好思路、好政策、好措施等，针对贫困户接受信息的能力差异，工作人员采取形象化、具体化、案例化以及重复化的方式为其解读，主旨就是要加强贫困对象对政策的了解，通过贫困对象对政策知识的不断强化，提高人力资本，使他们在摆脱贫困的过程中及时运用政策所提供的资源，调动主观积极性。另外以这样一种入户宣传的形式不仅为贫困群众送去了党和政府对他们的支持和关心，更让贫困群众体会到了这种温暖，更增强了脱贫的信心。

第二，社会力量带动“扶志”工作开展。贫困群众之所以处于贫困状态主要原因还是在于他们在遇到困难时所引起的心理障碍，从而削弱了他们面对困难的勇气和信心。因此武昌区政府为了能够解决贫困群众因心理障碍而引发的问题特别重视专业社会力量的参与。例如通过购买服务的方式聘请武汉市博雅社会工作机构的专业人员为有心理问题的贫困群众提供帮助，在服务的过程中，社会工作者运用专业的知识和介入技巧首先使贫困群众意识到造成目前贫困的原因并不是因为“我”的问题，而是社会环境的影响，让问题外化；然后再以个案心理辅导的方式对他们的心理障碍进行疏导，逐渐使他们从自卑和焦虑中走出来；最后通过“代币制”等方式鼓励使他们走出心理障碍，增强面对生活的勇气和信心，重新唤醒对生活的热情。另外还有湖北大学博士义工队对低保家庭子女进行课业辅导和南湖街小渔工作室为辖区贫困群体提供专业心理支持和精神关爱等的帮扶。通过引入社会力量的参与，可以从更专业的角度来对贫困群体的心理问题进行介入并给予支持和解决，同时通过主体性的引导，让他们意识到自己内在的潜能，从而增强其自尊自信。

例如，陈某，54 岁，单亲母亲，没有稳定工作与收入；其子田某 29 岁，初中毕业，多年以来，长期沉迷于网络游戏，不愿意从事任何工作。陈某家庭的贫困主要是缺乏收入来源，妈妈陈某无稳定工作，收入来源较少，家庭负担重；儿子田某沉迷游戏，无工作意愿。武昌区针对陈某和田某分别展开了工作：第一，针对陈某无稳定工作带来的烦恼以及收入较低，考虑到陈某年纪比较大，所以社会工作者帮助联系了一份压力较小的工作，解决了其就业问题。第二，针对田某沉迷于网络游戏以及不愿意就业问题，武昌区政府通过引入专业社会工作者的新兴力量，为田某扶“志”。社会工作者首先运用了认知行为模式开展个案辅导，帮助改变对网络游戏与生活的错误认知，然后根据其对电脑的兴趣，利用其专长，帮助找到了一个有关电脑方面的工作，逐渐降低了他对网络游戏的迷恋；同时，也发挥了田某的特长与兴趣，增强其志气与激发起脱贫动力，使其回归正常生活。

第三，依托老党员干部。武昌区政府为了更能接近贫困群众，更能在精神上鼓励他们自立自强，增强他们脱贫的信心和意志，营造一个积极脱贫、脱贫光荣的文化氛围，积极调动了社区的老党员以及退休干部参与到精神扶贫工作中来，并组建了一支由文艺骨干、基层宣传员组成的宣讲队伍，深入到社区贫困群众中去，运用贫困群众所喜闻乐见的宣传方式，加大宣传扶贫攻坚的政策，激励贫困群众战胜贫困、走向富裕的信心和斗志，用行动来诠释“人穷志不穷”的真正内涵，营造脱贫光荣的社会氛围。

2. 结对送，助脱贫

贫困群众之所以精神懈怠，志气不足，其主要原因有很多，有的是代际贫困传递，安于贫困；有的是因病致贫，精神备受打击，失去对生活的信心；有的是就业过程中受挫，自尊心遭受打击；有的则是靠政府救济，懒惰成性。因此要想真正帮助贫困群众脱贫，必须了解实际情况，因户施策，结对送帮扶。

为了深入贯彻落实党中央作出的“精准扶贫、精准施策”等的重大战略部署，武昌区政府特地制定了《武昌区城市精准扶贫行动方案》，要求区级领导、处级干部包5户，正科级干部包2户，党支部包2户的要求，全区14个街道、66个区直部门和辖区单位的999名党员、186个党支部与3407户扶贫对象进行结对送帮扶。通过使党员干部下沉到基层社区、深入到每一户贫困家庭，与贫困对象进行结对子，进一步深入了解到每一户贫困对象的基本情况，开展有针对性的帮扶活动。既要从物质上进行帮扶，不断送去党和政府的关心和支持，还要从思想上进行帮扶，经常与贫困对象交心、谈心，不断鼓励贫困对象要有面对困难的勇气和战胜困难的决心和信心，鼓励他们自立自强，从心理层面帮助贫困对象树立强大脱贫的信念和意志。

（四）注重能力提升，阻断贫困的代际传递

精神扶贫要扶“智”，通过扶“智”增强贫困群众的脱贫能力，也为社会、贫困地区提供更高素质的人才劳动力。所谓的扶“智”就是扶知识、扶技术、扶思路，帮助和指导贫困群众着力加强思想教育和文化教育，提升脱贫致富的综合素质，进而增加社会资本和人力资本，为更好地实现脱贫和自我发展提供更加有力的武器，阻断贫困的代际传递。精神扶贫在扶“智”工作中大致可以在以下三个重要的环节中实现扶贫与扶“智”的结合：第一，要扶持贫困户的决策之智，打破贫困对贫困户“决策能力”的限制；第二，扶持

贫困户的发展之智，打破贫困对贫困户的“本领局限”；第三，扶出贫困户的传承之智，打破贫困对贫困户的“遗传锁定”。①

“扶贫先扶智”的扶贫思想决定了教育扶贫在精神扶贫的过程中扮演着重要的角色，可以说是整个扶贫过程中的基础性和先导性工程，同时也是根本性工程。百年大计，教育为本，教育不仅是衡量一个国家软实力的重要标杆，也是当下消化原有贫困“存量”，阻断代际贫困“增量”，从根本上摆脱贫困的重要手段和内生动力。② 因此开展教育扶贫也即是通过帮扶贫困家庭子女解决教育的问题以及对贫困对象的文化教育、科学普及以及知识扩展。武汉市武昌区政府在精神扶贫工作中扶“智”的工作内容主要是通过帮扶解决贫困家庭子女教育的问题，帮助贫困家庭子女接受更好的教育。

武昌区的扶“智”工作内容首先是调查了解贫困家庭是否存在子女教育问题，包括学费困难、自身条件问题等。确保家庭存在子女上学难的问题后，然后结合家庭贫困原因，制订相应的扶贫工作计划。此外，帮助存在上学难的贫困家庭的子女申请各类国家助学政策的优惠以及分析特殊人群的教育政策，在资金上以及政策支持上解决贫困家庭子女上学难的问题。再者，社区根据贫困户子女的实际需求，帮助贫困家庭的子女联系高校大学生志愿者，对贫困户子女进行爱心课业辅导及心理疏导，以帮助促进其子女的学习成绩，同时也增强其自信心。

例如，武昌区大东门社区开展的助学扶智工作。殷某，女，17 岁，父母离异后父亲在 2008 年查出患胃癌，于 2009 年 1 月去世。殷某由于眼睛问题于 2015 年摘除了一只眼（左眼），并且 2018 年 5 月查出患白血病。目前在读技校（武汉市交通科技学校），暂住在姑妈家。殷某不仅面临着父亲因病去世和母亲出走后严重的经济问题和亲子关系问题，再加上殷某身患障碍性贫血，无收入来源，也面临着严重的医药费和学费问题。武昌区大东门社区了解情况后，及时地给予帮扶。首先，将殷某纳入低保范围，享受低保福利；其次，相关政府部门领导深入社区慰问殷某，详细了解她的生活以及学习情况，并在精神上鼓励她树立自信，战胜困难，好好学习。并通过与学校协商，对殷某学费进行大额减免，既减轻了家庭的生活负担，也为她提供了足够的时间和精力用

① 刘合光：《推进精准扶贫与扶志扶智深度结合》，载《中国社会科学报》，2018 年 2 月 22 日。

② 胡蝶：《扶贫必扶智：教育精准扶贫是摆脱贫困的内生动力》，载《改革与开放》2016 年第 21 期。

在学习上。这一工作做法，一方面在一定程度上减轻了殷某的生活负担；另一方面通过助学扶智的方式为其减免了大额的学费，既减轻了心理上的压力，同时通过政府以及社会人士的热心帮助也增加了其对生活的信心和对学习的动力。

（五）典型模范的建立与宣传

为了在武昌区扶贫开发工作的过程中营造一个自立自强、脱贫光荣的社会氛围，武昌区政府提出了用典型模范带动脱贫的做法，要求每个街道定期从贫困户中总结典型案例并上报，对于情况属实的案例进行整理分类，然后再通过社区直接宣传、开学习典范模范大会以及运用互联网等渠道进行全方位宣传，这不仅进一步增强了模范人物对生活的信心，提高了自尊自信，而且还能感染到其他的贫困群众，使他们从典型模范人物的自立自强的精神中看到自己的影子，从而提高他们面对生活的勇气，从自卑中走出来，重新看到对生活的希望。通过这样一系列的典型模范的建立，从而形成连锁效应，模范带动模范，进而带动整个社会。

例如，汪某，女，离异，51岁；女儿刘某，23岁。母女俩居住在首义路千家街社区。女儿大学虽已毕业，且拥有英语八级证书，会说两种小语种，但因家庭条件不好，性格内向，不擅表达，多次参加面试都与心仪的单位失之交臂，自信心大受打击，导致其心理自卑不愿出门，更不愿与人沟通。社区低保专干、社区工作者在对其分析不愿意就业的原因之后，帮助其制定就业策略和目标，并推荐就业。刚开始做低门槛的工作介绍，后来社区协助她们母女两人都找到了工作，逐渐地她开始恢复自己的自信心。在帮扶的过程中工作人员重点通过给她讲一些社会经验和典型榜样案例，用榜样行为激励她恢复自信，激发内在动力，发挥自己的潜能。2017年5月，上海一家贸易公司聘用她做翻译工作，试用期月薪6000元，她已经步入了自己的人生轨道。

二、武昌区扶贫扶志的经验总结

（一）党员干部要加强对精神扶贫的认知

习近平总书记强调：“越是进行脱贫攻坚战，越是要加强和改善党的领导。各级领导干部要保持顽强的工作作风和拼劲，满腔热情做好脱贫攻坚工作。”而要想使各级领导干部积极地投入到扶贫开发工作中，关键是要加强各领导干部的思想和精神教育。武昌区政府为了鼓励各级领导干部全身心地投入到扶贫中去，以各种形式开展了党群干部的教育学习活动，主要是加强他们对党中央作出的战略思想的学习以及提高他们对精神扶贫在激发贫困群众内生动力的认知，使他们在具体开展工作的过程中既有非常丰富的战略思想理论作为指导，又能通过学习一系列的精神扶贫的知识，加深了党员干部对精神扶贫这一方法的重视；同时还改变了他们对贫困群众的看法和态度，让他们意识到了要想激发贫困群众的内生动力，实现脱贫，关键在于他们自身促使贫困群众精神脱贫的内生动力有没有被及时地激发出来，而率先实现思想脱贫，进而鼓励贫困群众精神脱贫。

为了进一步加强党员干部对党中央作出的重大扶贫战略精神和精神扶贫方法的学习和认知，武昌区政府还制定了“城市精准扶贫”行动的督导方案。通过对党员干部在实际扶贫过程中存在的问题以及跟进检查，对于工作和思想上有问题的党员干部及时地给予督导和纠正，不断改进他们的工作方法和强化思想转变，进而激发他们内生的工作热情。

党员干部思想的转变与脱贫，直接关系到他们是否能够积极地投入到扶贫工作中去，直接关系到党员干部与贫困群众建立新型的相互支持、相互信任、相互激励的合作关系，进一步直接关系到贫困群众能否增长内生动力，实现精神脱贫，其关键还是要加强党员干部的思想学习，实现思想脱贫。

（二）提供多方向、多层级的就业渠道

为了改变过去“输血式”的救助模式进而走向“造血式”的发展模式，武昌区政府建立了多途径的就业渠道，不仅解决了一大部分贫困群众的就业问题，提高了经济收入，加大了摆脱贫困的力度，而且通过顺利地实现就业，使他们发现自己的潜力，重新燃起对生活的热情，激发内生动力。

因此通过对武昌区政府实施的“造血式”的发展模式的了解，在扶贫开发的过程中要特别重视扶“业”的作用。一方面可以通过建立就业帮扶双库——对象库和岗位库：对象库主要是指不同类型的贫困对象建立的待就业的数据库，它主要是依托街道、社区开展入户摸底工作，深入了解他们的就业意愿等信息，然后把不同能力的扶贫对象进行归类，例如针对有能力并且有意愿参加就业的以及年级较大或者身体素质低的贫困对象开展不同的就业帮扶，实现差异化帮扶；岗位库主要是指由不同的市场岗位建立的待上岗的数据库，通过对本地企业、超市等缺乏职工的岗位进行统计分类，筛选出适合武昌区精准扶贫对象就业的工作岗位，通过精准扶贫网站及就业微信平台发布岗位信息，

帮助符合岗位条件并有意愿参加企业就业的精准扶贫对象与企业取得联系，促其上岗就业。另一方面政府还可以拿出相关政府岗位为贫困对象提供短暂的就业，缓解就业的压力，一旦贫困对象学到了基本的技能就为其提供市场岗位，这缓解了贫困对象就业时的压力和焦虑，提高了自信心。最后政府还应该出台一些鼓励性、支持性的创业政策，即通过优惠一些创业基金和聘请专家的培训，鼓励贫困群众创业就业，重新燃起就业热情，激发了贫困对象的内生动力，重新唤起了对美好生活的激情。

总的来说，只有建立多途径的就业渠道，才能满足不同贫困对象的就业需求，才能实现“造血式”的发展，从而调动贫困群众的积极主动性，实现就业，增强自信。

（三）组织开展全方位教育宣传

习近平总书记指出：“把握好时、度、效，增强吸引力和感染力，让群众爱听爱看、产生共鸣，充分发挥正面宣传鼓舞人、激励人的作用。”因此这就需要通过教育宣讲来激发贫困群众的内生动力，实现早日脱贫。通过教育宣讲不仅可以唱响主旋律、传播正能量，积极创新新思路，为经济社会的转型提供有力的思想保证、精神动力，更能从实际的工作中激发社会的内生动力，凝聚社会正能量，确保2002年实现全面小康。

武昌区政府为了全方位地给贫困群众提供知识学习和思想教育，主要进行了党员干部入户政策宣传、社会力量参与知识宣传以及老党员、老干部组建的文化宣传和党员送帮扶等活动方式。因此通过进行党员干部入户政策宣传，向贫困对象详细介绍党的民生政策和脱贫攻坚的一些好思路、好政策、好措施等，加强贫困对象对政策的了解，通过贫困对象对政策的不断强化，使他们在摆脱贫困的过程中及时地运用政策所提供的资源，激发脱贫致富的动力。通过引入专业的社会力量，例如武汉市博雅社会工作机构在介入贫困对象的过程中，不仅带去了专业的知识和技巧帮助贫困对象进行心理咨询和辅导，更是通过专业的社会工作者鼓励与引导贫困对象在参与社区治理的过程中提高他们的主体性意识，去除弱势群体的“标签”，加深主体思想观念，激发脱贫致富的决心。另外利用老党员、老干部的优势组建一支专业的队伍，通过开展贫困群众所喜闻乐见的宣传活动，积极宣传新时代的主题思想，改变他们“等靠要”的传统思想，从而激发他们自力更生的生活热情。最后通过党员送帮扶活动不仅为贫困对象送去了物质帮扶，更送去了充足的“精神食粮”，不断鼓励贫困对象敢于直面生活中的困难，激发战胜困难的决心和信心，最终走出贫困，走向幸福。

所以，只有组织开展全方位的教育宣传和党员入户帮扶，才能让更多的贫困群众了解扶贫政策、学习更多的脱贫知识等，进而提高参与脱贫的意识，点燃对生活的希望，激发自立自强的内生动力。

（四）扶“志”与扶“智”双管齐下

武汉市武昌区在开展精神扶贫工作中，突出强调扶贫先扶“志”的关键概念，为贫困群众从调查、宣传到帮扶过程中送去“精神食粮”。武昌区政府真切地认识到，人民才是脱贫攻坚的主体力量，如果贫困对象缺少脱贫致富的志气和意志，是怎么扶也扶不起的。因此，政府和街道社区共同建立扶“志”工作机制，通过建立一户一策并多次走访贫困群众家庭，了解贫困对象实际需求，走进贫困群众的内心，准确把握每个贫困对象的思想动态，疏解贫困群众内心的忧虑，为贫困群众出谋划策，增强贫困群众的意志力和信心。

此外，武昌区政府也强调扶贫必扶“智”的工作方针。习近平同志指出：“科学技术是脱贫致富的关键。……依靠科学技术进步可有效地提高劳动者的素质。”培养高素质劳动力，阻断贫困的代际传递，提高当代劳动者的知识水平和科技素质。武昌区政府在扶“智”工作中突出解决贫困家庭子女的教育问题，确保每个贫困家庭的子女在教育阶段“上得起学”“读得起书”，也在更深一层次上，为贫困家庭的子女提供更丰富的学习资源和更细致的心理健康辅导，帮助他们提升在学习上的竞争力和自信心。

扶“志”与扶“智”双管齐下，在物质扶贫的基础上，在思想上激发贫困群众的脱贫内生动力，引导贫困群众建立新思维、新观念，在精神世界中先富起来，助力脱贫致富新发展。

（五）脱贫致富典范树先锋，助力精神扶贫

武昌区政府为了进一步加大对精神扶贫的宣传力度，激发贫困群众脱贫致富的信心和对对美好生活的向往，进而营造一个良好的脱贫氛围，通过树立立志、扶智、扶职等一大批典型致富模范人物，并在各街道社区积极地进行宣传，让更多的贫困对象了解和学习先进的模范脱贫事迹，形成模范带动脱贫的效应。

因此从武昌区政府树立和宣传典型模范助力精神扶贫的做法中我们可以提炼出许多值得学习和肯定的东西。首先要想进行精神脱贫就必须让贫困群众看到精神脱贫的成效，而通过树立和宣传脱贫典范以及其脱贫事迹就是最好的证

明，因此在扶贫的过程中要通过各类评选活动，培养树立了一批“精神扶贫”的道德模范、先进典型，从而带动社会脱贫的良好氛围。另外要深入开展道德讲堂模范宣讲，组织各个社区评选出各种类型的脱贫典范，进行广泛深入的宣讲，以身边人讲身边的故事，用身边故事教育身边的人，用道德的力量来引领新风尚。

通过推出一系列的脱贫致富典型模范不仅是对模范人物所作出的努力的肯定和认可，进一步加深其对脱贫的信心，而且还改变了其他贫困对象对自身的认知，激发他们学习先进人物的事迹，逐渐发现自身的潜能，重新激起他们对生活的渴望和信心。

三、武昌区扶贫扶志的启示

武昌区政府充分认识到了精神扶贫在整个扶贫开发事业过程中的重要性，为党群干部扶“思”，把“扶志、扶职、扶智”与精神扶贫紧密结合起来，通过切实有效的做法使精神扶贫的作用充分发挥出来，不仅加速了武昌区城市扶贫的步伐，而且还为当前阶段各地开展精神扶贫工作做了有益的探索，提供了一定的借鉴和启示。①

（一）创新政府各部门的协调机制

民政局、教育局、人力资源局、残疾人联合会以及各个街道、社区服务中心等各政府部门，都对乡镇及城市的扶贫工作起着重要的作用。在精神扶贫工作领域中，各部门相应地承担着不同层次、不同方向的扶贫工作，这其中也会出现重叠的工作内容和工作领域。民政局作为统筹扶贫工作的总部门，负责统筹规划安排各部门、各单位扶贫工作的开展及落实，各相应的部门根据自身体系的功能来积极响应开展扶贫工作。但是，在整个精神扶贫工作的链条中，统筹规划的总部门按照职责分工把各项工作分配安排后，各部门缺乏有效沟通和相应的协调机制，在学习精神扶贫工作要领和落实各项精神扶贫工作时，更多的是在自己部门及工作岗位中单独地完成本部门分配的扶贫工作，以至于出现各部门对精神扶贫工作的理解存在一定差异的现象；同时各部门认为对精神扶贫工作的实施开展主要落在人力资源局的扶“职”工作的错误理念。

① 肖斐杰：《强化“三扶”举措以精神扶贫助推脱贫攻坚——安远县脱贫攻坚的做法与思考》，载《老区建设》2017年第13期。

在精神扶贫领域中，创新协调机制是联动政府各个部门的职能，发挥各部门的作用和优势，在完成本职工作的同时，积极参与不同部门之间的分工与合作，形成一条协调的精神扶贫路径，促进精神扶贫路径的高效发展。此外，在政府的主导作用下，贯彻学习精神扶贫的纲要，链接各部门的资源及优势，能及时地弥补精神扶贫路径发展中容易被忽视的问题，避免工作的重复，节省成本，集中开发创新精神扶贫手段，为激发群众内生动力的发展形成一个稳固、高效、全面及有效的政府部门协调机制。

（二）撬动“贫困文化”根基，营造积极向上的社区氛围

“精神”厚植在文化根基中。因为文化决定行为方式，精神决定思维方式，二者相辅相成。然而，在精神扶贫工作中，最大的困难莫过于撬动贫困群众自我管理和自我成长的意识和推翻“贫困文化”。所谓的“贫困文化”是指在社会中，处于贫困的人群形成一种独特的文化观念和生活方式使其与其他人分隔开来，形成一种脱离社会主流文化的亚文化，这种亚文化会通过“圈内”交往及生活方式的进行而维持贫困状态，同时也会促使下一代自然地习得这种文化。在这样一种氛围与文化的熏陶之下，贫困对象无论是在生活方式、生活态度以及心理定势上都会固守贫困状态，难以走出“贫困文化”进而造成返贫现象。在这样一种被动的氛围和扶贫工作模式中，会给贫困对象建立一个“安稳的物质银行”和“舒畅的心理舒适区”，形成严重的“等靠要”懒汉思想和生活状态，希望靠着与政府“扯皮”获取政府补助，而政府对于“扯皮”有时候不得不作出让步，由于地方政府及社区街道对上而言，需要对上级部门、政府作出工作的交代；对下而言，地方政府及社区街道需要保证群众的生活水平，所以在面对贫困户的“扯皮”时，政府往往需要斗智斗勇地想方法撬动这种“贫困思想”和“贫困文化”。

形成一个积极向上、文化氛围良好的社区环境是撬动“贫困文化”根基的重要途径。文化扶贫拓宽和丰富了精神扶贫的维度，通过政府和社区牵头，在硬性设施上为社区群众建设各项文化设施以及开展各种文化活动，并通过社区工作人员的带头作用，把贫困户带入一种积极向上的文体活动中，在社区中营造良好、积极的文化氛围。当然，文化扶贫不能只在硬性设施和表面上下功夫。文化扶贫更重要的是激发贫困群众脱贫的内生动力和自我管理、发展的精神。社区工作人员主动组织并邀请贫困群众参与社区建设与文化活动，并强调贫困群众对社区建设、社区管理的力量和作用，在开展有关社区建设与发展工作时，询问贫困群众的意见，邀请群众为社区建设出力，激发贫困群众的社区

自治精神和自我管理、发展的内生动力。

（三）多渠道多样式培养，提升贫困群众的综合素养

精神扶贫工作不但要从意识提升、文化氛围、知识水平上达致脱贫，更要培养提升贫困群众的道德素质和人文素养，即所谓的扶“德”。在开展精准扶贫工作当中，政府和各机构往往因为重视资金的帮扶，而忽视了贫困对象或贫困地区的道德建设。道德建设是精神扶贫的关键，在一些贫困对象身上存在道德缺失的现象，例如通过欺骗手段骗取国家的低保、通过盗窃的行为获取钱财等，特别在贫困的偏远山区存在很多的迷信和陋习等行为。道德素质和人文素养不仅反映了个人的行为准则和规范，更体现了一个社会的文明程度和发展程度。

通过社区的大众宣传和入户宣传的方式，向贫困群众普及崇尚科学、抵制迷信、破除陋习的文化风，通过举行多方式的宣传活动，向居民宣传主流的道德素养观念，潜移默化地进行宣传教育。同时也需要引入社会力量，例如高校、社会组织在这其中的作用。高校秉承我国良好的道德传统以及以人为本的道德价值观，促进社区形成文明健康、勤俭节约、遵纪守法、尊老爱幼的良好社会风气。社会组织，特别是社会工作机构遵循真诚助人、相互尊重接纳及利他主义的道德价值观。引入这类型的社会力量，在整个扶贫工作过程中，社会力量作为一种榜样带动贫困群众主动学习较高的道德素养和文明素养。此外，政府和社区需要采取多种方式结合，使道德素养深入贫困群众内心而不是停留在宣传的表面上。扶“德”不仅仅是培养提升贫困群众的道德素养和人文素养，而且，道德的发展也是生产力的发展。

（四）精神贫困“渐退”机制的完善与发展

在物质扶贫工作中，全国各地都有采用贫困“渐退”机制的方法，帮助贫困户逐步摆脱贫困，使其达致脱贫的稳定状态。例如，河北省将需要政府给予生活保障的低保对象分为长期、中期和短期三种类型，鼓励支持与劳动能力的中短期低保对象进行生产自救、劳动自救，尽快走出贫困。值得反思的是，在物质扶贫中，我们所使用的“渐退”机制，是否有可能更好地进行把握后，将其运用至精神扶贫中，加强精神扶贫作为扶贫的内生动力，也能在精神扶贫工作领域中，形成有序的管理模式。

在扶贫工作中，所谓的“渐退”是指采用特定的手段，使贫困对象逐渐退出贫困状态，很多地区通常是首先采用给予贫困对象较多的物质支持，先帮

助贫困对象解决最基本的生活问题，等到贫困对象的基本生活问题解决后，逐渐去除一部分的物质补助，促使贫困对象自行去通过就业或创业的方式更好地解决生活问题。在这个过程中，政府保障了贫困对象的基本生活问题，但不会完全扣除所有的物质补助，直到最后，当贫困对象能完全地通过自己的努力解决生活问题时，政府就会停止所有的物质补助。在这个过程中，我们把精神扶贫也加入到整个扶贫“渐退”机制工作中。在开始的精神扶贫工作中，积极给予贫困对象回应，为贫困对象寻找一切尽可能利用的资源，积极为贫困对象提供思想教育和政策讲解，鼓励贫困对象自食其力。在精神扶贫工作的过程中，政府看到了贫困对象的精神状态的改变后，调配贫困对象的积极性，让贫困对象自行去寻求激发精神扶贫的内生动力。最后，通过精神扶贫而脱贫的贫困对象带动其他贫困群体，达致群体内的影响力的提升与文化影响。

通过以上对武昌区精神扶贫的发展模式来激发贫困群众的内生动力以及促进整个扶贫开发事业进程的做法以及经验总结，并提出了在今后的扶贫过程中着力的发展方向。不难看出，随着我国整个扶贫事业的发展，目前已经进入到了攻坚克难的关键时期，如果还一味地坚持“输血式”的救助模式，已经很难去解决造成贫困的深层次原因了。对于扶贫工作而言，政府的扶贫政策是实现贫困人口成功脱贫的有力推手，扶贫工作的内容、管理机制以及对过程的控制等环节是成功脱贫的必要保证。在扶贫工作过程中，精神扶贫作为激发脱贫内生动力的最有效的手段，也是实现脱贫工作持续、有效发展实现的重要途径。

武昌区政府精神扶贫激发贫困群众内生动力的发展模式适应了社会发展的要求，也符合“因地制宜”的精神扶贫工作要求。武昌区政府通过扶职、扶志、扶智以及树立脱贫典型的主要做法去干预贫困者的主观思想，充分调动和发挥贫困者的自我能动性，并通过各种形式去给贫困群众“灌输”勇气和增强战胜贫困的信心，摆脱“等靠要”的落后思想，从而通过自己的努力走出一条“造血式”发展的致富之路。归根结底，精神扶贫所要消灭的是一种贫困文化。所以说武昌区在精神扶贫工作中激发贫困群众的内生动力的发展模式对于整个扶贫开发事业的发展都具有非常重要的借鉴意义。

在整个精神扶贫工作中，武昌区政府取得了良好的社会效益和实现了脱贫目标。但是，精神扶贫工作之难就在于思想的撬动和精神扶贫实践的发展，贫困对象情况各异，想要形成一套行之有效、全面深刻的精神扶贫工作机制，需要一定的实践积累和经验提升，更少不了社会力量的参与。

后　记

在国务院扶贫办全国扶贫宣传教育中心的指导下，华中师范大学社会学院与武昌区民政事务管理委员会成立“城市精准扶贫的武昌经验”联合课题组，课题组负责人为刘杰、万仁德，国务院扶贫办全国扶贫宣传教育中心黄承伟主任担任课题组顾问。课题组根据项目设计开展实地调研并撰写研究报告。本书是研究团队分工合作的结果，全书由黄承伟、刘杰、万仁德设计框架，制定提纲、审稿及定稿。研究及撰写内容分工如下：

第一篇主题报告由刘杰、万仁德、郑广怀、朱格佳、朱苗、李国卉撰写；

第二篇由六个专题报告组成。其中：

专题报告一由邹英、汪思佳撰写；

专题报告二由吕方、龚群芳、郑芷琦撰写；

专题报告三由陈琦、郑维婷撰写；

专题报告四由顾永红、程垚瑞、付丽欢、赵闰撰写；

专题报告五由徐晓军、孙权、段美佳撰写；

专题报告六由程玲、吴洁研、赵松山撰写。

国务院扶贫办全国扶贫宣传教育中心黄承伟主任亲自参与设计书稿提纲，对书稿初稿进行通篇阅读并提出了详细修改意见，并为本书撰写了序言。武昌区副区长向悦、政府办副主任柯越、民政委副主任周继民审阅报告并对课题研究给予了指导。武昌区参与城市精准扶贫的相关职能部门和街道办事处及调研对象给予了积极的支持与配合。武汉博雅社会工作服务中心副总干事马乐全程参与了课题研究的协调工作。戴丹、千泽杰在书稿的统稿和格式修订方面作出了重要贡献。武汉大学出版社胡荣老师为本书的出版付出了辛勤的劳动。借本书出版之际，对支持本书完成的有关机构和个人一并致以衷心的感谢！

本书编写组

2019 年 2 月 14 日